Rechtschreiben

Anhang

Allgemeine Erklärung der Menschenrechte

1 a) Was verstehen Sie unter „Menschenrechten“? Tauschen Sie sich in der Klasse aus.
b) Welche Organisationen kennen Sie, die sich für Menschenrechte einsetzen?
c) Mit welchen aktuellen Menschenrechtsverletzungen befassen sich momentan die Medien?

2 Lesen Sie rechts die Meldungen A bis D.
a) Welche Themen werden angesprochen?
b) Inwiefern werden hier Menschenrechte verletzt? Diskutieren Sie darüber und beziehen Sie sich dabei auf die unten stehenden Gesetze.

Art. 3
Jeder Mensch hat das Recht auf Leben, Freiheit und Sicherheit der Person.

Art. 5
Niemand darf der Folter oder grausamer, unmenschlicher oder erniedrigender Behandlung oder Strafe unterworfen werden.

Art. 14
(1) Jeder Mensch hat das Recht, in anderen Ländern vor Verfolgungen Asyl zu suchen und zu genießen.
(2) Dieses Recht kann jedoch im Falle einer Verfolgung wegen nichtpolitischer Verbrechen oder wegen Handlungen, die gegen die Ziele und Grundsätze der Vereinten Nationen verstoßen, nicht in Anspruch genommen werden.

Art. 22
Jeder Mensch hat als Mitglied der Gesellschaft das Recht auf soziale Sicherheit; er hat Anspruch darauf, durch innerstaatliche Maßnahmen und internationale Zusammenarbeit unter Berücksichtigung der Organisation und der Hilfsmittel jedes Staates in den Genuss der für seine Würde und die freie Entwicklung seiner Persönlichkeit unentbehrlichen wirtschaftlichen, sozialen und kulturellen Rechte zu gelangen.

A) Nach einer Verhaftung, bei Einlieferung in ein Gefängnis, ist die Folter als Mittel zum Erpressen eines Geständnisses an der Tagesordnung – und dies, obwohl China offiziell der Konvention gegen Folter (Dezember 1986) beigetreten ist.

B) Die 17 Jahre alte Nazanin und ihre 16-jährige Nichte wurden Berichten zufolge von drei Männern überfallen. Bei dem Versuch, eine Vergewaltigung abzuwehren, erstach Nazanin einen der Angreifer. Die inzwischen 18-Jährige wurde deshalb wegen Mordes zum Tode verurteilt.

C) In der klirrenden Kälte der Vorweihnachtstage erfror ein 37-jähriger Obdachloser. Er wurde morgens mitten in der Fußgängerzone vom städtischen Reinigungsdienst aufgefunden.

D) Die Kanarischen Inseln sind für Afrikaner der Inbegriff ihrer Hoffnung auf ein besseres Leben in Europa. Spanien zieht nun alle Register, um den Zustrom zu stoppen: Überwachung des Seegebiets durch Aufklärungsflugzeuge und Satellitentechnik, verstärkte Polizei-Patrouillen vor den Kanaren sowie der afrikanischen Küste, Abschiebungen ...

3 Die Gesetzesartikel links stammen aus der *Allgemeinen Erklärung der Menschenrechte.*
a) Lesen Sie dazu den Text auf der folgenden Seite und klären Sie schwierige Textstellen.
b) Richtig oder falsch? Entscheiden Sie sich. Stellen Sie falsche Aussagen richtig und vergleichen Sie Ihre Ergebnisse.
A: Vor dem Zweiten Weltkrieg regelte jeder Staat Menschenrechtsfragen nahezu allein.
B: Die AEMR wurde im Zweiten Weltkrieg von den Alliierten verabschiedet.
C: Die AEMR umfasst bürgerliche, politische und soziale Rechte in 300 Artikeln.
D: Die AEMR hat empfehlenden Charakter.
E: In Grundrechten sind viele Menschenrechte verwirklicht.
F: Menschenrechte sind immer auch einklagbar.

Inhaltsverzeichnis

Thematische Einheiten

Methodentraining

Sprechen und Zuhören

Mit Texten und Medien umgehen

Schreiben

Sprache untersuchen

Geschichte und Bedeutung der Erklärung der Menschenrechte

Die Allgemeine Erklärung der Menschenrechte (AEMR) von 1948 ist das wohl bekannteste Menschenrechtsdokument und stellt gleichzeitig auch den Grundstein für den internationalen Menschenrechtsschutz dar. Denn bis zum Zweiten Weltkrieg waren Menschenrechte und der Schutz der Menschenrechte fast ausschließlich eine Angelegenheit der nationalen Verfassungen, und nur ganz wenige Fragen wurden auf internationaler Ebene geregelt. Der nationalsozialistische Terror und die Schrecken des Zweiten Weltkrieges führten jedoch zu einer Wende. Bereits während des Krieges erklärten die gegen Deutschland und seine Verbündeten kämpfenden Alliierten, Bedingungen schaffen zu wollen, damit alle Menschen in Frieden und frei von Furcht und Mangel leben könnten.

Der wirkliche Durchbruch der Idee der Menschenrechte für alle gelang dann mit der im Dezember 1948 erfolgten Verabschiedung der Allgemeinen Erklärung der Menschenrechte durch die Generalversammlung der UNO. 48 Staaten stimmten für die Erklärung, acht enthielten sich der Stimme. Vorangegangen war ein zweijähriger Diskussionsprozess in der gerade erst gegründeten UNO-Menschenrechtskommission, in der die Vertreter von 18 Staaten tagten.

Die Allgemeine Erklärung der Menschenrechte statuiert bürgerliche, politische und soziale Rechte, die den Menschen um ihrer Würde willen zukommen sollen. In 30 Artikeln werden Garantien zum Schutz der menschlichen Person, Verfahrensrechte, klassische Freiheitsrechte sowie wirtschaftliche, soziale und kulturelle Rechte garantiert. Diese Rechte sollen für alle Menschen ungeachtet ihrer Rasse, ihres Geschlechts oder ihrer Nationalität gelten (Art. 2), denn alle Menschen sind frei und an Würde und Rechten gleich geboren (Art. 1).

Die Allgemeine Erklärung der Menschenrechte ist zwar kein juristisch verbindliches Dokument, doch hat sie politisch und moralisch ein sehr großes Gewicht und mancher ihrer Garantien kommt heute gewohnheitsrechtlicher Charakter zu. Menschenrechte sind sowohl angeborene als auch unveräußerliche Rechte. Fälschlicherweise werden sie häufig auch als Grundrechte bezeichnet. Durch die Formulierung von Grundrechten in Verfassungen und internationalen Abkommen wird versucht, Menschenrechte als einklagbare Rechte zu gestalten. Grundrechte können also auch Menschenrechte beinhalten, sind aber vom Staat verliehene Rechte. Menschenrechte gelten jedoch zu jeder Zeit, für jede Gesellschaftsform und für alle Menschen.

Grundgesetz für die BRD
I. Die Grundrechte
Artikel 1
(1) ...
(2) Das Deutsche Volk bekennt sich darum zu unverletzlichen und unveräußerlichen Menschenrechten als Grundlage jeder menschlichen Gemeinschaft, des Friedens und der Gerechtigkeit in der Welt.

4 **a)** Lesen Sie den Auszug aus dem Grundgesetz.
b) Erklären Sie die Begriffe „unverletzlich" und „unveräußerlich".
c) Besorgen Sie sich die 30 Artikel der AEMR und das Grundgesetz der BRD. Untersuchen Sie in Gruppenarbeit, in welchen Grundrechten die einzelnen Menschenrechte verwirklicht sind.
d) Präsentieren Sie Ihre Ergebnisse in der Klasse.

Menschenrechtsverletzungen weltweit

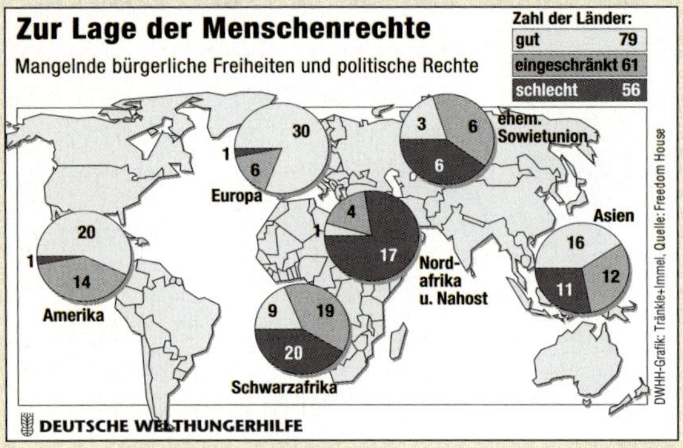

Jahrzehnte nach der Allgemeinen Erklärung der Menschenrechte durch die UNO werden den Menschen in vielen Ländern grundlegende Rechte noch immer vorenthalten: Es gibt keine freien Wahlen, Opposition und freie Gewerkschaften sind verboten, Andersdenkende werden eingesperrt, gefoltert, getötet.

Nach Einschätzung der amerikanischen Nichtregierungsorganisation „Freedom House“ werden nur in 40 Prozent der Staaten die politischen Rechte und bürgerlichen Freiheiten ausreichend gewährt. Auch wenn das „Freedom House“ die Welt sehr subjektiv aus US-amerikanischer Sicht bewertet – die Ergebnisse sind alarmierend.

Nur in Europa und Nordamerika sind die Menschenrechte gut oder zufriedenstellend verwirklicht. In Lateinamerika wurden in den vergangenen Jahrzehnten viele Diktaturen überwunden, doch in Ländern wie z. B. Kolumbien, Peru oder Brasilien kann von Rechtsstaat keine Rede sein.

Schlecht ist es um die Menschenrechte in der arabischen Welt bestellt. Viele Regierungen versuchen, sich dort an der Macht zu halten, indem sie jede Opposition gewaltsam unterdrücken. Nicht zuletzt dadurch erhalten fundamentalistische religiöse Strömungen immer mehr Zulauf.

In vielen Ländern Asiens, wie etwa China, Indonesien, Afghanistan oder Myanmar gibt es keine freien Wahlen, werden Gegner der Regierung eingesperrt oder gar ermordet. Dennoch weist die Gemeinschaft der ASEAN[1]-Staaten jede Kritik zurück. Ein Teil der vermeintlichen Wirtschaftskraft der Region beruhte auf der rücksichtslosen Ausbeutung von Menschen und Natur – da durfte demokratischer Widerstand nicht im Wege stehen.

Auffallend in Asien: Viele pazifische Inselstaaten gelten als freiheitliche Demokratien. Sie mildern statistisch das düstere Bild der Menschenrechte in den asiatischen Kontinentalstaaten.

Die Lage der Menschenrechte in Afrika ist weiterhin bedrückend. Leider interessiert sich die internationale Gemeinschaft dafür nur wenig. Offenbar sind die Länder südlich der Sahara wirtschaftlich nicht attraktiv genug, um sich dort zu engagieren. Mangelnde Menschenrechte sind jedoch ihrerseits ein gravierendes Hindernis für ökonomische Fortschritte.

[1] *ASEAN (Association of South-East Asian Nations): internationale Organisation südostasiatischer Staaten mit politischer, wirtschaftlicher und kultureller Zielsetzung.*

1 a) Betrachten Sie die Grafik und lesen Sie den Text.
b) Beantworten Sie dazu folgende Fragen:
- Wie viele Länder wurden bei dieser Einschätzung der Menschenrechtslage berücksichtigt?
- Welche Informationen können Sie nicht der Grafik entnehmen?
- Welche Gründe führt der Text für die Bewertung einzelner Gebiete an? Zitieren Sie die entsprechenden Textstellen.

2 Lesen Sie auf der nächsten Seite die Auszüge aus der Rede von Lothar Frick, Direktor der Landeszentrale für politische Bildung, zum Thema „Menschenrechte und politische Bildung“.
a) Welche Menschenrechtsverletzungen werden konkret angesprochen? Unterstreichen Sie (Folie).
b) Welche Absicht steht hinter dieser Rede? Halten Sie die Forderungen stichwortartig fest.
c) Bewerten Sie diese Forderungen kritisch und diskutieren Sie insbesondere die mit einem Stern gekennzeichneten Absätze in der Klasse.

Karlsruhe, Rathaus, 21. Januar 2005

Herr Ministerpräsident,
meine sehr geehrten Damen und Herren,

das Thema Menschenrechte ist eines der klassischen Themen der politischen Bildung, denn ohne Menschenrechte gibt es keine Demokratie. Wer Demokratie sagt, der muss auch Menschenrechte sagen. (...)

Menschenrechte haben alle Menschen. Wer Menschenrechte verletzt, ist kein Demokrat. Politische Bildung muss geradezu Partei ergreifen für die Menschenrechte. Und politische Bildung muss dazu ermutigen, dass sich Menschen in einem freien Land wie unserem für die Rechte anderer in anderen Teilen der Welt einsetzen. (...)

Ich würde mir wünschen, wenn Politiker aus demokratischen Staaten selbst bei heiklen diplomatischen Missionen öfter auf die Einhaltung der Menschenrechte drängen würden, bevor sie die Worte Euro, Pfund oder Dollar in den Mund nehmen. Es gibt Beispiele für Politiker, die das auch tun. (...)

In den letzten Monaten, ja Tagen sogar, haben wir erfahren müssen, dass selbst Staaten wie die USA und Großbritannien mit einer langen demokratischen Geschichte und Tradition erleben müssen, dass zum Beispiel Soldaten ihrer Armeen Gräueltaten an Gefangenen verüben. Die ganze Welt erlebte es über die Medien mit. (...)

Demokratien sind trotz ihres hohen Anspruchs nicht perfekt, und gegen Übergriffe einzelner Menschen oder Gruppen gibt es nirgends einen absoluten Schutz. Aber Botschaft der politischen Bildung muss ganz klar auch sein: In demokratischen Ländern und Staatengemeinschaften werden solche Übergriffe aufgedeckt, verfolgt und die Schuldigen werden einer angemessenen Strafe zugeführt. (...)

Gewiss: Eine Menschenrechtsverletzung, die aufgedeckt und geahndet wird, ist nicht besser als eine, die unentdeckt und ohne Bestrafung der Täter bleibt. Wirksame und glaubwürdige Arbeit für die Menschenrechte kann in Wirklichkeit aber nur der leisten, der auch dort hinguckt, wo keine Kameras und keine Bildschirme stehen und die Informationen nur spärlich fließen. (...)

* Deshalb halte ich jede Diskussion darüber für überflüssig, ob gewisse kulturelle Eigenheiten in einzelnen Ländern, manchen Völkern oder Religionen dem Universalitätsanspruch der Menschenrechte nicht Grenzen setzen. Wenn das zum Beispiel bei uns in Deutschland so wäre, hätten wir bis heute kein Wahlrecht, denn das gehörte jahrtausendelang nicht zu unserer Kultur. (...)

Wir dürfen aber nicht nur nach außen schauen, sondern müssen auch im eigenen Land immer wieder den Stellenwert der Menschenwürde betonen und herausstreichen. Nichts ist auf Dauer ungefährdet, auch die Menschenwürde nicht.

Teile der Medien werden in diesem Zusammenhang ihrer Verantwortung nach meiner Auffassung nicht gerecht. Wir erleben in manchen Sendern Darstellungen von Frauen, die in stinkendem Kot wühlen müssen, um das Abendessen in einem Dschungelcamp zu sichern. (...)

* Entwürdigende Darstellungen von Menschen sind auch dann verwerflich, wenn die Betroffenen vorher eingewilligt haben. Wer solche Darstellungen zeigt, der öffnet der Ausbeutung von Menschen in finanziellen oder seelischen und anderen Notlagen Tür und Tor. (...)

3 Recherchieren Sie über einen längeren Zeitraum im Internet und in der Tagespresse über aktuelle Menschenrechtsverletzungen. Stellen Sie Ihre Ergebnisse an einer Weltkarte dar.

Einzelschicksale

Aung San Suu Kyi (Myanmar)

Murat Kurnaz (Deutschland/USA)

Fu Xiancai (China)

1 Die Bilder oben zeigen Opfer von Menschenrechtsverletzungen. Welche der Fälle sind Ihnen bekannt? Tauschen Sie sich in der Klasse aus.

2 **a)** Bilden Sie Gruppen und wählen Sie eine dieser Personen aus oder einigen Sie sich auf einen anderen aktuellen Fall von Menschenrechtsverletzung.
b) Ziehen Sie Erkundigungen über die jeweilige Person, insbesondere auf Internetseiten von Organisationen für Menschenrechte ein und legen Sie eine Sammelmappe mit Informationsmaterial an.

3 Bereiten Sie in der Gruppe einen Vortrag für die Klasse vor, mit dem Sie Aufklärungsarbeit über den jeweiligen Fall leisten.
a) Gehen Sie dabei auf die in der Gliederung rechts aufgeführten Punkte ein.
b) Ergänzen Sie die Liste mit Punkten, die für das Verständnis Ihres Falls wichtig sind.
c) Setzen Sie im Rahmen Ihres Vortrags aussagekräftiges Karten- und Bildmaterial ein. Lesen Sie zur Gestaltung Ihres Vortrags auf den Seiten 40–44 nach.

4 Planen Sie eine Veranstaltung (z. B. Ausstellung, Vortrag ...) an Ihrer Schule, durch die Sie Interesse und Sensibilität für Menschenrechte wecken.
a) Erweitern Sie Ihre Vorträge um zusätzliche aktuelle Fälle und stellen Sie diese z. B. unter einer bestimmten Problematik wie Folter, Todesstrafe, Frauenrechte, Diskriminierung ... zusammen.
b) Nehmen Sie Kontakt zu einer örtlichen Organisation für Menschenrechte auf und erfragen Sie, welche Unterstützung diese Ihnen bei Ihrer Veranstaltung bieten kann.
c) Erwägen Sie auch die Möglichkeit, Ihre Veranstaltung um eine Autorenlesung zu ergänzen. Hilfen bieten ebenfalls örtliche Organisationen.

I. Allgemein
- Land
- politischer Hintergrund
- Gesellschaftsstruktur
- ...

II. Person
- Art der Menschenrechtsverletzung
- Lebens-/Leidensgeschichte
- Folgen bzw. aktueller Stand
- ...

1. Projektstufe: Projektauswahl

Eine Städtereise …

… oder Outdoor in den Bergen

In dieser Einheit erfahren Sie, wie Sie eine Abschlussfahrt (Klassenfahrt) im Rahmen eines Projektes selbst organisieren können. Dazu werden die wichtigsten Überlegungen und Entscheidungen an Beispielen durchgespielt.
Ihre Aufgabe ist es, diese Überlegungen auf Ihr eigenes Projekt zu übertragen.

… oder Segeln …

… oder eine Skiwoche?

1 Die Bilder zeigen unterschiedliche Ziele einer Abschlussfahrt. Sprechen Sie darüber:
- Welche Reiseziele sprechen Sie an?
- Welche interessanten Unternehmungen sind bei den abgebildeten Reisezielen möglich?

2 **a)** Auf Seite 20 werden in einer Übersicht die wichtigsten Projektstufen zusammengefasst. Schauen Sie sich die Seite an und nennen Sie die wichtigsten Stufen eines Projekts.
b) Lesen Sie die Informationen zur ersten Projektstufe. Welche Aufgaben haben Sie in dieser Stufe zu bewältigen?

Das Ziel der Abschlussfahrt beschließen

Städtereise Berlin

Pro	Kontra
– viel los	– teuer
– interessante Besichtigungen	– …
– …	– …

Outdoor in den Bergen

Pro	Kontra
– viel Naturerleben	– anstrengend
– Selbstverpflegung	– …

Segeltörn

Pro	Kontra
– …	– …

1 **a)** Auf Seite 11 sind vier Reiseziele dargestellt. Schreiben Sie stichpunktartig zu jedem Ziel Argumente auf, die dafür oder dagegen sprechen.
b) Tauschen Sie sich mit ihrem Banknachbarn aus und ergänzen Sie fehlende Argumente.
c) Entscheiden Sie sich für Ihr Lieblingsziel. Erstellen Sie eine Reihenfolge für die übrigen Vorschläge.

2 **a)** Bilden Sie Gruppen zu vier oder fünf Schülern und stellen Sie Ihre Meinung vor.
Begründen Sie mit Ihren Stichpunktzetteln Ihre Entscheidungen.
b) Diskutieren Sie die vorliegenden Vorschläge, indem Sie auf die unterschiedlichen Argumente eingehen. Lesen Sie dazu den Tipp.

3 **a)** Stellen Sie in der Klasse die Gruppenentscheidung vor und begründen Sie sie.
b) Diskutieren Sie kurz die verschiedenen Vorschläge.
c) Stimmen Sie durch Handzeichen ab und schreiben Sie Ihr Ergebnis an die Tafel.

4 Wie ist die Diskussion verlaufen?
- Haben sich alle an die Gesprächsregeln gehalten (ausreden lassen, nur sprechen, wenn man dran ist, keinen beleidigen ...)?
- Haben Sie immer auch Gesagtes aufgegriffen, wie im Tipp vorgeschlagen?

TIPP

So können Sie auf Argumente anderer eingehen:

1. Wenn Sie eine Meinung unterstützen wollen, fassen Sie immer kurz zusammen, worauf Sie sich beziehen:
   - *Du hast eben gesagt, dass ...*
     Um deine Gedanken fortzuführen ...
   - *Ayse hat vorgeschlagen, dass ...*
     Dafür spricht auch (vor allem), dass ...
   - *Wenn du meinst, dass ... , möchte ich dir zustimmen. Denn ...*
2. Wenn Sie nicht einverstanden sind, fassen Sie kurz das Argument zusammen, auf das Sie sich beziehen wollen:
   - *Du hast eben die Meinung vertreten, dass ...*
     Aus deiner Sicht mag das richtig sein, ich kenne aber auch viele, die ...
   - *Für dich kommt nur Berlin in Frage, weil ...*
     Bei deiner Begründung hast du aber übersehen, dass ...
   - *Ich glaube nicht, dass diese Fahrt viel teurer wird, denn ...*

Aufgaben sammeln – Gruppen bilden

- Hin- und Rückfahrt organisieren
- Programm erstellen (Sehenswürdigkeiten, Veranstaltungen, ...)
- ...
- ...

1 a) In unserem Beispiel soll Berlin das Ziel der Abschlussfahrt sein. Welche Aufgaben müssen bewältigt werden, um diese Fahrt zu organisieren?
Führen Sie dazu ein Brainstorming durch.
Lesen Sie dazu den Tipp.
b) Sammeln Sie alle Vorschläge an der Tafel.
c) Werten Sie gemeinsam Ihr Ergebnis aus:
- Streichen Sie doppelte oder unsinnige Nennungen.
- Überprüfen Sie, welche Aufgaben sich zu Aufgabenbereichen zusammenfassen lassen.

2 a) Legen Sie für jeden Aufgabenbereich an der Wandtafel eine Spalte an.
b) Schreiben Sie für jeden Bereich alle Aufgaben untereinander.
c) Überprüfen Sie, ob Sie noch weitere Aufgaben ergänzen müssen.

Aufgabenbereich 1:
Hin- und Rückfahrt organisieren

- Angebote Busunternehmen einholen
- Bahnauskunft: Kosten ermitteln, Fahrplan auswerten

Wer arbeitet mit?

☆ ☆ ☆ ______

☆ ☆ ☆ ______

☆ ☆ ☆ ______

3 a) Damit die Klassenfahrt gelingt, müssen alle in einer der vorgeschlagenen Arbeitsgruppen mitarbeiten. Es gibt verschiedene Möglichkeiten der Gruppeneinteilung.
Lesen Sie die folgenden Vorschläge:

A Ihre Lehrkraft stellt die Gruppen zusammen.
B Jeder entscheidet selbst, in welcher Gruppe er mitarbeiten will.
C Die Zuteilung zu den Gruppen wird durch Los entschieden.

b) Welche Vor- und welche Nachteile haben die verschiedenen Verfahren?
c) Entscheiden Sie sich für eine Möglichkeit und führen Sie die Gruppeneinteilung durch.

TIPP

So führt man ein Brainstorming durch:
Brainstorming heißt übersetzt „das Gehirn stürmen lassen". Gemeint ist damit, dass möglichst viele Gedanken geäußert werden.
Es gelten folgende Regeln:
1. Während der Sammelphase werden alle Äußerungen aufgeschrieben. Die Äußerungen werden nicht kritisiert oder kommentiert.
2. In der Phase der Auswertung werden zuerst Wiederholungen oder unsinnige Äußerungen gestrichen. Anschließend wird geprüft, welche Vorschläge zusammengehören.

2. Projektstufe: Arbeitsplanung

Arbeitsgruppe 1: Organisation der Hin- und Rückfahrt

- mit Gruppe 2 klären: Lage der Unterkunft
- Angebote Busunternehmen einholen
- Angebot Bahn einholen
- Wie vom Bahnhof zur Unterkunft kommen?
- Flugzeug als Alternative? Nachfrage
- ...

1 a) Welche Überlegungen gibt dieser Notizzettel wieder?
b) Was versteht man unter „Angebot einholen"? Lesen Sie den Tipp und schauen Sie sich die E-Mail rechts an.
c) Welche anderen Möglichkeiten der Kontaktaufnahme gibt es?
d) Welche Aufgabe hat die Tabelle unten, die ein Ergebnis Ihrer Gruppenarbeit sein könnte?
e) Welche Arbeitsschritte sind dafür notwendig?

	Bus Steinwetz	Bus Max	Bahn
Kosten:	pro Person bei 25 Tn 180 Euro	pro Person bei 25 Tn 185 Euro	pro Person 120 Euro
Sonst.	Kleinbus bleibt vor Ort zus. 150 km	Kleinbus bleibt vor Ort zus. 300 km	2. Klasse mit U-Bahn zum Hotel
Fahrtzeit:	...	...	...

TIPP

So holen Sie Angebote ein:

1. Beschreiben Sie möglichst genau, welche Leistungen gewünscht werden (Wann? Wohin? Wie viele Personen? ...). Setzen Sie dem Unternehmen eine angemessene Frist (sieben Tage) für die Antwort.
2. Erbitten Sie ein schriftliches Angebot mit einer genauen Kostenaufschlüsselung.
3. Konfrontieren Sie das Unternehmen auch mit Konkurrenzangeboten.
4. Erkundigen Sie sich nach einer Reiserücktrittsversicherung und sonstigen Gebühren.

Jetzt senden | Später senden | Anlagen hinzufügen

Von: info@ghs-kiderlin.de
An: steinwetz@speedy.de
Betreff: Anfrage wegen einer Busreise nach Berlin vom 14.7.–21.7.20..

Sehr geehrte Damen und Herren,

unsere Klasse (Klasse 10a der GHS Kiderlinstraße) plant eine Abschlussfahrt nach Berlin in das Jugendgästehaus „Fünfte Jahreszeit" im Juli kommenden Jahres. Wir bitten Sie um ein schriftliches Angebot für die Hin- und Rückfahrt ...
Als Anreisedatum ...
...

Mit freundlichen Grüßen
Claudia Hüberle

2 a) Sammeln Sie alle Aufgaben, die für die Organisation der Hin- und Rückfahrt wichtig sind, und schreiben Sie sie stichwortartig auf.
b) Erstellen Sie einen Arbeitsplan.
Lesen Sie dazu in der Info auf Seite 20 unter *2. Projektstufe: Arbeitsplanung* den Abschnitt *Arbeitsplan festlegen (3.)*.

Arbeitsplan

Was?	Wer?	Wann?
Lage der Unterkunft klären	Burcu, Tom	Di
Adressen Busunternehmen ermitteln	Ayse, Vladi	Di
Angebote Busunternehmen	Tom, Vladi	Mi
...		

Arbeitsgruppe 2: Unterkunft suchen

Wohnen, leben, lieben, lernen im Jugendgästehaus

Übernachtungen in modern eingerichteten 1-, 2- und 4-Pers.-Appartements. Ideal für Jugendreisen und Klassenfahrten sowie als dauerhafte Unterkunft für Studenten, Azubis und Praktikanten. Alle Appartements sind mit separater Dusche und WC ausgestattet.

Urlaub-Region: Deutschland > Berlin

Modern und freundlich eingerichtet - Zimmer eines Appartements in den Jugendgästeetagen

1 Welche Anforderungen soll Ihre Unterkunft erfüllen? Schreiben Sie Ihre Vorstellungen auf. Fragen Sie Ihre Mitschüler nach besonderen Wünschen (z. B. keine Federbetten für Allergiker).

Wichtig:
- zentrale Lage, nahe U-Bahn-Station,
- Sauberkeit, günstiger Preis,
- Schlüssel für „Spätheimkehrer",
- ...

2 **a)** Ihre Klasse erwartet von Ihnen, dass Sie mehrere Unterkünfte vergleichen und auch anfragen, ob bestimmte Wünsche Ihrer Mitschüler (z. B. Essensangebote für Vegetarier) berücksichtigt werden können.
- Wo finden Sie Adressen von Unterkünften?
- Wer könnte Ihnen bei der Suche behilflich sein?
- Wie können Sie mit den Unterkünften Kontakt aufnehmen und Ihre Wünsche klären?

b) Wie stellen Sie die verschiedenen Angebote Ihren Mitschülern vor?

3 Auch die schriftliche Reservierung (Brief/E-Mail) der ausgewählten Unterkunft ist Ihre Aufgabe. Entwerfen Sie ein entsprechendes Schreiben mit allen Angaben, die für das Hotel wichtig sind. Achtung: Unterschreiben kann nur Ihre Lehrkraft!

4 Erstellen Sie einen Arbeitsplan.

100% Jugendherberge! Deutsches Jugendherbergswerk

Die Jugendherbergen in Berlin und Brandenburg

Unser Landesverband
umfasst insgesamt 20 Berliner und Brandenburger Jugendherbergen, davon vier Anschlusshäuser.

Via Internet
können Sie sich über die Herbergen informieren, Übernachtungen buchen, Urlaub organisieren, Tagungen vorbereiten und und und ...

Übrigens
Jugendherbergen gibt es in mehr als 60 Ländern. Die Mitgliedskarte des DJH öffnet die Türen zu 4200 „Häusern mit der Tanne".

Tipp
Hier finden Sie eine Website der Jugendherbergen in Berlin und Potsdam in Chinesisch.

Service
Haben Sie Fragen oder Anregungen? Brauchen Sie schnell eine ganz bestimmte Information?
Dürfen wir Sie bei der Organisation Ihrer Klassenfahrt unterstützen? Kennen Sie eigentlich unseren Reisekatalog?
Wir sind gerne für Sie da:
DJH-Service-Team
Kluckstraße 3
10785 Berlin
Tel. 030-264 952 0
Fax 030-264 952-10
service@jugendherberge.de
Montag bis Freitag sind wir von 8 Uhr bis 19 Uhr für Sie da.

meinestadt.de Deutschland

drucken weiterleiten schließen

Schullandheim-Verband Berlin e.V. (Berlin)

Gotzkowskystr. 8
10555 Berlin
Tel.: 030/3915384

Arbeitsplan

Was?	Wer?	Wann?
Fremdenverkehrsamt Berlin kontaktieren	Conny, Anne	Mo
Internetrecherche Unterkünfte	Fabi, Antonio	Mo
Reisebüro Müller um Hilfe bitten	Konsti, Paul	...
...		

Arbeitsgruppe 3: Programm vorbereiten

1 Ihre Aufgabe ist es, der Klasse Vorschläge für den Besuch von interessanten Einrichtungen und Veranstaltungen zu machen. Ihre Präsentation der Vorschläge sollte auch wichtige Angaben wie Zeit- und Ortsangaben sowie Kosten enthalten.

a) Warum ist es sinnvoll, sich schon im Vorfeld einer Klassenfahrt über Programmangebote zu informieren?

b) Wo erhalten Sie Informationen über Sehenswürdigkeiten oder Veranstaltungen? Wie können Sie erfahren, welche Angebote interessant sind? Lesen Sie dazu den Tipp.

2 **a)** Ihre Klasse möchte über Ihre Vorschläge diskutieren und entscheiden können. Überlegen Sie, wie Sie Ihre Vorschläge präsentieren (z. B. Plakate, Wandzeitung, Kurzreferate ...).

b) Die Entscheidung zwischen den Vorschlägen können Sie über eine Punktabfrage durchführen. Lesen Sie dazu den Tipp rechts.

3 **a)** Auch die Durchführung des Programms gehört zu Ihren Aufgaben. Wie können Sie z. B. Platzreservierungen vornehmen? Verfassen Sie notwendige Anfragen und E-Mails und lassen Sie sie von Ihrem Lehrer unterschreiben.

b) Entwickeln Sie einen Arbeitsplan.

Arbeitsplan

Was?	Wer?	Wann?
Infos (Internet) Museen	Julia, Nadine	Mo
Infos Bauwerke	Daniel, Paddy	Mo
Freizeitmöglichkeiten, Bad, Kino	...	...
...		

TIPP

So sucht man Informationen zu einem Ort:

1. Schreiben Sie das Fremdenverkehrsamt oder die Jugendherberge an. Sie haben häufig Prospekte und Veranstaltungskalender vom Ort und von der Umgebung.
2. Suchen Sie in Reisebüros nach Prospekten.
3. Befragen Sie Experten, d. h. Personen, die Ihren Zielort bereits kennen oder besucht haben.
4. Verwenden Sie für die Suche im Internet eine Suchmaschine, z. B. www.yahoo.de oder www.google.de.
5. Achten Sie bei der Suche auch auf die Altersbestimmungen (z. B. Kinobesuch) und die Kosten.

TIPP

So führt man eine Punktabfrage durch:

1. Jede Schülerin und jeder Schüler bekommt drei Klebepunkte.
2. Diese können entweder alle auf einen Vorschlag oder auf verschiedene Vorschläge aufgeklebt werden.
3. Die Anzahl der Punkte zeigt, welche Vorschläge bevorzugt werden.

Arbeitsgruppe 4: Mit Konflikten umgehen – Verhaltensregeln erstellen

1 a) Sprechen Sie über die Bilder oben.
b) Welche Probleme ergeben sich aus diesen Situationen?
c) Wie lassen sich diese Probleme durch gemeinsame Absprachen verringern?
d) Formulieren Sie für die Beispiele oben Regeln, die für alle gelten sollen.

Alle Schülerinnen und Schüler verhalten sich so, dass niemand anderes gestört wird.

2 Entwerfen Sie einen Leitfaden „Regeln für die Abschlussfahrt“.
Folgende Stichpunkte sind als Anregung gedacht:
- Pünktlichkeit
- Tischdienst
- Taschengeldgrenze
- Absprachen einhalten
- ...

3 a) Was passiert, wenn gegen die Regeln verstoßen wird?
Diskutieren Sie folgende Möglichkeiten:
- Ausschluss von einem Vorhaben
- Benachrichtigung der Eltern
- ...

b) Halten Sie Ihre Vorschläge ebenfalls in Ihren „Regeln für die Abschlussfahrt“ fest.

4 a) Legen Sie Ihren Entwurf „Regeln für die Abschlussfahrt“ der Klasse vor und sprechen Sie gemeinsam darüber. Welche Änderungen sollten in Ihren Entwurf aufgenommen werden?
b) Schreiben Sie die überarbeitete Fassung sauber ab. Diese Regeln sollten von allen Teilnehmern unterschrieben werden.

5 Entwickeln Sie für Ihre Gruppe einen Arbeitsplan.

Arbeitsplan

Was?	Wer?	Wann?
– Regeln entwerfen		
– Regeln mit der Klasse besprechen		

Arbeitsgruppe 5: Erstellen eines Elternbriefes

1 Überlegen Sie in der Gruppe, was alles im Informationsbrief an die Eltern stehen muss. Die Checkliste hilft Ihnen dabei.

2 Für Ihren Brief benötigen Sie Informationen aus den anderen Arbeitsgruppen und von Ihrem Lehrer. Dennoch können Sie den Brief schon vorbereiten.

a) Sehen Sie sich dazu das Formulierungsbeispiel rechts an:

- Welche „Textbausteine“ können Sie übernehmen?
- Welche Stellen müssen Sie umformulieren?

b) Schreiben Sie – am besten am Computer – einen Entwurf.

3 Vervollständigen Sie den Elternbrief, nachdem Sie die entsprechenden Informationen von den anderen Gruppen eingeholt haben.

4 **a)** Stimmen Sie Ihren Brief mit dem Lehrer ab und fertigen Sie die Reinfassung an.

b) Klären Sie, wie der Brief kopiert wird und wie er an die Eltern verteilt wird.

CHECKLISTE

Wichtige Informationen für einen Elternbrief

1. Abfahrtszeit und -ort
2. Rückkunftszeit
3. Transportmittel
4. Programm
5. Kosten – Bezahlungsweise
6. Einverständniserklärung
7. Besonderheiten
8. Vorhaben
9. Mitnahme von Gegenständen
10. Unterkunftsort und -anschrift

Liebe Eltern der Klasse 10a,

wir haben uns entschlossen, vom ☆ bis ☆ nach ☆ zu fahren. Wir starten am Montag, den ☆ um 9.00 Uhr an der Bushaltestelle der Schule.
Die Ankunft an der Schule ist am Freitag, den ☆ gegen ☆ Uhr geplant.

Frau ☆, die ebenfalls in der Klasse Ihrer Kinder unterrichtet, hat sich freundlicherweise bereit erklärt, auf dieser Fahrt mitzufahren.

Auf dem Programm stehen neben dem Besuch des Reichstags und des Kurfürstendamms auch eine Besichtigung von Potsdam.
Geplant ist weiterhin ☆ …

Folgende Kosten pro Person werden voraussichtlich entstehen (bei Teilnahme von 25 Schülern): ☆

Wir bitten Sie, den Betrag von ☆ Euro bis zum ☆ auf folgendes Konto zu überweisen:
Name der Bank oder Sparkasse
Kontonummer
Bankleitzahl
evtl. Stichwort, z.B.
Klassenfahrt 10a

Die Fahrt wird von folgendem Unternehmen durchgeführt:
Name: ☆ ☆ ☆
Anschrift: ☆ ☆ ☆
Tel./Fax: ☆ ☆ ☆

Die Anschrift der Unterkunft lautet:
Name: ☆ ☆ ☆
Anschrift: ☆ ☆ ☆
Tel./Fax: ☆ ☆ ☆

Wir erlauben unserem Sohn/unserer Tochter ☆, Klasse ☆, an der Fahrt nach ☆ teilzunehmen.

Arbeitsgruppe 6: Über die Klassenfahrt berichten

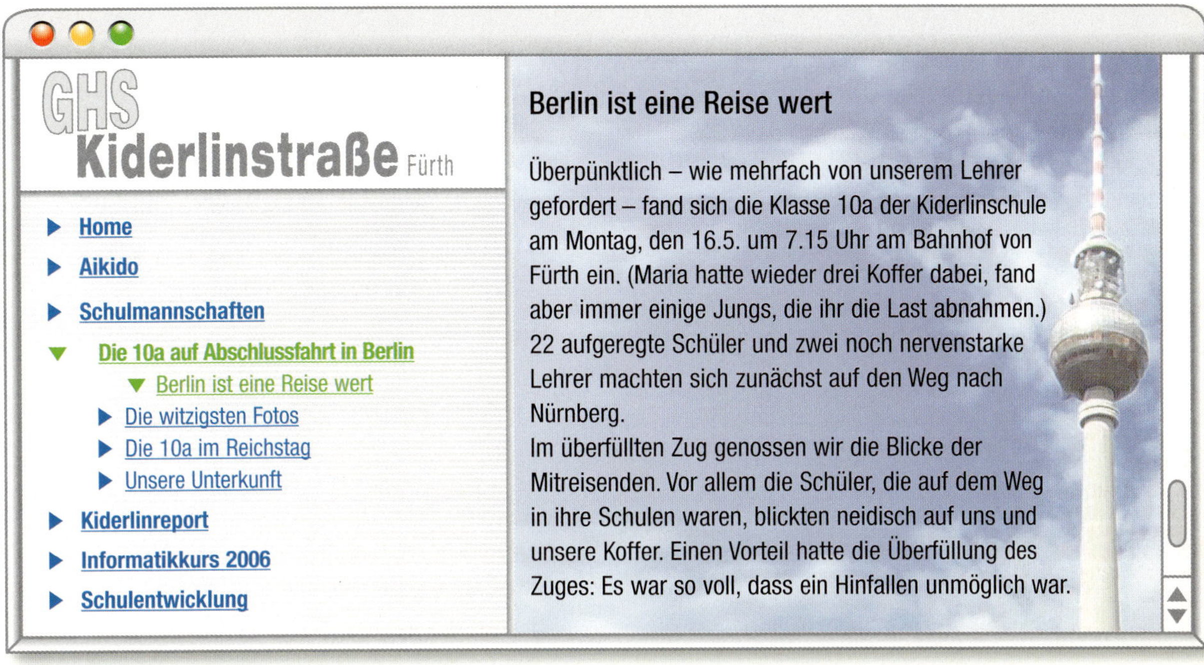
GHS Kiderlinstraße Fürth

- Home
- Aikido
- Schulmannschaften
- Die 10a auf Abschlussfahrt in Berlin
  - Berlin ist eine Reise wert
  - Die witzigsten Fotos
  - Die 10a im Reichstag
  - Unsere Unterkunft
- Kiderlinreport
- Informatikkurs 2006
- Schulentwicklung

Berlin ist eine Reise wert

Überpünktlich – wie mehrfach von unserem Lehrer gefordert – fand sich die Klasse 10a der Kiderlinschule am Montag, den 16.5. um 7.15 Uhr am Bahnhof von Fürth ein. (Maria hatte wieder drei Koffer dabei, fand aber immer einige Jungs, die ihr die Last abnahmen.) 22 aufgeregte Schüler und zwei noch nervenstarke Lehrer machten sich zunächst auf den Weg nach Nürnberg.
Im überfüllten Zug genossen wir die Blicke der Mitreisenden. Vor allem die Schüler, die auf dem Weg in ihre Schulen waren, blickten neidisch auf uns und unsere Koffer. Einen Vorteil hatte die Überfüllung des Zuges: Es war so voll, dass ein Hinfallen unmöglich war.

1 **a)** Ihre Aufgabe ist es, einen Bericht über die Vorbereitung und Durchführung des Projektes zu erstellen. Welche Möglichkeit wird in der Abbildung oben dargestellt?
b) Überlegen Sie, was Sie dazu brauchen, z. B. Notizen, Fotos, Wissen über Homepage-Gestaltung usw.

2 Eine wichtige Voraussetzung für Ihren Bericht sind die Notizen, die Sie sich während der Vorbereitung und während der Fahrt machen. Legen Sie sich dafür ein Projekttagebuch an. Lesen Sie dazu den Tipp.

3 **a)** Welche Ereignisse wählen Sie für Ihren Bericht aus? Sichten Sie Ihr Material (Projekttagebuch, Fotos, Eintrittskarten) und werten Sie es aus.
b) Überlegen Sie, in welcher Reihenfolge Sie über die Ereignisse berichten wollen.
c) Wie wollen Sie den Bericht schreiben – informativ, sachlich, nüchtern oder auch lustig? Was erwartet wohl der Leser?
d) Schreiben Sie Ihren Text mit dem Computer und überarbeiten Sie ihn mit dem Rechtschreibprogramm.

TIPP

Einen Bericht über die Klassenfahrt schreiben:

1. Legen Sie ein Projekttagebuch an. Schreiben Sie wichtige Ereignisse der Vorbereitungszeit und der Klassenfahrt auf:
   – Wann ist die Idee entstanden?
   – Wer war an der Vorbereitung beteiligt?
   – Welche wichtigen Ereignisse gab es auf der Hin-und Rückfahrt und während des Aufenthalts?
2. Treffen Sie aus den Notizen eine Auswahl:
   – Welche Informationen interessieren Ihre Leser?
   – Was müssen sie wissen, um den Bericht verstehen zu können (W-Fragen)?
   – Was ist Ihnen wichtig mitzuteilen?
3. Schreiben Sie am Computer einen Entwurf. Die Zeitform des Berichts ist das Präteritum.
4. Achten Sie bei der Überarbeitung auf eine ansprechende und lebendige Darstellung.
5. Verwenden Sie am Schluss ein Rechtschreibprogramm.

5. Projektstufe: Arbeitsrückschau

1 a) Was versteht man unter „Arbeitsrückschau“? Lesen Sie in der Info nach.
b) In diesem Projekt ist es wichtig, dass Sie schon vor Antritt der Abschlussfahrt die Ergebnisse Ihrer Vorbereitung kritisch bewerten. Beantworten Sie dazu auch die Fragen rechts.

2 Werten Sie nach der Klassenfahrt Ihre Erfahrungen aus. Benützen Sie dazu Ihre Projekttagebücher.

- Welche Vorbereitungsarbeiten haben nicht geklappt?
- Worauf ist das zurückzuführen?
- Welche Änderungen ergeben sich daraus?
- Was muss kurzfristig noch geklärt werden?
- Wer übernimmt diese Aufgaben?

INFO

Was ist ein Projekt?
Ein Projekt erfordert mehrere Arbeitsschritte, die gut geplant und abgesprochen werden müssen. Die Einzelergebnisse werden dann zu einem Ganzen zusammengetragen.
Dabei sollte etwas entstehen, das auch in der Öffentlichkeit vorgestellt werden kann.

1. Projektstufe: Projektauswahl
- Welche Aufgaben umfasst das Projekt?
- In welche Teilprojekte (Projektangebote) lässt sich das Projekt gliedern?
- Wer arbeitet in welcher Projektgruppe?

2. Projektstufe: Arbeitsplanung
1. Bestimmen Sie die Ziele der Arbeitsgruppen in den Gruppen genau:
   - Was ist das Ziel?
   - Wie soll das Ergebnis aussehen (z.B. Kurzvortrag, Plakat, Bericht in der Schülerzeitung, Informationsquiz, Durchführung des Schullandheimaufenthaltes)?
2. Arbeitsschritte überlegen:
   - Welche Informationen benötigen Sie?
   - Wie können Sie sich diese beschaffen?
   - Wie werden sie ausgewertet?
3. Arbeitsplan festlegen:
   - Wie viel Zeit steht Ihnen zur Verfügung?
   - In welcher Reihenfolge wollen Sie die einzelnen Arbeitsschritte erledigen?
   - Wer übernimmt welche Aufgaben? Halten Sie das Ergebnis Ihrer Planung in einem Arbeitsplan fest.

3. Projektstufe: Durchführung
1. Führen Sie die geplanten Arbeitsschritte durch; dazu kann es notwendig sein, dass Sie sich am Nachmittag treffen.
2. Während der Durchführung sollten Sie überprüfen, ob Sie den Zeitrahmen einhalten können.
3. Besprechen Sie unvorhergesehene Schwierigkeiten gemeinsam in der Klasse:
   - Muss das Ziel der Teilgruppe neu bestimmt werden?
   - Ergeben sich Auswirkungen (z.B. Terminverschiebung) für das Gesamtprojekt?

4. Projektstufe: Präsentation der Ergebnisse
Die Arbeitsgruppen stellen ihre Ergebnisse vor. Die Ergebnisse werden besprochen. Kritik mit konkreten Verbesserungshilfen ist erwünscht.
In dem Projekt „Abschlussfahrt“ liegt das Ergebnis in der erfolgreichen Organisation der Klassenfahrt. Vorbereitung und Ablauf dieser Fahrt sind Gegenstand eines Berichts.

5. Projektstufe: Arbeitsrückschau
- Haben Sie das Projektziel erreicht?
- Was lief besonders gut?
- Wo gab es Probleme?
- Welche Konflikte traten in den Gruppen auf und wie wurden diese Konflikte gelöst?
- Was hätte man bei der Planung und Durchführung besser machen können?

Ein Nachtreffen gestalten

1 Bei einem Nachtreffen können Sie z. B. Ihren Eltern und Freunden auf unterhaltsame Weise von der Abschlussfahrt berichten.

a) Führen Sie an der Tafel ein Brainstorming durch: Welche Vorfälle, Gegebenheiten und Verhaltensweisen auf der Abschlussfahrt waren besonders witzig?

b) Tauschen Sie sich darüber aus, welche davon geeignet dafür sind, im Rahmen eines Kabarettbeitrags dargestellt zu werden. Lesen Sie dazu die Info.

2 Um Ihre Kabarettbeiträge besonders lustig zu gestalten, können folgende Mittel hilfreich sein. Lesen Sie die Liste und ergänzen Sie sie.

- Für eine Person typische Gesten, Angewohnheiten oder Sprechweisen übertrieben darstellen. (Es sollte jedoch niemand persönlich verletzt werden!)
- Personen mit typischen Utensilien auftreten lassen.
- Bekannte Lieder, Gedichte … als Vorlagen verwenden und umtexten.
- Wortspiele formulieren
- Running gags (Witze oder Anspielungen, die immer wieder, z. T. in abgewandelter Form aufgegriffen werden) einbauen
- …

3 Bilden Sie Kleingruppen. Wählen Sie jeweils ein Thema aus und erarbeiten Sie dazu einen Kabarettbeitrag.
Welche Fähigkeiten der Gruppenmitglieder können dafür genutzt werden (kann jemand z. B. gut singen, einen Lehrer imitieren usw.)?

4 **a)** Legen Sie nun die Reihenfolge der einzelnen Kabarettbeiträge fest.

b) Bestimmen Sie einen Moderator und überlegen Sie, wie die verschiedenen Programmpunkte angekündigt werden können.

5 **a)** Proben Sie den Ablauf des Abends.
Wenn Sie dabei die Gelegenheit haben, Ihre Beiträge zu filmen, können Sie sich anschließend gut über ihre Wirkung austauschen.

b) Gestalten Sie mit dem Computer eine Einladung und ein Programm zu Ihrem Kabarettabend.

INFO

Kabarett
Der Begriff Kabarett (franz. „cabaret“) bezeichnet eine kleine Bühne und die dort dargebotene Form des Unterhaltungstheaters. Dabei handelt es sich meist um eine Folge von Sketschen, Liedern, Parodien u. Ä., in denen in kritisch-satirischer Form Zustände bzw. menschliche Schwächen überspitzt dargestellt werden. Die einzelnen Beiträge werden häufig durch die Ansagen eines Moderators miteinander verbunden.

Argumente sammeln und ordnen

1 a) Lesen Sie das Schülergespräch.
b) Sammeln Sie Ideen in der Klasse, was Sie in dieser Situation vorschlagen oder tun würden.

2 Sammeln Sie alle Aspekte, die für bzw. gegen die Durchführung eines Abschlussstreiches sprechen. Ordnen Sie sie in einer Pro- und einer Kontra-Spalte an.

3 Überarbeiten Sie Ihre Notizen, indem Sie:
- unsachliche Aspekte streichen,
- inhaltlich zusammengehörende Punkte zusammenfassen,
- Punkte, die sich widersprechen bzw. sich entsprechen, einander zuordnen.

4 Nummerieren Sie die Argumente nach ihrer Bedeutung von 1 – ...

Eine Debatte gezielt vorbereiten

1 a) Was wissen Sie über die Gesprächsform Debatte? Tauschen Sie sich in der Klasse aus.
b) Lesen Sie die Info. Welche Gründe sprechen dafür, bei vielen Diskussionsteilnehmern und kontroversen Standpunkten mit eindeutigen und festgelegten Regeln zu debattieren?

2 Sie sollen nun eine Schülerdebatte inhaltlich und organisatorisch vorbereiten. Klären Sie dazu zunächst die Phasen einer Debatte mit Hilfe des Verlaufsschemas auf S. 24 und des Tipps auf S. 25.

3 a) Teilen Sie zwei Diskussionsgruppen ein. Einigen Sie sich auf jeweils vier Diskussionsteilnehmer für die Pro- und Kontra-Gruppe.
b) Bestimmen Sie einen Gesprächsleiter.

4 Alle Beteiligten haben jetzt 10 Minuten Zeit, um die folgenden Aufträge zu bearbeiten:

Der Gesprächsleiter überlegt sich eine knappe und informative Einführung in das Thema und beendet die Debatte mit einer Zusammenfassung und Danksagung. Er achtet auch auf die Einhaltung der Reihenfolge der Sprecher.

Pro- und Kontra-Gruppe suchen sich für ihr Einstiegsplädoyer jeweils die vier stärksten Argumente aus, schreiben sie auf Kärtchen und verteilen sie auf die Gruppenmitglieder. Jeder Teilnehmer bereitet seinen Beitrag mit Hilfe des Tipps auch sprachlich vor. Überlegen Sie sich passende Formulierungen, auch für den Fall, dass Ihr Vorredner dieses oder ein ähnliches Argument vorbringt. Pro- und Kontra-Gruppe wählen jeweils das Argument aus, mit dem Sie Ihre Stellungnahme beginnen wollen.

Das Publikum hat die Aufgabe, die Debatte zu beobachten, um allen Diskussionsteilnehmern und dem Gesprächsleiter anschließend eine begründete Rückmeldung zu geben. Einigen Sie sich dazu auf verbindliche, sinnvolle Bewertungskriterien (z. B. Überzeugungskraft der Argumente, Lautstärke, ...). Berücksichtigen Sie auch nonverbale Signale. Teilen Sie jedem Debattenteilnehmer je nach Klassenstärke ein bis zwei Beobachter zu, die sich während der Debatte Notizen machen.

INFO

Debatte
Eine Debatte ist ein wechselseitiger Austausch von Argumenten zu einem vorgegebenen Thema. Dabei geht es darum, inhaltlich und sprachlich geschickt den eigenen Standpunkt zu vertreten und die Argumente der Gegenseite zu entkräften. Debatten finden meist in der Politik statt, wenn es um eine sachliche Auseinandersetzung geht, also z. B. im Bundestag, im Landtag oder im Stadtrat. Es gibt viele Formen von Debatten. Jedes Parlament hat seine eigenen, festgelegten Regeln und Rituale für den Ablauf einer solchen politischen Debatte. Eine Schülerdebatte erfolgt ebenfalls nach festgelegten Regeln.

TIPP

So können Sie auf Beiträge eingehen:
- Beiträge bekräftigen:
  Du hast ganz recht, wenn du sagst, dass ...
  Für diesen Standpunkt spricht auch, dass ...
- Beiträge ergänzen:
  Wir haben nun gehört, dass ... dafür/dagegen spricht ...
  Ich möchte noch anfügen, dass auch ... dafür/dagegen spricht...
- Beiträge entkräften:
  So allgemein kann man das nicht sehen.
  Was ist denn, wenn ...
- Beiträge widerlegen:
  Dein Argument bestätigt schon, dass ..., aber auch nicht mehr. Man muss schließlich auch bedenken, dass ...

Eine Schülerdebatte durchführen

Verlaufsschema einer Schülerdebatte

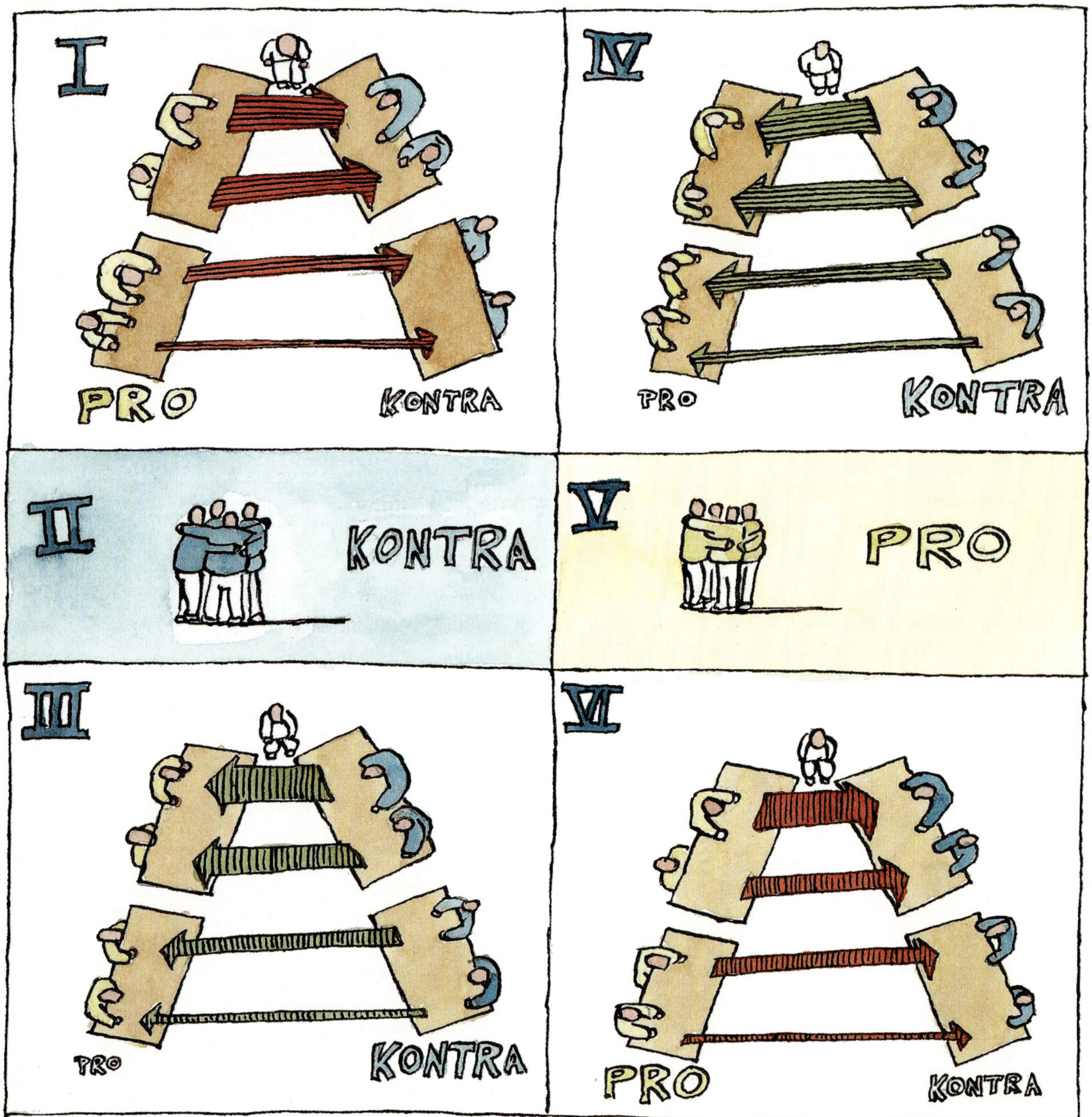

Pro-Runde

1. Stellungnahme der Pro-Gruppe
2. Beratungspause für die Kontra-Gruppe
3. Erwiderung durch die Kontra-Gruppe

Kontra-Runde

4. Stellungnahme der Kontra-Gruppe
5. Beratungspause für die Pro-Gruppe
6. Erwiderung durch die Pro-Gruppe

1 Führen Sie über das Thema „Abschlussstreich – ja oder nein?“ eine Schülerdebatte durch. Der Tipp und das Verlaufsschema auf dieser Doppelseite helfen Ihnen dabei.

2 **a)** Führen Sie nach der Debatte in der Klasse ein Abschlussgespräch durch und nehmen Sie die Debatte, wenn möglich, auf Video auf.
b) Geben Sie mit Hilfe der Videoaufzeichnung zu folgenden Punkten Rückmeldung:
- Welche Gruppe bzw. welche Sprecher waren für Sie am überzeugendsten? Nennen Sie Gründe.
- Wurde von allen Teilnehmern fair diskutiert?
- Wie hat sich der Gesprächsleiter verhalten?

3 Bereiten Sie nach dem bekannten Schema eine weitere Debatte vor und führen Sie diese in der Klasse durch. Sie können sich selbst ein Pro-Kontra-Thema überlegen, nach kontroversen Themen in der Tagespresse suchen oder einen der unten aufgeführten Themenvorschläge aufgreifen:

Was halten Sie davon, direkt neben dem Schulgelände ein Windkraftwerk zu errichten?

Autoführerschein mit 17?

Werden wir durch Medien manipuliert?

Sollen in Deutschland Schuluniformen eingeführt werden?

Lohnt sich ein Engagement für den Umweltschutz?

Tempo 30 in geschlossenen Ortschaften?

Kunst, Musik oder Sport – überflüssige Fächer?

Ist die Gesellschaft Kindern und Jugendlichen gegenüber feindlich eingestellt?

TIPP

So führen Sie eine Schülerdebatte durch:
1. Pro- und Kontra-Gruppe wählen das Argument aus, mit dem Sie beginnen wollen.
2. Legen Sie die Sitzordnung fest: Das stärkste Argument wird jeweils zuerst, das schwächste zuletzt vorgetragen. Pro- und Kontra-Gruppen sitzen sich gegenüber.
3. Der Gesprächsleiter eröffnet die Debatte, indem er dem ersten Sprecher der Pro-Gruppe das Wort erteilt. Er achtet darauf, dass die folgende Reihenfolge der Sprecher strikt eingehalten wird:

Die Pro-Runde hat drei Phasen:
- **Stellungnahme der Pro-Gruppe:** Der Reihe nach trägt jedes Mitglied der Pro-Gruppe sein Argument vor. Der Teilnehmer der Kontra-Gruppe, der ihm gegenübersitzt, macht sich Notizen, ohne zu antworten.
- **Beratungspause für die Kontra-Gruppe:** Die Kontra-Gruppe berät, wie jedes Mitglied das Argument seines Gegenübers am besten entkräften kann.
- **Erwiderung durch die Kontra-Gruppe:** Jeder Teilnehmer der Kontra-Gruppe versucht nun, das Pro-Argument seines Gegenübers zu entkräften.

4. Der Gesprächsleiter beendet die Runde durch eine kurze Zusammenfassung.

Die Kontra-Runde hat drei Phasen:
- **Stellungnahme der Kontra-Gruppe:** Die Kontra-Gruppe trägt ihre vorbereiteten Argumente ohne Unterbrechung vor, jedes Mitglied der Pro-Gruppe macht sich Notizen.
- **Beratungspause für die Pro-Gruppe:** Die Pro-Gruppe berät nun, was sie auf die Argumente der Kontra-Gruppe erwidert.
- **Erwiderung durch die Pro-Gruppe:** Jeder Teilnehmer der Pro-Gruppe entkräftet die Argumente seines Gegenübers.

5. Der Gesprächsleiter beendet die Debatte entsprechend seiner Vorbereitung.

Faire Gespräche führen …

1 a) Lesen Sie den Auszug aus der Diskussion in der Gruppe 1. Worum geht es wohl?
b) Warum kommt das Gespräch dort nicht recht in Gang?
c) Wie hätten Sie sich als Diskussionsleiter in dieser Situation verhalten?

2 a) Lesen Sie den Auszug aus der Diskussion in der Gruppe 2.
b) Wann greift der Diskussionsleiter im zweiten Teil ein? Was tut er? Notieren Sie Ihre Beobachtungen auf einer Folie.
c) Notieren Sie nun die Ihnen wichtigen Aufgaben eines Diskussionsleiters auf einer Aufgabenkarte.
d) Wie kann er das Ende einer Diskussion gestalten? Besprechen Sie Ihre Vorschläge in der Klasse und ergänzen Sie den Beobachtungsbogen rechts oben.

3 a) Wie hat Daniel seine Aufgabe als Diskussionsleiter sprachlich erfüllt?
b) Untersuchen Sie, ob auch er sich an die allgemeinen Gesprächsregeln gehalten hat.
c) Wie reagiert Daniel auf Verstöße gegen Gesprächsregeln bei den anderen Teilnehmern? Wo könnte er sachlicher bleiben?
d) Was halten Sie von den Beiträgen der übrigen Diskussionsteilnehmer? Begründen Sie.

4 Führen Sie in der Klasse eine kurze Diskussion (etwa 10 Minuten) durch. Wie man sich auf eine Diskussion vorbereitet, können Sie auf Seite 22/23 nachlesen. Beachten Sie dabei den Tipp.
Wählen Sie eines der folgenden Themen oder finden Sie selbst ein Thema:

Was halten Sie von einer Teilnahme an einer Talentshow?

„Tierversuche gehören abgeschafft!“

???

Beobachtungsbogen für Diskussionsleiter

	gut	verbesserungswürdig
Einführung: begrüßt …	☆ ☆ ☆	auch Publikum begrüßen
Verlauf: achtet auf ✓ Rednerabfolge ✓ fasst zusammen …	☆ ☆ ☆	☆
Abschluss: …	☆	☆

TIPP

So können Sie die Diskussionsleitung üben:
- Vier bis fünf Schüler sollten diskutieren, ein Schüler leitet die Diskussion.
- Dabei sollten Kontrollpersonen das Gesprächsverhalten des Diskussionsleiters überwachen. Sie können dazu einen Beobachtungsbogen nach dem Muster oben anlegen. Ergänzen Sie diesen mit Hilfe Ihrer Aufgabenkarte für einen Diskussionsleiter.
- Sie dürfen während der Diskussion auch den Diskussionsleiter auswechseln. Sprechen Sie sich vor der Diskussion ab, wie lange jeder das Gespräch leiten darf.
- Tauschen Sie sich anschließend darüber aus, wie die Diskussion verlaufen ist. Dazu tragen alle Kontrollpersonen ihre Beobachtungen vor.

... Gespräche fair führen

In **Gruppe 1** ist **Simone** die Gesprächsleiterin:
Simone: Also, ... dann fangt halt mal an.
Silvia: Wie jetzt? Soll man dann mit 16 Jahren schon volljährig sein, oder was?
Nils: Nö, wir reden jetzt doch bloß vom Autoführerschein, oder Simone?
Simone: Was? Ja, klar. Autoführerschein mit 16.
[...]

In **Gruppe 2** ist **Daniel** der Diskussionsleiter:
[...]
Ines: Also gut. Ich glaube, dass es voll cool wäre, mit 16 schon Auto zu fahren. Man müsste keinen mehr fragen, wenn man weggehen will. Das hat mein Bruder auch gesagt, der ist nämlich letzte Woche 18 geworden und da ist er gleich mit dem Auto ...
Daniel: Das führt jetzt vom Thema weg, Ines.
Anna: Genau, also wenn ich ....
Daniel: Moment mal, Anna, jetzt kommt zuerst Julia an die Reihe.
Julia: Ich wollte sagen, dass man in den USA auch schon mit 16 Jahren Auto fahren darf. Ich habe das im Fernsehen gesehen. Man darf dort aber nur mit Einschränkung fahren; ich glaube, dass die Jugendlichen sonst zu viel Unsinn machen würden. Wenn ich mich nicht täusche, dürfen die Jugendlichen wichtige Strecken, das heißt zur Schule oder in die Arbeit, schon alleine fahren, bei Ausflügen oder so muss ein Erwachsener dabei sein. Das müsste doch bei uns auch gehen.
Anna: Is' mir doch egal, was die in Amerika machen.
Daniel: Anna, jetzt reicht's aber langsam. Du musst nicht immer deinen Kommentar zu allem abgeben und die anderen auch noch blöd anreden. Was wolltest du sagen?
Anna: Ja, ja ... Ich denke halt, dass das mit den Einschränkungen bei uns nicht klappen wird. Das ist doch wie mit den Zigaretten. Eigentlich dürfte man erst ab 16 in der Öffentlichkeit rauchen und dauernd sieht man irgendwelche Knirpse mit Kippen. An so eine Einschränkung hält sich doch keiner. Wenn ich mit 16 einen Führerschein hätte, wäre mir das auch egal. Aber Autofahren ist viel gefährlicher als Rauchen. Da hat's doch erst letzte Woche wieder gekracht, als so ein Typ angetrunken mit dem Auto gefahren ist. Also ich bin dagegen.
Daniel: Bevor jetzt Luca dran ist, möchte ich alle bitten, sich etwas kürzer zu fassen, sonst können wir nicht alle Argumente hören, weil die Zeit knapp wird.
Luca: Ich wollte eigentlich auch das sagen, was Anna schon angesprochen hat. Die meisten Unfälle passieren jugendlichen Autofahrern. Je jünger man ist, desto weniger kann man die Gefahren richtig einschätzen. Ich bin auch dafür, erst mit 18 Jahren Autofahren zu dürfen.
Daniel: Ich möchte das bisher Gesagte einmal so zusammenfassen. Für den Führerschein mit 16 Jahren spricht, dass man unabhängiger ist und dass es in den USA auch erlaubt ist; dagegen ist zu sagen, dass junge Leute mit dieser Freiheit nicht verantwortungsvoll umgehen können. Manuel, du hast noch gar nichts gesagt, was meinst du eigentlich?
Manuel: Ähh, ich ...
Luca: Der pennt mal wieder, oder er träumt von Anne.
Daniel: Luca, was soll das? Manuel, du hast doch sicher auch eine Meinung. Bist du dafür oder dagegen?
Manuel: Ich weiß nicht so recht. Eigentlich wäre es schon toll heuer im Oktober Auto zu fahren ...
Anna: Können wir jetzt weitermachen? Der checkt doch eh nix!
Daniel: Anna, merkst du nicht, dass du hier dauernd dazwischenfunkst und alle aufhältst? Ich sag's jetzt noch mal. Hör endlich auf, dauernd dazwischenzureden und die anderen zu beleidigen!
[...]

Einen Fachvortrag mitschreiben

Experten, die Sie zu sich in die Schule einladen, können Ihnen im Rahmen eines Fachvortrags zu Unterrichtsthemen interessante Informationen vermitteln. Bei Hilfsorganisationen gibt es z. B. Fachleute für das Thema „Bevölkerungswachstum", welches Sie in diesem Schuljahr im GSE-Unterricht behandeln. Damit Sie auf die Informationen später zurückgreifen können, müssen Sie mitschreiben. Hier üben Sie dies an einem Beispiel.

1 Das Protokollieren eines Fachvortrags kann man am besten zu zweit üben.

a) Besprechen Sie, wer zuerst protokolliert bzw. vorträgt.

b) Sind Sie Vortragender, lesen Sie einmal gründlich den Vortragstext auf Seite 30 und 31.

c) Sind Sie Protokollant, bereiten Sie Ihre Materialien (Stift, Block, Schreibunterlage) zum Mitschreiben vor.

d) Lesen und besprechen Sie zur Vorbereitung gemeinsam den Tipp.

2 **a)** Als Fachreferent tragen Sie den Vortragstext so vor, dass er in Tempo und Ausdrucksweise einem wirklichen Vortrag ähnelt.

b) Als Protokollant schreiben Sie den Vortrag mit.

3 Tauschen Sie die Rollen: Der Protokollant wird zum Referenten und umgekehrt.

4 Überarbeiten Sie im Anschluss an den Fachvortrag jeweils kurz Ihre Mitschriften.
Fügen Sie Vergessenes ein, ergänzen Sie Zeichen.

TIPP

So schreiben Sie mit:

1. Verwenden Sie für Ihre Mitschrift einen DIN-A4-Bogen. Lassen Sie einen breiten Rand für Ergänzungen.
2. Gliedern Sie den Inhalt in die Einzelelemente A, B, C usw. Unterpunkte können Sie durchnummerieren.
3. Denken Sie beim Zuhören mit und schreiben Sie erst, wenn ein Sinnabschnitt beendet ist.
4. Eigene Ergänzungen kennzeichnen Sie z. B. farbig oder durch Unterstreichungen.
5. Kürzen Sie Wörter sinnvoll ab. Abkürzungen sind jedoch nur dann sinnvoll, wenn sie auch später noch verständlich sind.
   Benutzen Sie gängige Abkürzungen:
   z. B. für *zum Beispiel, d. h.* für *das heißt, u.* für *und.*
   Tilgen oder kürzen Sie Endsilben:
   z. B. *-ung* zu *-g* wie *Bildg.*
   Schlüsselwörter können durch selbstdefinierte feste Abkürzungszeichen ersetzt werden:
   z. B. *E.* für *Entwicklungsländer.*
6. Notieren Sie Namen, Zahlen und Fachbegriffe möglichst vollständig, um sie auch später noch nachschlagen zu können.
7. Verwenden Sie Pfeile, um die Folge einer Aussage aufzuzeigen oder ein Beispiel zu geben.
8. Die Mitschrift eines 30-minütigen Vortrags sollte 3–4 DIN-A4-Seiten nicht überschreiten. Grundsätzlich gilt die Regel „weniger ist mehr". Auch bei einer Diskussion im Anschluss an den Fachvortrag sind Sie so stets im Bilde und können die Diskussionsbeiträge beurteilen.

Eine Lernhilfe verfassen

1 Verfassen Sie aus Ihrer Mitschrift des Vortrags eine Lernhilfe.
a) Lesen Sie dazu die Info.
b) Lesen Sie nun den Tipp. Überarbeiten Sie Ihre Mitschrift anhand der dort aufgeführten Schrittfolge.

2 **a)** Gehen Sie Ihre Lernhilfe abschließend durch und prüfen Sie sie nach folgenden Gesichtspunkten:
- Sind die wichtigsten Inhalte des Fachvortrags enthalten?
- Ist alles verständlich und klar strukturiert wiedergegeben?
- Wird es Ihnen zu einem späteren Zeitpunkt möglich sein, anhand der Lernhilfe wieder schnell in das Thema einzusteigen?

b) Ergänzen und verändern Sie, falls nötig.

3 Vergleichen Sie die von Ihnen erstellten Lernhilfen.
a) Welche anderen Möglichkeiten der Gestaltung (Sprache, Hervorhebungen, Strukturierung ...) haben Ihre Mitschüler gewählt?
b) Tauschen Sie sich über die jeweiligen Vor- und Nachteile aus. Gehen Sie bei Ihren Überlegungen stets davon aus, welche Funktion die Lernhilfe erfüllen soll.

4 Ordnen Sie die fertige Lernhilfe systematisch ein.
a) Legen Sie dazu einen Lernhilfe-Ordner an, in dem Sie nur prüfungsrelevante Unterlagen abheften.
b) Gliedern Sie den Lernhilfe-Ordner nach Themen oder Fächern.

INFO

Was ist eine Lernhilfe?
Eine Lernhilfe ist eine individuelle Zusammenfassung von gehörten oder gelesenen Inhalten aus Vorträgen oder Referaten.
Die Lernhilfe kann als Erinnerungsstütze und Lerngrundlage bei Schulaufgaben und bei der Prüfungsvorbereitung dienen.

20.03.2007	Herr Dr. Sven Global (Terre des hommes)	Nr. 1

Fachvortrag:
„Bevölkerungswachstum weltweit"

1. <u>Entwicklung der Erdbevölkerung</u>

Stündlich: 3500 Geburten weltweit.
Erdbevölkerung:
- seit 1997: über 6 Mrd. Menschen.
- Steinzeit: einige Mio.
- röm. Reich: 250 Mio.
- ...

TIPP

So erstellen Sie eine Lernhilfe:
1. Verwenden Sie DIN-A4-Blätter mit breiten Rändern und einer Kopfleiste. Mit dem Computer können Sie sich in einem Textverarbeitungsprogramm eine solche Vorlage erstellen, auf die Sie immer wieder zurückgreifen können.
2. Tragen Sie den Namen des Referenten, das Datum, die Blattnummer sowie das Thema der Zusammenfassung in die Kopfleiste ein. Diese Angaben helfen Ihnen bei der systematischen Einordnung in Ihren Lernhefter.
3. Meist verteilen Referenten zu Beginn ihres Vortrags eine Gliederung. Orientieren Sie sich bei der Überarbeitung Ihrer Mitschrift auch an dieser Gliederung, damit Ihre Lernhilfe klar strukturiert ist.
4. Überarbeiten Sie Ihre Mitschrift.
   - Ersetzen Sie Abkürzungen, die nicht eindeutig sind, durch vollständige Begriffe.
   - Pfeile und andere Bezugszeichen wandeln Sie in knappe Sätze um.
   - Heben Sie Wichtiges farbig hervor oder unterstreichen Sie es.
   - Ergänzen Sie die Lernhilfe ggf. durch Illustrationen oder Zusatzinformationen.

Bevölkerungswachstum weltweit

1. Entwicklung der Erdbevölkerung
Während Sie meinem Vortrag zuhören, werden 3 500 Kinder weltweit geboren werden.
Seit 1997 sind wir über 6 Milliarden Menschen auf unserem Planeten. Heute leben mehr Menschen auf der Erde als in der gesamten Menschheitsgeschichte geboren wurden und gestorben sind! In der Steinzeit gab es höchstens einige Millionen Menschen, der römische Kaiser Augustus wäre bei seiner Volkszählung auf 250 Millionen Menschen gekommen. Bis 1650 hatte sich die Zahl der Menschen verdoppelt, erst 1815 gab es die erste Milliarde. Heute reichen für jede weitere Milliarde gerade mal 10 Jahre.

2. Die aktuelle Situation
Die Bevölkerungsexplosion findet dabei nicht in den Industrienationen statt, sondern in den Ländern der so genannten Dritten und Vierten Welt. Der Rückgang der Kindersterblichkeit und die höhere Lebenserwartung wegen der besseren medizinischen Versorgung sind die Hauptgründe dafür. Viele dieser Länder sind mittlerweile nicht mehr in der Lage, ihre Bürger zu ernähren, zu erziehen und mit Arbeit zu versorgen. Mehr als eine Milliarde Menschen leben schon von weniger als einem Dollar am Tag, 3 Milliarden mit unzureichender Hygiene, 1,5 Milliarden ohne Gesundheitsversorgung und mehr als 1,7 Milliarden ohne sauberes Wasser. Ganz fatal scheint zu sein, dass Zitat: „medizinische Hilfe wie z.B. Schutzimpfungen nur den Zeitpunkt des Hungertodes hinausschiebt", so Dr. M. King von der University of Leeds.

3. Die Gründe für die Bevölkerungsvermehrung
<u>3.1 Armut produziert Kinder</u>
Da ist zunächst die direkte Folge der Armut: Kinder zu bekommen, ist in Ländern ohne Sozialversicherung eine schlichte Notwendigkeit. Kinder sind kostenlose Arbeitskräfte und die einzige Altersversorgung. Statistisch bewiesen ist: Je ärmer ein Land ist, desto mehr Kinder werden geboren. Umgekehrt ist es genauso: Geht es einem Land wirtschaftlich gut, sinkt automatisch die Geburtenrate. Aus dem Teufelskreis der Armut herauszukommen, ist aber für die meisten Entwicklungsländer so gut wie aussichtslos. Weder die Nahrungsmittelproduktion noch die wirtschaftliche Entwicklung insgesamt können mit dem Bevölkerungswachstum Schritt halten.

<u>3.2 Eine Frage der Religion</u>
In traditionellen islamischen Kulturen wird von Frauen erwartet, viele Kinder zur Welt zu bringen. Der Wert und das Ansehen einer Frau hängen stark von der Anzahl der Söhne, die sie hat, ab. Eine Frau im Iran bekommt so durchschnittlich 5,4 Kinder, in Saudi-Arabien sogar über sieben. Aller Voraussicht nach wird sich also die Zahl der Muslime allein durch den Geburtenüberschuss in den nächsten 20 Jahren etwa verdoppeln!

4. Indirekte Folgen der Armut und der Bevölkerungsexplosion
Die Folgen der Armut haben einen indirekten Einfluss auf die gesamte Weltbevölkerung. Auf den Philippinen beispielsweise wird die Bevölkerung in den nächsten 40 Jahren auf 130 Millionen anwachsen. Die Regierung reagiert auf die Frage, wie diese Massen ernährt werden können, mit einer Rodung der letzten Reste des Regenwalds, um Reisfelder anlegen zu können. Viele Länder der Dritten Welt scheinen so gezwungen, ihren Lebensraum zerstören zu müssen, um überleben zu können. Außerdem sorgen die modernen Infomedien dafür, dass die Menschen in diesen Ländern ihre eigene missliche Lage im Vergleich zu den Industrieländern erkennen. Die Folgen sind Unzufriedenheit und Rebellionen gegen die eigene Lebenssituation. Schon heute gibt es über 17 Millionen Flüchtlinge. Viele von ihnen werden magisch angezogen von Nordamerika und Westeuropa, wo Fernsehbilder scheinbar Reichtum und Wohlstand versprechen.

Die Ärmsten der Armen ziehen in die Metropolen, die ständig wachsen und unkontrollierbar werden.

In Bombay zum Beispiel holt jeder Zugereiste, wenn er Fuß gefasst hat, durchschnittlich 20 Familienmitglieder nach. Pro Quadratkilometer leben dort so über 40 000 Menschen zusammen, elfmal so viel wie z. B. in Berlin. Zum besseren Vergleich: In einem Raum, der gerade mal so groß ist wie eine Garage, hausen in Bombay 15 bis 20 Menschen, in Fes/Marokko „leben“ in Einfamilienhäusern bis zu 30 Großfamilien!

Megastädte werden zu unkontrollierbaren Ballungsräumen, die im eigenen Abfall ersticken. Jetzt schon liegen etwa 70 % der größten Städte der Welt in der Dritten Welt, z. B. Lagos, Sao Paulo oder Manila. Die wenigen Reichen leben dabei in bewachten Gebieten der Vorstädte, die Hälfte aller Einwohner hingegen ist in den Slums umgeben von Lärm, Dreck, Gewalt, Kriminalität, Prostitution, Aids und Drogen.

Der Flucht in die Städte kann also der Massenansturm auf die reichen Länder der Welt folgen. Die Frage stellt sich somit:

Können die Industrienationen dies zulassen, und wenn ja, wäre das dann auch eine Lösung für die Menschen aus der Dritten Welt?

5. Lösungsansätze

Ich möchte Ihnen jetzt abschließend verschiedene Lösungsansätze für das Problem der Bevölkerungsexplosion thesenartig vorstellen.

a) Der Dritten Welt muss geholfen werden, ein Minimum an Wohlstand aufzubauen. Dann käme das Bevölkerungswachstum zum Stillstand – Beispiele sind Thailand, Südkorea, Brasilien – denn auf eine Familienplanung werden sich nur Paare einlassen, deren Altersversorgung gesichert ist.

b) „Es ist besser, 5 Dollar für die Geburtenkontrolle auszugeben als 100 Dollar für die Entwicklungshilfe.“ (Lyndon B. Johnson, US-Präsident in den 60er-Jahren)

c) Statt in der Dritten Welt Geld für die Rüstung auszugegeben, sollte es für die Familienplanung verwendet werden.

d) Ein-Kind-Familien wie in China müssen staatlich verordnet werden.

e) Es gibt nur zwei Möglichkeiten das Bevölkerungswachstum zu stoppen: Entweder sinkt die Geburtenrate oder es steigt die Todesrate.

f) Nichts muss getan werden! Das Wachstum wird durch Hungersnöte, Klimakatastrophen und Infektionskrankheiten von selbst gebremst.

Wie ist Ihre Meinung dazu?

Bevor wir in die Diskussion einsteigen, bedanke ich mich bei Ihnen fürs Zuhören.

Das Vorstellungsgespräch individuell vorbereiten

1 Im Vorstellungsgespräch wird einiges von Ihnen erwartet. Ergänzen Sie in Kleingruppen die Liste:
- Pünktlichkeit
- höfliche Umgangsformen
- ...

2 Stefan hat sich als Kfz-Mechatroniker beworben. Lesen Sie den Text. Was spricht für Stefans Bewerbung zum Kfz-Mechatroniker? Welche Schwachstellen sehen Sie?

Stefan besucht die 10. Klasse der GHS Heinemann. Seine Leistungen sind unterschiedlich. Während er in Mathe und PCB eine 2 erwartet, rechnet er in Deutsch und AWT mit einer 4. Als arbeitspraktisches Fach hat er GTB gewählt. Zusätzlich arbeitet er in der Schülerfirma, die Fahrräder repariert. Stefan ist ausgebildeter Streitschlichter und war in der 9. Klasse als Schülerlotse im Einsatz. Seine Hobbys sind Rad fahren, mit Motoren basteln und im Internet chatten. Alle Bemerkungen in den Zeugnissen bezeichnen ihn als pflichtbewussten, höflichen und freundlichen Schüler, dessen Stärken in den praktischen Fächern liegen.

3 Lesen Sie die Aussage von Stefan. Wie geht er im Bezug auf seine Bewerbung mit seinen Stärken und Schwächen um?

Mein Profil und mein Zeugnis zeigen, dass ich handwerklich sehr geschickt bin. Das möchte ich im Gespräch klar herausstellen. Natürlich sind meine Leistungen in Deutsch nicht besonders gut. Wenn ich darauf angesprochen werde, antworte ich ganz ehrlich, dass ich mich in der Schule z. B. meist nicht für literarische Themen begeistern konnte. Aber ich weiß auch, dass ich Sachtexte besser verstehe und ich mich in meiner Ausbildung besonders anstrengen werde.

4 Um im Vorstellungsgespräch überzeugend auftreten zu können, sollten Sie sich Ihrer Stärken und Schwächen bewusst sein.

a) Erstellen Sie für sich ein persönliches Profil nach dem Vorbild unten und füllen Sie es aus.

b) Vergleichen Sie Ihre Einschätzungen mit Profilen, die Sie in den vorherigen Schuljahren erstellt haben. Welche Entwicklung ist zu sehen?

Persönliches Profil

Mit diesem Bogen können Sie Ihre Stärken und Schwächen genauer erkennen. Bei der Bearbeitung setzen Sie jeweils ein Kreuz auf die Felder +2 bis –2, je nachdem, ob die Aussage vollkommen oder überhaupt nicht zutrifft.

Name: ☆ ☆ ☆ ____________

Eigenschaften	2	1	0	–1	–2
1. Ich bin körperlich belastbar.	☆	☆	☆	☆	☆
2. Ich arbeite gerne mit dem PC.	☆	☆	☆	☆	☆
3. Ich bereite mich gut auf Tests vor.	☆	☆	☆	☆	☆
4. Ich kann Anweisungen immer gleich umsetzen.	☆	☆	☆	☆	☆
5. Ich erledige schriftliche Arbeiten immer sorgfältig.	☆	☆	☆	☆	☆
6. …					

5 **a)** Vergleichen Sie Ihr Profil mit den Anforderungsprofilen (*mach's richtig, BIZ, ...*) der Ausbildungsberufe, die für Sie interessant sind.

b) Welche Anforderungen entsprechen Ihrem Profil? Bei welchen Anforderungen sehen Sie Ihre „Schwachstellen"?

6 **a)** Lesen Sie nochmals die Aussage von Stefan. Treffen Sie zu Ihren Profilen und Wunschberufen ähnliche Äußerungen.

b) Tragen Sie diese Ihrem Banknachbarn vor.
- Wurden die Vorzüge klar herausgestellt?
- Wurden Schwachstellen so angesprochen, dass sie dennoch einen positiven Eindruck beim Arbeitgeber erzeugen?

7 Sie müssen damit rechnen, dass Sie im Vorstellungsgespräch auf bestimmte Punkte in Ihrem Lebenslauf und Ihren Zeugnissen – auch Schwachstellen – angesprochen werden.

a) Lesen Sie den Tipp und überlegen Sie, wie Sie auf folgende Fragen antworten könnten:

A In Ihrem Zeugnis werden Fehlzeiten angedeutet. Wie lassen sich diese erklären?
B Ihren Unterlagen entnehme ich, dass Sie in Ihrer Freizeit gerne klettern. Finden Sie nicht, dass es sich hier um ein sehr risikoreiches Hobby handelt?
C In Ihren Zeugnissen werden Sie stets als sehr ruhig beschrieben. Liegt es Ihnen dann überhaupt, mit Kunden umzugehen?

b) Sichten Sie Ihre Bewerbungsunterlagen. Welche Fragen könnten Ihnen gestellt werden? Notieren Sie diese und beantworten Sie sie schriftlich.

c) Trainieren Sie die Antworten mündlich mit einem Partner.

8 Auch Sie sollten im Vorstellungsgespräch Fragen stellen. Sie zeigen damit Interesse und signalisieren Ihre Einsatzbereitschaft.

a) Sammeln Sie Fragen zu Ihrem zukünftigen Ausbildungsberuf, zum Betrieb und zur Ausbildung.

b) Überprüfen Sie, welche der Fragen Sie anhand verschiedener Quellen (Internetauftritt der Firma, Prospekte ...) selbst beantworten können.

c) Ordnen Sie die übrig gebliebenen Fragen und notieren Sie sie übersichtlich. Nehmen Sie Ihre Aufzeichnungen zum Vorstellungsgespräch mit.

TIPP

So reagieren Sie richtig, wenn Sie auf „Schwächen" angesprochen werden:
Antworten Sie ruhig und sachlich. Stellen Sie einen Bezug zur Ausbildung her und betonen Sie Ihre Stärken, z. B.:
„Ich habe mich eher auf Deutsch konzentriert, weil dort meine Stärken liegen, und ich denke, dass ich diese Kenntnisse auch in meinem Beruf besser verwerten kann."

9 a) Einige Firmen führen zur Auswahl der Bewerber ein Gruppengespräch durch. Lesen Sie dazu die Info.

b) Welches Verhalten in der Gruppe wird in dieser Gesprächssituation von Ihnen erwartet? Welches sollten Sie unbedingt vermeiden? Stellen Sie eine Tabelle zusammen.

10 Lesen Sie die Checkliste und gehen Sie sie vor jedem Vorstellungsgespräch durch.

CHECKLISTE

1. Vergewissern Sie sich, dass Sie über das Berufsbild umfassend informiert sind.
2. Sammeln Sie Informationen über den Betrieb.
3. Erstellen Sie für sich ein Stärken- und Schwächenprofil. Finden Sie Formulierungen, um Stärken herauszustellen und Schwächen zu erklären.
4. Prüfen Sie Ihre Bewerbungsunterlagen kritisch: Wo sind Nachfragen zu erwarten? Bereiten Sie sich darauf vor.
5. Schreiben Sie sich wichtige Fragen auf und nehmen Sie diese und eine Schreibunterlage zum Gespräch mit.
6. Achten Sie auf Pünktlichkeit.
7. Achten Sie auf ein ansprechendes äußeres Erscheinungsbild.

INFO

Vorstellungsgespräch in der Gruppe
Oft laden Firmen mehrere Bewerber zu einem Vorstellungsgespräch in der Gruppe ein. Meistens sitzen Ihnen dabei verschiedene Vertreter der Firma gegenüber, die Fragen stellen, Sie aber auch beobachten und sich zu Ihrem Verhalten Notizen machen.
Die Bewerber werden nicht einzeln nacheinander befragt, sondern das Vorstellungsgespräch hat häufig den Charakter eines offenen Gruppengesprächs.

Das Vorstellungsgespräch trainieren

Bewerberin Martina Große
Martina geht in die 10. Klasse der HS Herboldshof. Ihre Leistungen schwanken zwischen 2 und 3. Sie besucht den HSB-Unterricht und ist Mitglied der Theatergruppe. Ihre Stärken liegen im mathematischen Bereich. In den Zeugnissen wird sie als fleißig, gewissenhaft und ruhig bezeichnet. Sie hat sich als Hotelfachfrau in verschiedenen Gastronomiebetrieben beworben.

Ausbildungsleiterin Frau Müller
Frau Müller ist für die Auszubildenden im Hotel Waldhorn verantwortlich. Sie legt großen Wert auf Teamarbeit und weiß, dass man als Hotelfachfrau den Umgang mit Menschen beherrschen muss. Deshalb sind für sie die Noten nicht das einzige Kriterium bei der Wahl der Auszubildenden. Sie muss auch von der Teamfähigkeit und dem Auftreten des Bewerbers überzeugt sein.

1 Sie sollen nun mit Hilfe der oben abgebildeten Rollenkarten das Vorstellungsgespräch einüben.
a) Informieren Sie sich im Vorfeld über den Beruf Hotelfachfrau/-mann.
b) Überlegen Sie sich, welche Fragen Frau Müller stellen und was Martina darauf antworten könnte.

2 Bilden Sie drei Gruppen. Jede Gruppe entwirft einen Teil (1.–3.) des unten abgebildeten Beobachtungsbogens zum Rollenspiel und notiert Aspekte, worauf jeweils geachtet werden soll.

Beobachtungsbogen

Name ☆ ☆ ☆	ja	nein
1. Auftreten/Körpersprache		
a) Tritt der Bewerber selbstsicher auf?	☆	☆
…		
2. Umgangsformen/Verhalten		
a) Zeigt sich der Bewerber höflich?	☆	☆
…		
3. Inhaltliche Ausführung der Fragen		
a) Geht der Bewerber auf die gestellten Fragen ein?	☆	☆
…		
Sonstige Beobachtungen: ☆ ☆ ☆		

3 Wählen Sie nun zwei Darsteller aus und spielen Sie das Rollenspiel. Die Gruppen füllen jeweils ihren Teil des Beobachtungsbogens aus.

4 a) Tauschen Sie sich kurz in den Gruppen über Ihre Beobachtungen aus.
b) Geben Sie anschließend den Darstellern sachlich Rückmeldung: Was war gut? Was sollte unbedingt verbessert werden?

5 Bilden Sie Kleingruppen zu ihren jeweiligen Wunschberufen und trainieren Sie das Vorstellungsgespräch. Nutzen Sie dazu den Beobachtungsbogen.

Sich mit der Themenstellung auseinandersetzen

1 Ein Teil Ihrer Abschlussprüfung wird das Prüfungsreferat sein. Lesen Sie dazu die Info.

2 Lesen Sie rechts die zwei Karteikarten mit Referatsthemen. Welche Schlüsselbegriffe sind in den Hinweisen enthalten? Notieren Sie diese.

Thema	Hinweise
Der geklonte Mensch	– Geschichte und Technik des Klonens – Geklonte Menschen – die große Chance? – Menschliche Embryonen als Ersatzteillager – Klonen, ein bedeutender Wirtschaftsfaktor – Die ethische Bewertung des Klonens

Thema	Hinweise
Klimawandel eine weltweite Gefährdung	– Naturwissenschaftliche Grundlagen – Globale Zusammenhänge – Gesellschaftliche, wirtschaftliche und ethische Auswirkungen – Beitrag des Einzelnen zum Klimaschutz – Internationale und nationale Klimapolitik

3 Ein Thema für Ihr Prüfungsreferat könnte beispielsweise lauten:

Marie Curie – vielseitige Wissenschaftlerin und Vorkämpferin für die Emanzipation der Frau.

a) Welche Gliederungspunkte können Sie der Themenstellung bereits entnehmen?
b) Formulieren Sie mit einem Partner zusammen vier Leitfragen, die sich aus dem Thema ergeben, und stellen Sie diese der Klasse vor.

INFO

Die mündliche Abschlussprüfung im Fach Deutsch
Die Prüfung dauert 15 Minuten und besteht aus einem Referat. Sie sollen mit dem Referat zeigen, dass Sie ein Thema selbstständig bearbeiten und angemessen darstellen können. Diese Aufgabe umfasst:
– Analyse und Eingrenzung des Themas,
– Beschaffung und Auswertung von Informationsmaterial,
– Gliederung und Ausarbeitung des Referats,
– Gestaltung des Referats mit Bildern, Tabellen, Folien, evt. als PowerPoint-Präsentation,
– Vortrag des Referats,
– Beantwortung von Zusatzfragen zum Thema.
Für die Vorbereitung sieht die Prüfungsordnung drei Tage vor. Die Themen für das Referat werden in der Regel ausgelost. Dabei kann es sein, dass Sie sich zwischen einem Sachthema und einem literarischen Thema entscheiden müssen.

Ablauf der mündlichen Prüfung
Sie referieren maximal 10 Minuten vor den beiden Prüfern. Beide stellen Ihnen danach Fragen zum Thema, bis die Prüfungszeit von 15 Minuten vorüber ist.

Beurteilung des Prüfungsreferats
Das Referat macht 25 % der Prüfungsnote aus, die schriftlichen Leistungen (Rechtschreiben und Textarbeit) tragen 75 % zur Prüfungsnote bei. In die Bewertung des Referats fließen mit ein:
– die Vorbereitung,
– der Vortrag,
– der Inhalt,
– die Beantwortung der Zusatzfragen.
Klären Sie mit Ihrem Lehrer, was an Ihrer Schule für die Bewertung noch wichtig ist.

Informationen beschaffen

1 Bei der Materialsuche für Ihr Referat sollten Sie unterschiedliche Informationsquellen nutzen.
a) Lesen Sie dazu die Info.
b) Tauschen Sie sich darüber aus, welche Vor- und Nachteile die verschiedenen Möglichkeiten der Informationsbeschaffung jeweils haben.

2 Ein Lexikonprogramm bietet Ihnen eine Vielzahl verschiedenartiger Informationen.
a) Unten ist beispielsweise die Startseite des multimedialen Lexikons Encarta abgebildet. Welche Rubriken könnten Ihnen bei der Suche nach Material für Ihr Referat hilfreich sein?
b) Welche Art von Informationen erwarten Sie jeweils?

3 Wenn Sie Ihr Thema noch nicht einordnen können, wählen Sie die Kategorie *Gesamter Inhalt* und geben einen möglichst prägnanten Suchbegriff, z. B. *Marie Curie*, ein.

4 Zu manchen Themen bieten Lexikonprogramme nach der Stichworteingabe eine Gliederung an oder sie führen wie in unserem Beispiel verschiedene Artikel auf, die zu dem eingegebenen Begriff passen.
a) Prüfen Sie stets, ob die erschienenen Artikel interessante Aspekte zum Thema enthalten, aus denen sich weitere Leitfragen für Ihr Referat formulieren lassen.
Ergänzen Sie auf diese Weise Ihre Leitfragen zum Thema „Marie Curie“.
b) Setzen Sie Ihre Suche gezielt in den Artikeln fort, in denen Sie Antworten auf Ihre zum Referat formulierten Leitfragen vermuten.

5 a) Lesen Sie nun die von Ihnen in die engere Auswahl genommenen Artikel genau und prüfen Sie dabei, welche Passagen Antworten auf Ihre Leitfragen geben.
b) Kopieren Sie passende Textteile und speichern Sie sie in einer neu angelegten Datei eines Textverarbeitungsprogramms. Schreiben Sie, wenn Sie mit mehreren Lexikonprogrammen gleichzeitig arbeiten, stets die Quellenangabe dazu.
c) Gliedern Sie Ihr Dokument durch Zwischenüberschriften. So können Sie sich später bei der Auswertung des Materials besser orientieren.

INFO

Informationen zu einem Thema beschaffen
Um ein Sachgebiet möglichst umfassend zu recherchieren, sollten Sie auf alle sich bietenden Möglichkeiten der Informationsbeschaffung zurückgreifen:
- Internet (Suchmaschinen)
- Bibliotheken/Buchhandlungen: Sachbücher, Lexika, Fachzeitschriften
- multimediale Lexikonprogramme (z. B. Encarta, Die Brockhaus Enzyklopädie, Bertelsmann A–Z Lexikon, Meyer – Das multimediale Lexikon)
- Informationsmaterial von Vereinen oder Organisationen, die sich mit dem Thema befassen
- Experteninterview

6 Im Lexikonprogramm Encarta führen blaue Begriffe in den Artikeln zu weiteren Informationen zum Thema (Doppelclick).

a) Welche der blauen Begriffe zum Thema „Marie Curie“ scheinen Ihnen im Textausschnitt unten interessant zu sein?

b) Lesen Sie die weiterführenden Texte überfliegend und prüfen Sie, welche der darin enthaltenen Informationen für Ihr Referat wichtig sind.

c) Übernehmen Sie diesbezügliche Textpassagen in Ihr Textdokument.

Curie, Marie (Marya) und Pierre (1867-1934) und (1859-1906), französische Physiker und Nobelpreisträger. Marie und Pierre Curie waren verheiratet. In gemeinsamer Forschungsarbeit entdeckten sie die chemischen Elemente Radium und Polonium und untersuchten radioaktive Strahlung. Sie legten damit eine der Grundlagen für die moderne Kernphysik.

Pierre Curie wurde am 15. Mai 1859 in Paris geboren und studierte an der Sorbonne Physik. 1880 beobachtete er gemeinsam mit seinem Bruder Jacques, dass ein elektrisches Potential entsteht, wenn man einen Quarzkristall mechanisch deformiert.

Die Brüder nannten das Phänomen Piezoelektrizität (*siehe* piezoelektrischer Effekt). Pierre Curie entdeckte ferner, dass magnetische Substanzen bei bestimmten Temperaturen (dem Curie-Punkt) ihren Magnetismus verlieren. 1895 wurde er Professor an der *École de physique et de chimie* in Paris.

Marie Curie wurde als Marya Sklodowska am 7. November 1867 in Warschau geboren. Ihr Vater war Physiklehrer. Sie ging 1891 nach Paris (wo sie ihren Namen in Marie änderte) und schrieb sich an der Sorbonne ein. Zwei Jahre später bestand sie die Abschlussprüfung für Physik, in der sie den ersten Platz belegte. 1895 heirateten Marie und Pierre Curie.

Marie Curie interessierte sich für die jüngsten Entdeckungen von Strahlungen. Wilhelm Conrad Röntgen hatte die Röntgenstrahlen 1895 entdeckt; 1896 hatte Antoine Henri Becquerel das Element Uran mit ähnlichen Strahlungseigenschaften gefunden. Curie begann, diese Strahlung des Urans zu untersuchen. Mittels piezoelektrischer Verfahren, die ihr Ehemann entwickelt hatte, verfolgte sie die von Pechblende – einem uranhaltigen Erz – ausgehende Strahlung. Als sie feststellte, dass die Strahlung des Erzes intensiver war als die des Urans, folgerte sie, dass im Erz noch unbekannte Elemente vorhanden sein müssen, deren Radioaktivität die des Urans übersteigt. Marie Curie war die Erste, die den Begriff radioaktiv zur Beschreibung von Elementen verwendete, die bei der Spaltung ihrer Atomkerne Strahlung abgeben.

7 Prüfen Sie auch stets, ob die bei manchen Artikeln aufgeführten Rubriken ***Weiterführende Literatur*** und ***Webcenter*** Ihnen zusätzliche Informationsquellen für Ihr Referat liefern können.

8 Das Lexikonprogramm Encarta bietet Ihnen nicht nur Textinformationen aus Artikeln.

a) Klicken Sie unter Ihrem Stichwort ***Marie Curie*** den Button ***Photos & mehr*** an. Es erscheint die Rubrik ***Multimedia***.

b) Suchen Sie nach passenden Abbildungen (Fotos, Grafiken) zur Gestaltung Ihres Referats.

c) Betrachten Sie das Bild. Zu welcher Leitfrage Ihres Referats würde es passen?

Erster Solvay-Kongress 1911

Um die Beschriftung zu sehen, bewegen Sie den Mauszeiger über das Bild, oder klicken Sie auf „Beschriftung anzeigen“. Um eine ausführliche Beschreibung zu erhalten, klicken Sie bitte auf die jeweilige Beschriftung.

d) Überprüfen Sie, ob sich auch über die blauen Begriffe in den Artikeln passende Abbildungen für Ihr Referat finden lassen.

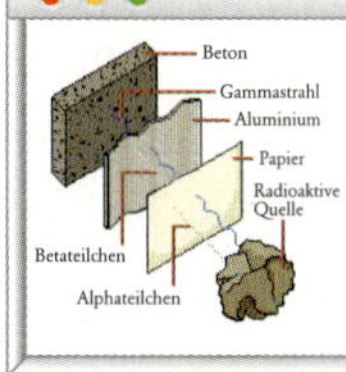

Strahlung, allgemeiner Begriff für den physikalischen Transp
durch Wellen oder Teilchen durch den Raum. Man unterschei
so genannte Wellenstrahlung und Korpuskular-, Teilchen- ode
Materiestrahlung (*siehe* Physik: Quantenmechanik; Albert Ein
Broglie). Der räumlich begrenzte Energie- oder Teilchenstrom
als Strahl bezeichnet. Wie der Name bereits andeutet, breitet s
Wellenstrahlung in Form von Wellen im Raum aus. Beispiele
Wellenstrahlung sind Radiowellen, Mikrowellen, Infrarotstral
Gammastrahlen und UV-Strahlen. Im Gegensatz dazu besteht
Korpuskularstrahlung aus schnell bewegten Teilchen. Zu diese

e) Speichern Sie alle geeigneten Abbildungen in einer extra Datei ab.

9 a) Suchen Sie in der Rubrik ***Photos & mehr*** auch nach passenden Audioclips oder Videos zum Thema.

b) Erkundigen Sie sich, welche technischen Möglichkeiten Ihnen beim Referat zur Präsentation dieser Quellen zur Verfügung stehen.

10 Drucken Sie die Dateien mit den gesammelten Informationen aus, um sie auszuwerten.

11 Wählen Sie ein anderes Lexikonprogramm aus und führen Sie darin ebenfalls eine Recherche zum Thema „Marie Curie“ durch.

Material auswerten

1 a) Aus den gesammelten Texten müssen Sie nun die für Ihr Referat wichtigen Informationen herausfiltern. Lesen Sie dazu den Tipp.

b) Exzerpieren Sie den folgenden Textauszug.

Marie Curie und die Entdeckung des Poloniums

Marie Curie, zweifache Nobelpreisträgerin, fand bei der Untersuchung von Mineralien heraus, dass nicht nur Uran, sondern auch Thorium eine rätselhafte Strahlung aussendet. Für diese Eigenschaft der Atome prägte sie den Begriff „Radioaktivität“. Die hohe Strahlungsintensität bestimmter Uranerze veranlasste sie, die Existenz eines neuen Elements anzunehmen, das sie „Polonium“ nannte. (...)
Marya [Maire] Sklodowska (1867–1934) wurde in einer katholischen Lehrerfamilie in Warschau geboren. Dieser Teil Polens stand damals unter zaristisch-russischer Herrschaft. Gegen die Russifizierung wehrten sich besonders die polnischen Intellektuellen, die Lehrer, Wissenschaftler, Künstler und Priester. Auch Maries Vater gehörte dazu; von seinem Einfluss wurde sie geprägt: „Aufgewachsen in einer Atmosphäre von Patriotismus, der durch die Unterdrückung Polens stets wach gehalten wurde, wollte ich, wie viele meiner jungen Landsleute, nach Kräften zur Erhaltung des Nationalgefühls beitragen.“ (...)
Nach einem erfolgreichen Schulabschluss hatte Marie den Wunsch, eine Universität zu besuchen. In Polen und Russland war es damals für Frauen schwierig oder sogar unmöglich zu studieren (...)

2 Wenn Sie sich in ein Thema einarbeiten, haben Sie oft rasch eine Fülle von Materialien, aus der Sie auswählen müssen.

a) Lesen Sie die Hinweise auf der Tafel, wie Sie dabei vorgehen können, und überlegen Sie gemeinsam, inwiefern sich diese beim Thema „Marie Curie“ umsetzen lassen.

- **Außergewöhnliches darstellen**
- **Ausschnitte wählen**
- **Typisches darstellen**

b) Sichten Sie Ihr gesammeltes Material auch unter diesen Gesichtspunkten.

TIPP

So exzerpieren Sie einen Sachtext:

1. Den **Text lesen** und schwierige **Textstellen klären.**
2. **Wichtige Textstellen heraussuchen**
   In eigenen Büchern können Sie die wichtigsten Informationen markieren und am Rand zusammenfassen.
   Bei ausgeliehenen Büchern empfiehlt es sich, die Seiten zu kopieren oder Stellen herauszuschreiben.
3. **Informationen zusammenfassen**
   Wählen Sie die Form der Zusammenfassung, die sich aufgrund des jeweiligen Materials anbietet bzw. die Ihnen zusagt und später den Zugriff auf das Material leicht macht.
   a) Pfeildiagramm: Die wichtigsten Begriffe herausschreiben und durch Pfeile zuordnen.
   b) Tabelle: Die wichtigsten Begriffe in Themengruppen einteilen und einander gegenüberstellen.
   c) Merktext: Den Text mit eigenen Worten verkürzt wiedergeben.
4. **Quellenangaben sofort notieren**
   Später ist dies aufgrund der Materialfülle oft nicht mehr möglich.

Das Referat gliedern und ausarbeiten

1 Um eine Gliederung Ihres Referats zu erstellen, müssen Sie entscheiden, in welcher Abfolge Sie die einzelnen Aspekte in Ihrem Referat behandeln wollen. Lesen Sie dazu den Tipp.

2 Erstellen sie eine Gliederung für das Referat über Marie Curie. Bringen Sie dazu die Gliederungspunkte rechts in eine sinnvolle Reihenfolge. Welche Teilpunkte würden Sie ergänzen, welche weglassen? Begründen Sie.

3 Arbeiten Sie Ihr Referat aus, indem Sie die von Ihnen ausgewählten Gliederungspunkte um wichtige Informationen ergänzen.

- häufig notwendige Entscheidung für Familie oder Beruf/Karriere
- Notwendigkeit der Emanzipation der Frau, politische Maßnahmen zur Gleichstellung der Frau
- Bedeutung Marie Curies für die Stellung der Frau in Wissenschaft und Gesellschaft
- wichtige Lebensdaten der Marie Curie
- Personen, die im Leben der Wissenschaftlerin eine entscheidende Rolle gespielt haben
- wissenschaftliche Leistungen Marie Curies in den Teilbereichen Physik und Chemie

TIPP

So gliedern Sie Ihr Referat und arbeiten es aus:

1. Um die Reihenfolge Ihrer Ausführungen festzulegen, schreiben Sie jeden Aspekt auf eine Gliederungskarte und verschieben diese, bis Ihnen die Reihenfolge sinnvoll erscheint.
2. Nummerieren Sie nun Ihre Gliederungskarten und schreiben Sie die Gliederung in einer übersichtlichen Form auf.
3. Notieren Sie für jeden Punkt den ungefähren Zeitbedarf. Berücksichtigen Sie dabei, dass wichtige Punkte mehr Zeit beanspruchen als Nebensächliches.
4. Übertragen Sie die Gliederung auf eine OHP-Folie und/oder auf das Handout, das Sie für die Zuhörer vervielfältigen.
5. Manche Referenten arbeiten das Referat vollständig schriftlich aus, andere notieren nur Stichpunkte oder wichtige Teilsätze. Finden Sie Ihren eigenen Stil. Wichtig ist, dass Sie im Vorfeld klären, was an Ihrer Schule verlangt wird. Beispielsweise kann eine schriftliche Fassung des Referats gefordert werden oder Sie müssen eine Referatsvorbereitungsmappe mit Quellenangaben, Folien, Stichwortkarten, ... abgeben.

4 Dadurch, wie Sie ihr Referat ausarbeiten, können Sie Zusatzfragen der Prüfer herausfordern, auf die Sie sich im Vorfeld bereits vorbereiten können. Andere Fragen lassen sich bei der Beschäftigung mit dem Thema schon erahnen.
a) Lesen Sie dazu unten die Referatsauszüge und Fragen.
b) Was könnten Sie jeweils antworten?
c) Was könnten die Prüfer Sie fragen, wenn Sie sich beispielsweise in Ihren Ausführungen zur Emanzipation der Frau auf historische Beispiele beschränken?

„Damit gehört Marie Curie zu einer Reihe von Frauen, die sich Verdienste für die Gleichberechtigung der Frau erworben haben, was ich nun mangels Zeit nicht weiter ausführen kann."

Möglicherweise wird folgende Frage gestellt:

„Welche anderen Frauen kennen Sie, die die Emanzipation der Frau vorangebracht haben?"

Sie beschreiben den anstrengenden Arbeitstag Marie Curies. Sie könnten gefragt werden:

„Welche Folgen hatte dies für das Familienleben der Curies und die Erziehung der Töchter?"

Das Referat gestalten

1 Ihr Referat sollte nicht nur gut gegliedert, sondern auch abwechslungsreich gestaltet sein. Wenn verschiedene Sinne angesprochen werden und der Referent sprachlich geschickt formuliert, behalten die Zuhörer Informationen besser. Lesen Sie dazu den Tipp.

2 Die Abbildungen oben zeigen verschiedene Einstiege in das Referat über Marie Curie.
a) Wie beurteilen Sie die drei Varianten? Begründen Sie.
b) Wie könnte man noch in das Thema einsteigen?

TIPP

So sichern Sie sich die Aufmerksamkeit der Zuhörer:

1. **Am Anfang Neugier und Interesse wecken**
   - eine Abbildung zeigen, die auf das Thema einstimmt,
   - einen aktuellen Bezug zum Thema herstellen,
   - eine Meinung oder ein Zitat dazu vorstellen, die/das z. B. verblüfft oder provoziert.
2. **Verschiedene Medien einsetzen**
   - einen Sachverhalt anhand eines Schaubilds erläutern,
   - Bilder präsentieren,
   - einen Filmauszug zum Thema zeigen,
   - passende Tonaufnahmen einspielen.

   Übertreiben Sie aber nicht und beachten Sie die Zeit. Zu häufige Medienwechsel überfordern die Zuhörer und lassen Ihr Referat hektisch wirken.
3. **Sprachliche Mittel verwenden**
   Folgende sprachliche Mittel machen Ihren Vortrag lebendig und interessant:
   - rhetorische Fragen (sie dienen dazu, eine Aussage zu betonen):
     „Wer kann jetzt noch daran zweifeln, dass Marie Curie den Nobelpreis zu Recht erhalten hat?“,
   - Fachbegriffe,
   - Sprachliche Bilder: Metaphern, Vergleiche,
   - Anrede an den Zuhörer.
4. **Das Referat am Schluss abrunden**
   Am Ende Ihres Vortrags sollten Sie die wichtigsten Punkte kurz zusammenfassen. Sofern Ihr Thema dazu auffordert, können Sie auch mit einer persönlichen Stellungnahme schließen.

FACULTÉ DES SCIENCES DE PARIS

INSTITUT DU RADIUM

Marie Curie
Professeur à la Sorbonne

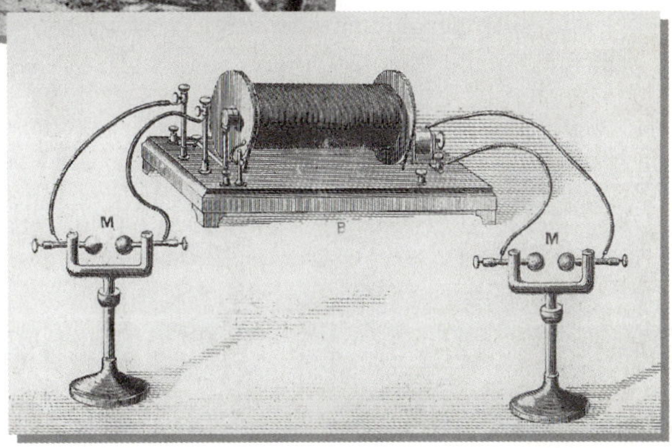

3 Welche der Abbildungen würden Sie in Ihrem Referat über Marie Curie verwenden, welche nicht? Begründen Sie.

4 Nicht geläufige Fachbegriffe, die Sie während Ihres Referats verwenden, müssen Sie erklären. Begriffserklärungen und Definitionen sollten aber nicht isoliert erfolgen, sondern sich sinnvoll in Ihre Ausführungen einfügen.

a) Lesen Sie dazu folgendes Beispiel:

> „Marie Curie erkannte, dass der Mensch nur einer bestimmten Dosis Radioaktivität, d. h. nur einer bestimmten Strahlungsmenge, unbeschadet ausgesetzt sein darf."

Marie Curie war eine Vorkämpferin der Emanzipation.

Der Begriff Feminismus wird seit dem 19. Jahrhundert gebraucht.

b) Suchen Sie zu den beiden unterstrichenen Fachbegriffen in den Sprechblasen rechts die entsprechenden Erklärungen im Lexikon und fügen Sie diese sinnvoll in die Sätze ein.

5 Welche Gestaltungsmöglichkeiten fallen Ihnen für den Schluss des Referats über Marie Curie ein? Sprechen Sie in Gruppen darüber.

Eine Präsentation zusammenstellen

Mit dem Programm PowerPoint können Sie Folien für Ihr Referat erstellen. In dieser Einheit lernen Sie das Gestalten von Folienlayouts und Text sowie die Gestaltung der Anordnung von Folien.

1 Untersuchen Sie, was bei den oben abgebildeten Folien gelungen ist und was nicht. Tauschen Sie sich mit einem Partner darüber aus.

2 Gestalten Sie nun eine ansprechende Titelfolie für Ihr Referat. Lesen Sie dazu den Tipp.

a) Legen Sie eine neue Präsentation an. (Datei – Neu – Leere Präsentation).

b) Wählen Sie ein geeignetes Folienlayout.

c) Probieren Sie mehrere Foliendesigns aus.

d) Entwerfen Sie selbst Folienhintergründe.

e) Formatieren Sie den Text wie in der Textverarbeitung (Schriftart, Schriftgröße, Farbe).

TIPP

Folienlayout auswählen

Wählen Sie mit der Maus ein Layout in der Auswahlübersicht **(1)** am rechten Bildschirmrand. Es wird dann für die aktuelle Folie übernommen.

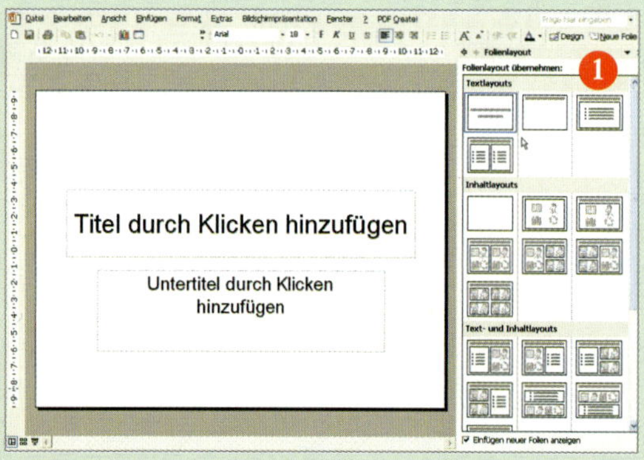

Foliendesign auswählen

Wenn Sie auf diesen Schalter klicken, gelangen Sie zu den Designvorlagen.

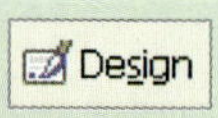

Einen eigenen Hintergrund gestalten

Klicken Sie mit der rechten Maustaste in die Folienfläche und wählen Sie aus dem Popup-Menü **Hintergrund**. Im Fenster rechts klicken Sie auf den Schalter **(2)** und danach auf **Fülleffekte (3)**.

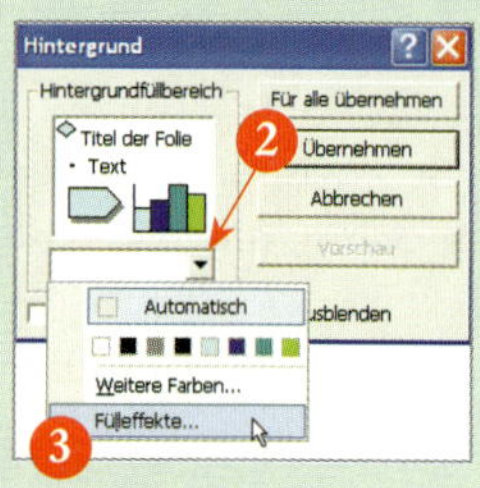

Im Fenster **Fülleffekte** klicken Sie **Zweifarbig** an und wählen danach **Farbe 1** und **Farbe 2**. Wenn Sie auf **Weitere Farben** klicken, erhalten Sie die volle Farbpalette. Zum Schluss wählen Sie im Bereich **Schattierungsarten** einen Farbverlauf aus.

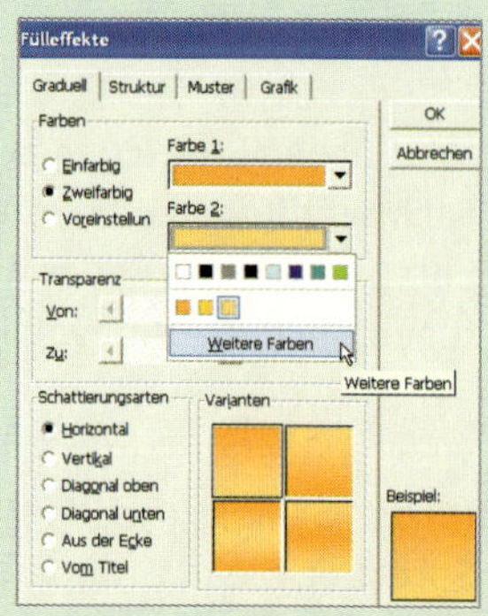

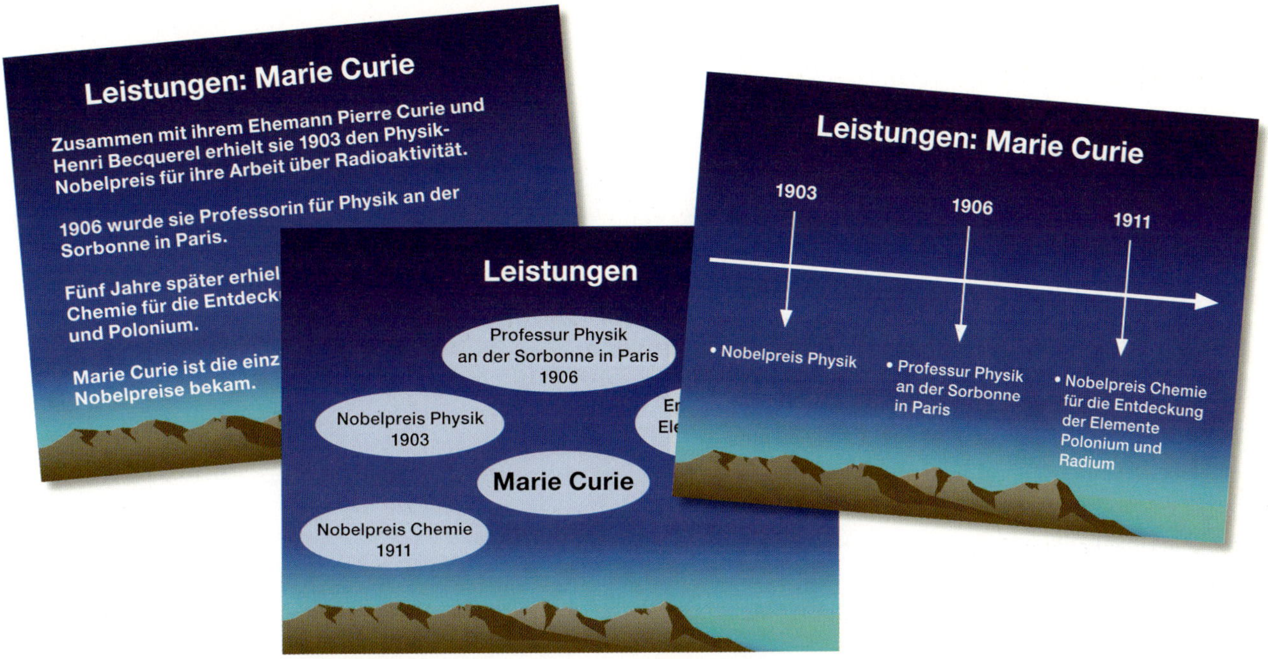

3 Wie wirken die Folien oben? Welche Folie erscheint Ihnen gelungen? Begründen Sie!

4 Überlegen Sie, welche Möglichkeiten Ihnen das Programm noch bietet, um die zeitliche Reihenfolge der dargestellten Inhalte zu veranschaulichen.

5 a) Lesen Sie den Tipp.
b) Gestalten Sie Folien für Ihr Referat über Marie Curie. Arbeiten Sie dabei auch mit Textrahmen und Zeichnungsobjekten. Probieren Sie verschiedene Möglichkeiten aus und prüfen Sie die Gestaltung jeweils kritisch.
c) Stellen Sie die Folien der Klasse vor und diskutieren Sie über ihre Wirkung.

TIPP

Texte frei gestalten
Wenn Sie für eine Folie möglichst große Gestaltungsfreiheit haben möchten, wählen Sie das Layout „Leer“.

Mit Textrahmen arbeiten
Dazu sollte die Zeichnen-Leiste sichtbar sein. Sie aktivieren sie über **Ansicht – Symbolleisten – Zeichnen**. In der Leiste klicken Sie das Symbol für Textfeld an.

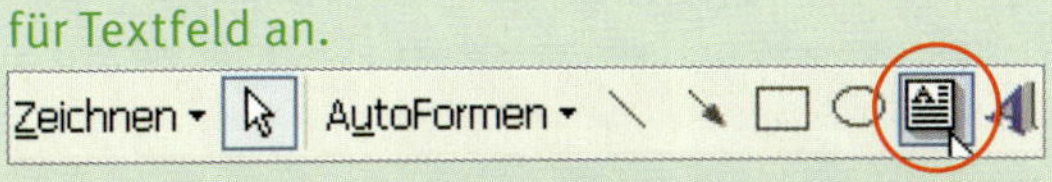

Danach können Sie auf der Folie mit der Maus das Textfeld aufziehen und Ihren Text eingeben oder ein Bild einfügen. Das Formatieren des Textes erfolgt wie gewohnt in der Textverarbeitung. Wenn der Textrahmen durch Anklicken „aktiviert“ ist, lassen sich **Füllfarbe, Rahmenlinie** und **Schriftfarbe** über diese Symbole ändern: 

Zeichnungsobjekte mit Text
In ein Zeichnungsobjekt, z.B. in einen Kreis oder einen Stern (**Menüpunkt Autoformen**), lässt sich nachträglich Text wie folgt hinzufügen: Kreissymbol anklicken, Kreis aufziehen, mit rechter Maustaste anklicken, **Text hinzufügen** wählen.

Zeichnungsobjekte ohne Text
Nutzen Sie weitere in der Zeichnen-Leiste enthaltenen Zeichnungsobjekte (Linien, Pfeile) zur übersichtlichen Gestaltung Ihrer Folien.

6 Wenn Sie Ihre Folien mit dem Beamer präsentieren, haben Sie die Möglichkeit, sie vom Programm sortieren zu lassen und den Übergang von einer Folie zur nächsten zu gestalten.

a) Lesen Sie dazu den Tipp.

b) Bringen Sie die Folien für Ihr Referat über Marie Curie in die richtige Reihenfolge.

c) Ordnen Sie jeder Folie einen Folienübergang zu. Probieren Sie verschiedene Übergänge aus und verändern Sie z. B. die Geschwindigkeit.

7 a) Lesen Sie die Checkliste.

b) Bevor Sie ein Referat halten, sollten Sie die Folien stets auf die einzelnen Gesichtspunkte hin überprüfen.

CHECKLISTE

1. Text in Stichworten (keine großen Textmengen)
2. übersichtliche Gestaltung (Textfelder, logische Anordnung, Strukturierung durch Pfeile u. Ä.)
3. aussagekräftige, gut erkennbare Bilder, Grafiken etc.
4. Lesbarkeit (Schriftart, Schriftgröße)
5. dezente Farbgestaltung
6. der Vortragszeit angemessene Anzahl von Folien (Für ein Referat von 10 Minuten sollten Sie nicht mehr als 8–10 Folien erstellen.)
7. keine übertriebenen Effekte bei den Folienübergängen.

Halten Sie sich an den Grundsatz: Weniger ist mehr!

TIPP

Folien sortieren

Über **Ansicht – Foliensortierung** oder den Schalter ⊞ gelangen Sie in die Foliensortieransicht (Abb. rechts). Durch Ziehen und Ablegen mit der Maus ändern Sie die Reihenfolge.

Folienübergänge einfügen

Über **Bildschirmpräsentation – Folienübergang** öffnet sich rechts im Fenster der Aufgabenbereich **Folienübergang (1)**. Wählen Sie eine Folie durch Anklicken aus und weisen Sie ihr aus der Liste einen Übergang zu.

Wenn bei **Autovorschau (2)** ein Häkchen gesetzt ist, wird der Übergang kurz gezeigt. Der Übergang wird nochmals gezeigt, wenn Sie auf **Wiedergabe (3)** klicken. Sollen alle Folien den gleichen Übergang haben, wählen Sie einmal den Übergang aus und klicken auf **Für alle Folien übernehmen (4)**.

Folienübergänge entfernen

Einen Folienübergang entfernen Sie, indem Sie der Folie **Ohne Übergang (5)** zuweisen.

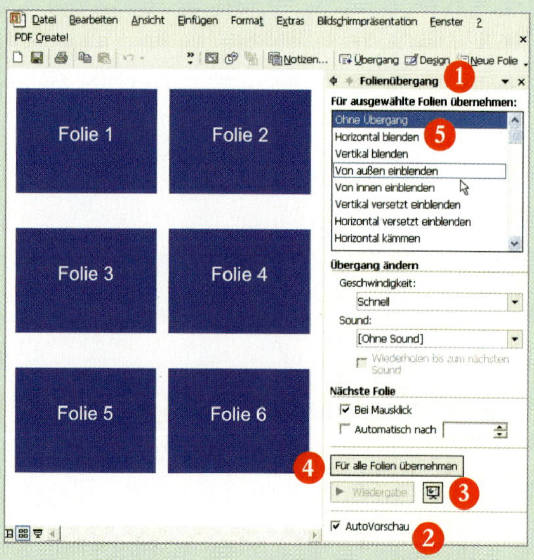

Das Referat **halten**

1 Im Tipp rechts können Sie sich wertvolle Anregungen für das Gelingen des Vortrags Ihres Referats holen. Gehen Sie die einzelnen Punkte auch unmittelbar vor Ihrer mündlichen Prüfung nochmals durch.

2 Wie könnte man mit folgenden möglichen Pannen während des Referats umgehen? Überlegen Sie gemeinsam.
- *Eine Seite des Konzepts oder eine Folie fehlt.*
- *Alle Blätter fallen herunter und liegen verstreut auf dem Boden.*

3 a) Erarbeiten Sie nun in Gruppen Referate über Marie Curie nach der Schrittfolge im Buch.
b) Jede Gruppe hält ihr Referat anschließend vor der Klasse.
c) Verwenden Sie zur Bewertung der Referate den unten abgedruckten Beurteilungsbogen.
d) Besprechen Sie die Referate.
- Was war gut?
- Was müsste noch verbessert werden?
- Welche Note würden Sie dem Referat geben?

Beurteilungsbogen

Inhalt
Einstieg/Schluss ☆ ☆ ☆
sachliche Richtigkeit ☆ ☆ ☆
Vollständigkeit ☆ ☆ ☆
Aufbau der Gliederung ☆ ☆ ☆
Gewichtung von Haupt- und Nebenpunkten ☆ ☆ ☆
Dauer ☆ ☆ ☆
Fachbegriffe ☆ ☆ ☆

Vortrag
Sprache: laut/deutlich ☆ ☆ ☆
Tempo ☆ ☆ ☆
Satzbau ☆ ☆ ☆
Wortwahl ☆ ☆ ☆
frei ☆ ☆ ☆
Kontakt zu Zuhörern ☆ ☆ ☆
Haltung ☆ ☆ ☆
Mimik, Gestik ☆ ☆ ☆
Medienorganisation ☆ ☆ ☆

Präsentation
Medieneinsatz ☆ ☆ ☆

TIPP

So gelingt der Vortrag Ihres Prüfungsreferats:
1. Markieren Sie in Ihrem Konzept wichtige Signalwörter, Teilschritte und die vorgesehenen Medien.
2. Üben Sie das Referat:
   - vor dem Spiegel,
   - wenn möglich mit Videoaufzeichnung,
   - vor Zuhörern (Familie, Freunde).
3. Stoppen Sie die Vortragsdauer von 10 Minuten. Kürzen oder erweitern Sie bei Bedarf Ihre Ausführungen.
4. Lernen Sie die ersten Sätze auswendig – das gibt am Anfang Sicherheit.
5. Führen Sie vor dem Referat einen Check durch, ob alle Hilfsmittel vorhanden sind und funktionieren.
6. Beachten Sie beim Vortrag:
   - vermeiden Sie Schachtelsätze,
   - legen Sie sinnvolle Sprechpausen ein,
   - wechseln Sie Redetempo und Lautstärke.
7. Unterstützen Sie Ihren Vortrag durch Körpersprache (Körperhaltung, Mimik, Gestik):
   - atmen Sie tief aus und ein, bevor Sie sprechen; diese Atemkontrolle verhilft zu einer lockeren Körperhaltung,
   - stehen Sie gerade, das strahlt Selbstbewusstsein aus,
   - verschränkte Arme wirken unsicher,
   - bleiben Sie nicht wie „festgenagelt" stehen, aber bewegen Sie sich sparsam,
   - halten Sie Blickkontakt mit den Zuhörern.
8. Seien Sie ausgeschlafen. Legen Sie keine Nachtschicht ein, um noch Feinheiten zu bearbeiten. Nichts ist ermüdender als ein müder Referent!

Sich über Buch und Autor informieren

1 a) Angenommen, Sie haben sich bezüglich der mündlichen Prüfung für ein Jugendbuch als literarisches Thema entschieden. Wie bereiten Sie ein Referat dazu vor? Lesen Sie die Checkliste.
b) Fertigen Sie für Ihr Referat eine solche Checkliste an und vermerken Sie darauf, welche Arbeitsschritte Sie bereits erledigt haben.

2 Das Buch „Blueprint" von Charlotte Kerner könnte das Thema eines Prüfungsreferats sein.
a) Lesen Sie unten den Klappentext.
b) Welches Thema wird im Roman behandelt?

Die hochbegabte Komponistin Iris leidet an einer unheilbaren Krankheit. Damit ihr Talent nicht mit ihr aus der Welt schwindet, lässt sie sich klonen. Iris und ihre Tochter Siri sind damit eineiige Zwillinge und zugleich Mutter und Kind. Als „Blueprint", als Kopie ihrer Mutter, lebt Siri ein vorgegebenes, vorgelebtes Leben. Wo genau verläuft die Grenze zwischen ihren Persönlichkeiten? Wer ist hier Ich und wer Du, wer frei und wer Sklavin der anderen?

CHECKLISTE

1. Vorinformationen zum Jugendbuch einholen (Titel, Klappentext, Autor, ...)
2. Roman lesen
3. Inhalt des Romans zusammenfassen
4. Hauptpersonen charakterisieren
5. Beziehungen zwischen Personen darstellen
6. Wende- und Höhepunkte herausarbeiten
7. Aussageabsicht formulieren
8. Zusatzinformationen zur Thematik einholen
9. sprachliche Besonderheiten kennzeichnen
10. persönliche Meinung formulieren
11. Gliederung erstellen
12. Anschauungsmittel beschaffen
13. Vortragstext ausarbeiten und einüben

3 Der Buchtitel hat eine besondere Bedeutung.
a) Lesen Sie unten einen Ausschnitt aus dem Prolog (= Vorwort) zu „Blueprint".
b) Notieren Sie in Stichpunkten, wie der Titel entstanden ist.

Blueprint – Prolog
Nach zweiundzwanzig Jahren erschaffe ich mich noch einmal. Denn ich bin eine Überlebende, die versucht zu verstehen: unser Ende und unseren Anfang, ihr Ende und meinen klonigen Anfang.
Vor zwei Wochen ist mein Mutterzwilling gestorben und ich sitze wie früher an unserem schwarzen Konzertflügel. (...)
Das Wort Klon mag ich übrigens nicht, weil es inzwischen zu abgenutzt und abgelacht ist. Ich nenne mich lieber *Blueprint*. Die Blaupause ist eine Kopie, die ohne Umwege über ein Negativ gewonnen wird und auf einem weißen Grund blaue Linien zeichnet. (...)
Im Jahr null, als ich gemacht und geboren wurde, begann meine Geschichte, die ich – genau wie mich selbst – *Blueprint* nennen will.

4 a) Recherchieren Sie im Internet über die Autorin Charlotte Kerner.
b) Notieren Sie Angaben zu ihrem Leben und Werk, die für das Referat interessant sind.

Den Inhalt zusammenfassen

In dem 1999 erschienenen Jugendroman „Blueprint Blaupause" erzählt Charlotte Kerner die Geschichte von Siri, dem ersten menschlichen Klon, und der nahezu unerträglichen seelischen Last, die ein solches Leben mit sich bringt.
Die hochbegabte Komponistin Iris Sellin ist unheilbar an Multipler Sklerose erkrankt und kinderlos. Iris hat sich genau informiert, was MS bedeutet. Die Sellins wollen immer die Wahrheit wissen, sonst fühlen sie sich ohnmächtig. Damit ihr Talent nicht mit ihr aus der Welt verschwindet, wendet sie sich mit einem gewagten Plan an den Mediziner Mortimer G. Fisher – er soll sie klonen. Fisher lässt sich darauf ein und so wird mit Iris Tochter Siri der erste menschliche Klon der Welt geboren. Iris und Siri sind damit eineiige Zwillinge und zugleich sind sie Mutter und Kind. Siri wächst in einer Beziehung auf, die es so zwischen zwei Menschen noch nie gegeben hat. Als „Blaupause" ihrer Mutter lebt sie mit dem Auftrag, Iris und ihr Talent unsterblich zu machen. Als Siri aber im Alter von 13 Jahren feststellt, dass sie nur ein Klon ihrer Mutter ist, zerbricht die bis dahin so glückliche Beziehung zwischen ihr und Iris. In den folgenden Jahren versuchen beide, sich in allen Bereichen des Lebens gegenseitig zu behindern, und das Zusammensein wird zur Hölle. Was aber bedeutet ein solches Leben für das Original und die Kopie? Beide sind Menschen aus Fleisch und Blut, aber wo verläuft die Grenze zwischen ihnen, wie können sie sich als Persönlichkeiten voneinander abgrenzen?
„Blueprint" erzählt Siris Geschichte von ihrer Geburt bis zum Tod der Mutter, als Siri 22 Jahre alt ist. Jetzt erst wird sie sich schreibend ihrer Besonderheit, ihres Klon-Seins bewusst. Und wie Teile eines Puzzles fügen sich ihre Erinnerungen und ihre Träume, ihre Gespräche und ihre Gedanken zu einem neuen Bild ihres Selbst zusammen. Es ist ein schmerzhafter Prozess, aber nur so wird Siri eines Tages ICH sagen können.

1 Zu Beginn Ihres Referats sollten Sie kurz über den Inhalt des Buches informieren.

a) Lesen Sie dazu den Tipp und die oben stehende Inhaltszusammenfassung.

b) Kontrollieren Sie, ob im Einleitungssatz alle wichtigen Informationen enthalten sind.

c) Streichen Sie die Informationen, die Ihnen im Hinblick auf eine Inhaltszusammenfassung überflüssig erscheinen (Folie).

d) Besprechen Sie die Streichungen in der Klasse.

TIPP

So fassen Sie den Inhalt eines Buches zusammen:

1. Informieren Sie einleitend über die Textart, den Titel, den Autor, das im Text angesprochene Sachproblem und die Entstehungszeit des Werkes.
2. Fassen Sie dann die wesentlichen Aussagen zum Inhalt in knapper Form und einer sinnvollen (meist chronologischen) Reihenfolge zusammen. Gehen Sie auf verschiedene W-Fragen (Wer? Wo? Wann?) ein, nennen Sie also Personen, Handlungsort und -zeit. Zeitsprünge, Rückblenden usw. bleiben unberücksichtigt.
3. Auch bei sehr handlungsreichen Texten darf aus der Inhaltszusammenfassung keine Nacherzählung werden. Beschränken Sie sich auf die wichtigsten Handlungsmomente.
4. Es kann Ihnen helfen, wenn Sie die Inhaltszusammenfassung bei der Vorbereitung Ihres Referats ausformulieren. Während Ihres Vortrags sollten Sie aber frei sprechen.

Die Hauptpersonen charakterisieren

1 Die Charakterisierung der Hauptpersonen des Buches ist ein weiterer Bestandteil Ihres Referats.

a) Legen Sie zu jeder im Buch vorkommenden wichtigen Person eine Karteikarte an.

b) Notieren Sie im Verlauf der Lektüre Eigenschaften, Adjektive, Textstellen usw., die die Personen treffend beschreiben.

2 Der folgende Buchausschnitt liefert Informationen für die Charakterisierung der Hauptperson Iris. Schreiben Sie die wichtigsten Textstellen heraus bzw. auf Ihre Karteikarte.

Ein Pressefoto aus dieser Zeit zeigt, wie meine Mutter aussah, als sie mit dem Gedanken an mich schwanger ging. Ich mag das Bild, weil es so typisch für sie/mich/uns ist – sehr typisch: Ihr Gesicht ist eher rund und nicht zart, aber sie wirkt anziehend und intelligent mit der hohen Stirn und dem forschen, angriffslustigen Kinn. Graublau die großen Augen, die streng blicken und Distanz schaffen, auch wenn sie lächelt. Die lockigen, halblangen Haare, die aber nicht kraus sind, fallen in die Stirn. Etwas struppig und widerborstig stehen sie vom Kopf ab, geben ihr etwas von einem trotzigen, wilden Kind. Die Lippen sind schön geschwungen, aber eher schmal, und wenn sie nicht lächelt, wirken sie schnell verkniffen. Das Lächeln, das sie auf dem Foto zeigt, ist gewinnend und gleichzeitig leicht überheblich.

Genauso sehe ich heute auch aus, nur einige Jahre jünger. (…)

Müsste ich dich nicht allein dafür lieben, Mutter? Du wolltest mich in dir wachsen lassen und nicht in einer Fremden. Dein Leben für mich riskieren. Doch es war ein kühl kalkuliertes Risiko, Schwester, das du eingegangen bist. Es war nicht Liebe, die mich in die Welt brachte. Nie gab es eine unvernünftige, verrückte, schöne Liebe, sondern nur Eigennutz, der mich entstehen ließ. Ich war dein Überlebensplan.

Immer lauter und bestimmter ist deine Stimme dann sicher geworden und ich sehe genau, wie sich dieser harte Zug um deinen/meinen Mund verstärkte, der dich/mich immer so hässlich macht. Schonungslos sprachst du vor Fisher aus, was du später auch mir oft genug gesagt hast: „Für mich kommt nur ein Klon-Kind in Frage. Ich könnte es nicht ertragen, mich an ein unbegabtes Kind zu verschwenden.“

Nein, du hast deine Liebe nie verschwendet, an kein Kind und keinen Mann. Du kanntest niemanden, von dem du dir ein Kind gewünscht hättest. Du warst nicht geschaffen für eine echte Partnerschaft, höchstens für eine Klonschaft. Tief in deinem Innern hast du gefühlt, dass allein das dir entsprach. Du konntest niemanden so lieben wie dich. Und nur um dich noch mehr lieben zu können, wolltest du mich, den Klon.

Beziehungen zwischen den Personen darstellen

1 Sie sollten in Ihrem Referat die Personen des Buches nicht nur charakterisieren, sondern auch die Beziehungen zwischen Ihnen anschaulich darstellen.

a) Lesen Sie unten die beiden Textausschnitte aus „Blueprint“.

b) Wie wird die Beziehung zwischen Iris und Siri beschrieben? Notieren Sie das Wichtigste in Stichpunkten.

Trotzdem war ihr erstes gesprochenes Wort Mama gewesen. Und wenn Iris zu Hause war, saß das kleine Mädchen am liebsten auf ihrem Schoß vor dem schwarzen Flügel. Rechts und links von ihr zauberten dann Iris' Hände die schönsten Melodien nur für sie. Dann schnupperten sie aneinander wie Tiere und fühlten nicht mehr, wo die eine aufhörte und die andere anfing. So eins zu sein, so ein Einklang, war dann wirkliches Glück.

In diesen Jahren rückten wir immer enger zusammen. Alle Individualität wurde mir erfolgreich ausgetrieben. Ich war du, mit allen meinen Sinnen und mit allem, was ich tat. Staunend und manchmal verwirrt war mein Kinderblick. Ich war süchtig nach dir, Muzwi. Andere Eltern nannten unsere Beziehung innig. Und doch wollte ich auch noch irgendwo anders hin. Wohin, wusste ich noch nicht, aber vielleicht …

2 Wenn sich Beziehungen zwischen Personen in einer Geschichte ändern, stellt dies häufig einen Wendepunkt dar, der im Referat erwähnt werden sollte.

a) Die Beziehung zwischen Mutter und Tochter ändert sich in „Blueprint“ dramatisch. Lesen Sie rechts oben zwei Textstellen dazu.

b) Versuchen Sie zu erklären, wie es zu diesem Umbruch der Gefühle kommt.

Das Ichdu-Duich-Spiel musste Folgen haben. Und eine Folge dieses Zwillingstheaters war, dass ich mich tatsächlich in denselben Mann verliebte wie du. (…) Aber plötzlich wolltest du nicht mehr mitmachen, du Spielverderberin.

Der Anblick von Siri ließ Iris keinen Raum für Illusionen und das machte diesen leibhaftigen Spiegel so unerträglich. Die zweite Iris war dann kein Trost mehr, wurde immer häufiger zur Folter. Sich ständig als blühender Frau zu begegnen, schmerzte besonders, wenn Iris sich schlecht fühlte. Missgunst und Neid machten sie bitter und ihrer Tochter gegenüber unnachsichtiger.

3 Beziehungen zwischen Personen können durch Pfeildiagramme anschaulich dargestellt werden.

a) Betrachten Sie die Pfeildiagramme zu „Blueprint“ und tauschen Sie sich darüber aus.

b) Wie könnte ein Pfeildiagramm aussehen, das die weitere Entwicklung der Handlung zum Ausdruck bringt? Entwerfen Sie ein solches Diagramm.

c) Sie können für Ihr Referat solche Pfeildiagramme auf ein Plakat zeichnen und während Ihres Vortrags erläutern.

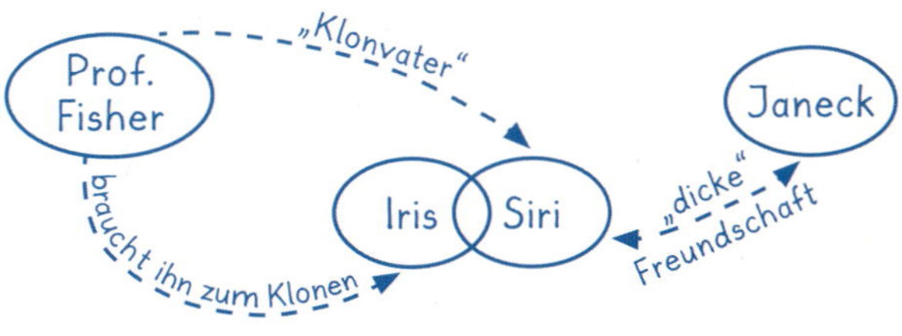

Aussageabsicht und Thematik zusammenfassen

Blueprint spielt, wie schon mein erster Roman *Geboren 1999*, in der „schönen neuen Welt" der Fortpflanzungsmedizin. Beide Bücher erzählen, was die Anwendung wissenschaftlicher Erkenntnisse für einen einzelnen Menschen bedeuten kann, was dieser „Fortschritt" mit und in jemandem anrichtet. Im Zentrum der Geschichte stehen also nicht die Macher und ihre Methoden, sondern die Gefühle der produzierten Kinder und ihre Identitätssuche (...).

Was 1978 mit dem „Retortenbaby" begann, führte 1996 zur Geburt von Schaf Dolly und wird zu Beginn des dritten Jahrtausends sehr wahrscheinlich mit der Geburt des ersten Menschenklons, des ersten echten Desingerbabys oder KUNST-Menschen enden – der Beginn einer Zuchtwahl. Zum ersten Mal wäre dann der Zufall ausgeschaltet, würde ein Mensch tatsächlich produziert. (...)

Ein weltweites Klonverbot für Menschen wird inzwischen gefordert, doch noch hat die UN keine entsprechende Resolution gegen das „Fortpflanzungsklonen" verabschiedet. Hier sind die europäischen Staaten weiter: Das „reproduktive Klonen" wird in der neuen EU-Charta der Grundrechte als Verstoß gegen die Menschenwürde geächtet (...). „Bei der Definition der Menschenrechte werden wir in Zukunft darüber nachdenken müssen", fordert der Autor und Philosoph Rüdiger Safranski, „ob der Mensch ein Recht darauf hat, geboren und nicht gemacht zu werden; ob er ein Recht hat, dass nur der Zufall das Schicksal oder, sofern man daran glaubt, eine höhere Bestimmung, nicht aber eine planmäßige Herstellung ihm seine angeborenen Eigenschaften geben darf."

Brauchen wir ein menschliches *Copyright*?

Mein erstes Nachwort zu diesem Roman endete mit den Sätzen: Was persönliche und gesellschaftliche Moral im Fall des Klonens bedeutet, darüber muss weiter diskutiert werden. Und was Mut zur Moral bedeutet, darüber muss gerade auch im Einzelfall gestritten werden. *Blueprint* ist ein Buch zum Streiten.

Vier Jahre später und angesichts der rasanten Entwicklung ist genau das nötiger denn je. Denn das (...) Zeitalter, in dem Menschenwürde und Individualität antastbar geworden sind, hat – auch ohne einen bereits lebenden Klon – längst begonnen.

Lübeck, im Juli 2003 *Charlotte Kerner*

1 Zusammenfassend sollten Sie im Referat auf die Aussageabsicht und Thematik des Buches eingehen. Vorteilhaft für die Bestimmung der Aussageabsicht ist es, wenn sich der Autor oder die Autorin selbst dazu geäußert hat.

a) Im Roman „Blueprint" finden Sie Hinweise auf die Aussageabsicht im Nachwort. Lesen Sie den Textausschnitt oben und tauschen Sie sich in der Klasse darüber aus, welches Anliegen Charlotte Kerner mit ihrem Buch verfolgt.

b) Halten Sie die Ergebnisse stichpunktartig fest.

2 Das Jugendbuch selbst steht im Mittelpunkt Ihres Referats. Häufig werden in Jugendbüchern jedoch vielschichtige Sachthemen angesprochen, wie in „Blueprint" z. B. das Klonen.

a) Holen Sie Zusatzinformationen über das Klonen ein. Lesen Sie dazu auf Seite 36–37 nach.

b) Fassen Sie das Wichtigste in wenigen Sätzen zusammen. Folgende Fragen können helfen:
- Wie ist der aktuelle Stand der Entwicklung?
- Gibt es aussagekräftiges Zahlenmaterial zur Thematik?
- Besteht ein Zusammenhang zur Bibliografie des Autors?

Die sprachliche Gestaltung beschreiben

1 Die Sprache, in der Autoren schreiben, dient ihnen häufig als wichtiges Gestaltungsmittel. Im Referat sollen Sie den Sprachstil des jeweiligen Buches beschreiben und deuten. Lesen Sie dazu die Info.

2 Eine sprachliche Auffälligkeit in „Blueprint" ist der Wechsel der Erzählperspektive.
a) Informieren Sie sich dazu anhand der Info auf Seite 55. Lesen Sie dann die Buchausschnitte auf den Seiten 48–49 und entscheiden Sie, um welche Erzählperspektive es sich jeweils handelt.
b) Erklären Sie, warum die Autorin gerade dieses stilistische Mittel verwendet, und lesen Sie dazu auch die folgende Textstelle.

Also erwartet keine normale Biografie. (…) Als Klon kann ich schließlich Iris oder Siri sein oder ich bin uns beide gleichzeitig. Manchmal steige ich einfach aus und werde jemand Drittes, der die Geschichte von Iris und Siri erzählt. Dann kann ich mich/sie/uns betrachten, wie eine Forscherin ihre Versuchsanordnung im kalten, blauen Laborlicht beobachtet.

INFO

Sprachliche Mittel
Sprachliche Gestaltungsmittel können u. a. sein:
- Zeitblenden (Voraus- und Rückblick)
- Wechsel der Erzählperspektive
- unvollständige Sätze oder Einwortsätze („Telegrammstil")
- abweichender Satzbau und regelwidrige Zeichensetzung
- Wiederholungen, Signalwörter
- der Leser wird direkt angesprochen
- Figurenrede (innerer Monolog, wörtliche Rede, indirekte Rede)
- sprachliche Bilder (Metaphern, Vergleiche, …)
- Wort-Neuschöpfungen

3 **a)** Lesen Sie zunächst die Info auf Seite 92 und dann die folgende Textstelle, in der Siri zu Wort kommt.
b) Welche Figurenrede wurde verwendet?
c) Was soll dadurch zum Ausdruck gebracht werden?

Wer hätte etwas gegen einen zweiten Picasso oder einen zweiten Mozart einzuwenden? Wer gegen eine zweite Clara Schumann, eine zweite Fanny Hensel-Mendelssohn? Natürlich wolltest du dich nie mit diesen ganz Großen gleichsetzen, aber Durchschnitt warst du auch nicht. Bravo!, werden die Leute rufen. Eine neue Iris Sellin, das hat sich wenigstens gelohnt. Denn wer will schon dumme Dutzendware, die den ganzen Aufwand doch nicht wert ist.

4 Ein weiteres sprachliches Mittel, das im Roman häufig vorkommt, sind Wort-Neuschöpfungen.
a) Finden Sie in den folgenden Textauszügen solche Wort-Neuschöpfungen.
b) Könnte die Verwendung dieses Schreibstils etwas mit dem Thema des Jugendbuches (Gentechnik) zu tun haben? Begründen Sie.

„Ich werde dich Siri nennen, mein Mädchen", hast du geflüstert. „Einen passenderen Namen gibt es nicht für dich."
Du hast deinen Namen einfach rückwärts gelesen, um meinen zu finden. Wie wenig Mühe du dir doch gegeben hast in diesem abenteuerlichen Spiel mit dem noch unbekannten Einsatz und den noch unbekannten Regeln.
Das Spiel Klonopoly hat begonnen! Ziehen Sie bitte eine Ereigniskarte!

„Dann bist du meine Muzwi!", rief Siri und klatschte in die Hände. (…)
„Mein Mutterzwilling! Muzwi, Muzwi, trällerte Siri.

Den persönlichen Eindruck zum Buch wiedergeben

1 Als Abrundung Ihres Prüfungsreferats ist es wichtig, dass Sie eine persönliche Wertung des Buches vornehmen. Scheuen Sie sich nicht, auch kritische Worte zu formulieren. Nicht jedes Jugendbuch entspricht Ihren Vorstellungen in Sachen Thema, Problematik und Schreibstil.

a) Welche Meinungen werden in folgenden Äußerungen zu „Blueprint" vertreten?

b) Notieren Sie sich die jeweils genannten Argumente.

c) Auf welche Aspekte des Buches beziehen sie sich?

d) Welche Formulierungen können Sie für die Bewertung Ihres Buches übernehmen?

„Für alle, die Interesse am Thema Klonen haben, ist dieses Buch ein absolutes Muss. Auf der einen Seite behauptet die Wissenschaft, dass man keine Bedenken haben müsse. Aber auf der anderen Seite erfährt man aus der Perspektive eines Mädchens bzw. einer jungen Frau, dass es doch mit großen emotionalen Problemen verbunden ist, als Klon zu leben. Der Leser fühlt richtig mit, das macht der sehr einfühlsame Schreibstil der Autorin möglich. Man denkt darüber nach, ob dies alles nicht schon in einigen Ländern Wirklichkeit geworden ist."

„Blueprint gibt wirklich nicht viel her. Es fällt mir sehr schwer, mich in die Personen hineinzuversetzen. Ich musste mich zwingen, das Buch bis zum Ende zu lesen, da es nicht viel Spannung beinhaltet. Auch war es für mich schwierig, den ständigen Wechsel zwischen Ich- und Er-Erzählung nachzuvollziehen. Ich habe den Eindruck gewonnen, dass die Autorin schon eine sehr festgelegte Meinung zum Thema ‚Gentechnik' hat und sich davon auch nicht abbringen lassen will. Es wird in keiner Weise die andere Seite der Medaille ‚Klonen' wie z. B. medizinischer Fortschritt aufgezeigt."

Szenenfotos aus dem Film „Blueprint"

2 **a)** Informieren Sie sich, ob es einen Film oder eine andere mediale Umsetzung zu dem Jugendbuch gibt, über das Sie referieren.

b) Bilden Sie sich eine Meinung, ob es darin gelungen ist, den Inhalt gut umzusetzen.

c) Lassen Sie diese in die Schlussbemerkung Ihres Referats einfließen.

3 **a)** Bereiten Sie nun in Gruppen ein Referat zu einem Jugendbuch Ihrer Wahl vor.

b) Jede Gruppe hält Ihr Referat vor der Klasse.

c) Verwenden Sie zur Bewertung aller Referate den auf Seite 45 abgedruckten Beurteilungsbogen.

d) Besprechen Sie die Referate wie auf Seite 45 vorgeschlagen.

Kurzgeschichte

Das letzte Buch

Marie Luise Kaschnitz

Das Kind kam heute spät aus der Schule heim. Wir waren im Museum, sagte es. Wir haben das letzte Buch gesehen. Unwillkürlich blickte ich auf die lange Wand unseres Wohnzimmers, die früher einmal mehrere Regale voller Bücher verdeckt haben, die aber jetzt leer ist und weiß getüncht, damit das neue plastische Fernsehen darauf erscheinen kann. Ja und, sagte ich erschrocken, was war das für ein Buch? Eben ein Buch, sagte das Kind. Es hat einen Deckel und einen Rücken und Seiten, die man umblättern kann. Und was war darin gedruckt, fragte ich. Das kann ich doch nicht wissen, sagte das Kind. Wir durften es nicht anfassen. Es liegt unter Glas. Schade, sagte ich. Aber das Kind war schon weggesprungen, um an den Knöpfen des Fernsehapparates zu drehen. Die große weiße Wand fing an, sich zu beleben, sie zeigte eine Herde von Elefanten, die im Dschungel eine Furt durchquerten. Der trübe Fluss schmatzte, die eingeborenen Treiber schrien. Das Kind hockte auf dem Teppich und sah die riesigen Tiere mit Entzücken an. Was kann da schon drinstehen, murmelte es, in so einem Buch.

1 Beschreiben Sie die Welt, in der das Kind lebt.

2 Die Autorin entwirft in dieser Geschichte, die sie 1970 schrieb, eine überspitzte Version der Zukunft. Welche Absicht vermuten Sie?

3 Werden Bücher aufgrund von neuen Medien immer mehr aus unserem Leben verschwinden und eines Tages nur noch im Museum zu bestaunen sein?
Diskutieren Sie in der Klasse.
Begründen Sie Ihre Ansicht.

4 „Was kann da schon drinstehen (...) in so einem Buch."
Geben Sie dem Kind eine schriftliche Antwort auf seine Frage.

5 Lesen Sie zu den Merkmalen von Kurzgeschichten im Anhang „Grundwissen Literatur" nach.
Prüfen Sie, inwieweit diese hier zutreffen.

6 Informieren Sie sich im Internet über die Autorin.
Erstellen Sie eine Kurzbiografie mit wichtigen Lebensdaten und Veröffentlichungen.

7 **a)** Welche Geräte, Technisierungen (z. B. Langspielplatte) usw. sind in der heutigen Zeit im Begriff, aus unserem Alltag zu verschwinden?
b) Schreiben Sie dazu mit einem Partner eine Parallel-Kurzgeschichte.

Satire

Schnell gelebt

Kurt Kusenberg

Schon als Kind erregte er Verwunderung. Er wuchs wie aus der Pistole geschossen und gab das Wachsen ebenso plötzlich wieder auf. Beim Sprechen verhaspelte er sich, weil die Gedanken den Worten entliefen; er war blitzschnell in seinen Bewegungen und wurde oft gleichzeitig an verschiedenen Orten gesehen. Alljährlich übersprang er eine Schulklasse; am liebsten hätte er sämtliche Klassen übersprungen.

Aus der Schule entlassen, nahm er eine Stellung als Laufbursche an. Er war der einzige Laufbursche, der je gelaufen ist. Von seinen Botengängen kehrte er so rasch wieder zurück, dass man nicht annehmen konnte, er habe sie wirklich ausgeführt, und ihn deshalb entließ. Er warf sich auf die Kurzschrift und schrieb bald fünfhundert Silben in der Minute. Trotzdem mochte kein Büro ihn behalten, denn er datierte die Post um Wochen vor und gähnte gelangweilt, wenn seine Vorgesetzten zu langsam diktierten.

Nach kurzem Suchen, das ihn endlos dünkte, stellte man ihn als Omnibusfahrer ein. Mit Schaudern dachte er später an diese Tätigkeit zurück, die darin bestand, einen fahrenden Wagen fortwährend anzuhalten. Vor ihm winkten Straßenfluchten, die zu durcheilen genussvoll gewesen wäre. An den Haltestellen aber winkten Leute, die einsteigen wollten, und ihnen musste er folgen.

Eines Tages aber achtete er der Winkenden nicht, sondern entführte den Omnibus in rasender Gangart weit über das Weichbild der Stadt; so fand auch diese Betätigung ein Ende. Der Fall kam in die Zeitungen und erregte die Aufmerksamkeit sportlicher Kreise. Seine Laufbahn vom Sechstagefahrer bis zum Rennfahrer war ein einziger Triumphzug. Große Firmen rissen sich um seine Gunst; die geldkräftigste obsiegte, sie machte ihn zum Teilhaber. In leitender Stellung bewährte er sich und war ein gefürchteter Verhandlungsführer, der seine Gegner verwirrte und überrannte.

Wenige Stunden nach dem Entschluss einen Hausstand zu gründen, hielt er um die Olympiasiegerin im Hundertmeterlauf an, jagte mit ihr vom Stadion in das Standesamt und erzwang eine Notheirat. Gleiche Neigungen verbanden sich zu einzigartigen Leistungen. Die junge Frau setzte alles daran, hinter ihm nicht zurückzustehen. Sie erledigte ihre häuslichen Pflichten mit dem Zeitraffer, trug im Winter schon Sommerkleidung und gebar vor der Zeit, nämlich mit fünf Monaten, ein Fünfmonatskind, das schon in der Wiege fließend sprach und das Laufen noch vor dem Gehen erlernte. Sie erfand neue Schnellgerichte, die man im Flug einnahm und sogleich verdaute. Die Dienstboten wechselten täglich, später stündlich; endlich geriet sie an einen Speisewagenkoch und zwei Flugzeugkellner, die das Zeitmaß begriffen und blieben. Sie war ihrem Gatten in jeder Hinsicht eine Stütze.

Der fuhr fort, sein Leben zu beschleunigen. Da er viel schneller schlief als andere Leute, benötigte er weniger Schlaf. Wenn er sich ins Bett warf, träumte er schon, und bevor ihn der Traum recht umfangen hatte, war er bereits wieder wach. Er frühstückte in der Badewanne und las beim

Anziehen die Zeitung. Eine eigens erbaute Rutschbahn beförderte ihn aus der Wohnung in das Auto, das mit angelassenem Motor vor der Haustür hielt und sofort davonschoss.
Er sprach so knapp, als telegrafiere er, und wurde von langsamen Menschen selten verstanden. Er versäumte keine sportliche Veranstaltung, bei der es um Schnelligkeit ging, und setzte Preise für Höchstleistungen aus; sie kamen nie zur Verteilung, weil die Bedingungen unerfüllbar waren. Einen Teil seines schnell erworbenen Vermögens steckte er in den Raketenbau. Die erste bemannte Rakete, die abgeschossen wurde, enthielt ihn. Es war die schönste Fahrt seines Lebens.
Die Folgen eines so hastigen Daseins blieben nicht aus. Er alterte bedeutend rascher als seine Umwelt, war mit fünfundzwanzig Jahren silbergrau und mit dreißig ein gebrechlicher Greis. Ehe die Wissenschaft sich des seltsamen Falles annehmen konnte, starb er und zerfiel, da er die Verbrennung nicht abwarten wollte, im gleichen Augenblick zu Asche. Es blieb ihm erspart, die Enttäuschung zu erleben, dass die Nachrufe einen Tag zu spät in den Zeitungen erschienen. Seitdem er gestorben ist, kriecht die Minute wieder auf sechzig Sekunden dahin.

1 **a)** Lesen Sie die Satire.
b) Der Text lässt sich in acht Sinnabschnitte gliedern. Markieren Sie beim zweiten Lesen diese Abschnitte auf einer Folie und geben Sie ihnen jeweils eine Überschrift.
c) Suchen Sie für den Text einen neuen Titel. Vergleichen Sie Ihre Ergebnisse.

2 **a)** Aus welcher Erzählperspektive hat der Autor die Satire verfasst? Lesen Sie dazu die Info.
b) Wählen Sie einen der Abschnitte von Aufgabe 1 b) aus. Erzählen Sie einem Partner diesen Abschnitt in der Ich-Perspektive neu.

3 **a)** Welcher dieser drei Begriffe passt am besten zu der Satire? Wählen Sie aus und begründen Sie:

Genusssucht – Karriere – Schnelllebigkeit

b) Welche Stilmittel könnten Sie beim Erzählen einsetzen, um diesen Begriff auszudrücken? Lesen Sie dazu unter „Sprachliche Mittel“ im Anhang „Grundwissen Literatur“ nach.
c) Erzählen Sie nochmals Ihren gewählten Abschnitt in der Ich-Perspektive und verwenden Sie dabei geeignete Stilmittel.

4 **a)** Lesen Sie unter dem Begriff „Satire“ im „Grundwissen Literatur“ nach.
b) Welche der dort genannten Merkmale treffen hier zu? Belegen Sie mit Textstellen.

5 **a)** Auf welche gesellschaftlichen Missstände weist, Ihrer Meinung nach, der Text hin?
b) Wo können Sie Parallelen zu Ihrem Leben entdecken?

INFO

Erzählperspektiven
Autoren schreiben aus verschiedenen Erzählperspektiven. Das heißt, sie setzen in ihren Texten unterschiedliche Erzähler ein, um Erzählsituationen darzustellen.

1. Ich-Erzähler
Der Erzähler und die Hauptperson sind meist identisch. Das Geschehen wird in der Ich-Form als selbsterlebt dargestellt. Dadurch ergibt sich eine subjektive und emotional gefärbte Sicht der Dinge.

2. Auktorialer Erzähler
Ein Geschehen wird von einer Person, die selbst nicht in der Geschichte auftritt, erzählt. Dieser Erzähler ist allwissend, d. h. er kennt die Gedanken und Gefühle aller Personen sowie alle Handlungsabläufe bereits im Voraus.

3. Personaler Erzähler
Der Erzähler nimmt den Standpunkt der jeweils handelnden Person ein. Daher kann er nur aus dieser jeweiligen Sicht eingeschränkt erzählen.

Groteske

Ein erschreckender Anblick

Franz Hohler

Als Herr Direktor J., bevor er von zu Hause wegging, noch rasch in den Spiegel seines Korridors schaute, erschrak er.

Sein Anzug war zwar in Ordnung, auch die Krawatte saß, aber dort, wo sonst sein Gesicht war, sah er einen Wasserhahn.

Das muss eine Täuschung sein, dachte Herr J. und wollte sich ins rechte Ohr kneifen, aber stattdessen drehte er das heiße Wasser auf, das sich nun in einem vollen Strahl auf sein Hemd ergoss.

Mit einem Aufschrei schloss er den Hahn wieder, und in dem Moment sah er, dass er sich wirklich getäuscht hatte – im Spiegel war sein normales Gesicht, und auch als er es mit den Händen abtastete, änderte sich nichts mehr, von einem Wasserhahn konnte keine Rede sein.

Beruhigt wandte sich Herr Direktor J. der Türe zu, da merkte er, dass er so nicht gehen konnte. Sein Anzug war durch und durch nass, und unter dem Hemd spürte er einen brennenden Schmerz, der langsam stärker wurde.

2 Schreiben Sie eine eigene „Spiegel-Geschichte" in der Ich-Form. Sie könnten z. B. so beginnen:

> Letzten Samstag, während eines Stadtbummels, erblickte ich zufällig mein Spiegelbild im Schaufenster.
> Ich wollte meinen Augen nicht trauen ...

1 Eine merkwürdige Geschichte ...
Solch eine Geschichte nennt man auch Groteske.

a) Lesen Sie dazu die Info.

b) An welchen Stellen im Text wird das Groteske deutlich?

c) Die Verwandlung des Direktors lässt sich auch als Gleichnis verstehen. Was könnte die Verwandlung bedeuten? Tauschen Sie Ihre Ideen aus.

INFO

Groteske
Die Groteske (ital.: verschnörkelte Wandmalerei in Grotten) ist eine Erzählweise, die sich über den natürlichen Zusammenhang der Dinge, über die Wahrscheinlichkeit einer Handlung bewusst hinwegsetzt und den Sinn verzerrt. Sie soll dem Leser als Denkanstoß oder Schock dienen.

Stationen im Leben von Bertolt Brecht

Lebensdaten	Geschichtliche Ereignisse
1898: Eugen Berthold Brecht – so sein Geburtsname – kommt am 10. Februar in Augsburg zur Welt und verbringt dort seine Kindheit und Jugend.	
1917: Brecht beginnt an der Münchner Universität ein Medizinstudium, widmet sich aber vor allem seiner Karriere als Schriftsteller.	
1924: Brecht zieht nach Berlin und hat dort als Schriftsteller großen Erfolg.	
1933: Brecht verlässt Deutschland und flüchtet mit seiner Familie nach Dänemark.	**28. Februar 1933:** Am Tag nach dem Brand des Berliner Reichstagsgebäudes beginnen die Nationalsozialisten rücksichtslos, gegen alle ihre politischen Gegner vorzugehen und sie zu verhaften.
1939: Brecht verlagert seinen Wohnsitz nach Schweden.	**1. September 1939:** Deutsche Truppen überfallen Polen und lösen damit den Zweiten Weltkrieg aus.
1940: Brecht zieht von Schweden nach Finnland. Dort wartet er auf ein Visum, um in die USA einreisen zu können.	**9. April 1940:** Deutsche Truppen besetzen Dänemark und Norwegen.
1941: Brecht verlässt mit Frau und Kindern Europa und siedelt sich in Kalifornien an.	
	9. Mai 1945: Der Zweite Weltkrieg endet für Deutschland mit der totalen Niederlage.
1947: Brecht kehrt nach Europa zurück und lebt in der Schweiz.	**1947:** Die Auseinandersetzungen zwischen den Besatzungsmächten lösen einen Prozess der Teilung Deutschlands in einen westlichen demokratischen und einen östlichen kommunistischen Staat aus.
1948: Brecht zieht in den von der Sowjetunion besetzten Teil Deutschlands (die spätere DDR) und lebt und arbeitet in Ost-Berlin.	
1956: Brecht stirbt am 14. August in Ost-Berlin.	

1 Der Lebensweg Bertolt Brechts ist stark durch historische Ereignisse beeinflusst worden. Informieren Sie sich über die Hintergründe der geschichtlichen Ereignisse, die auf Seite 57 in der rechten Spalte aufgelistet sind.

2 Stellen Sie Zusammenhänge her zwischen den Ereignissen und den Lebensstationen Brechts.

3 a) Brecht musste lange im Ausland leben. Informieren Sie sich über die Dauer und die Anzahl der Länder, in denen er in dieser Zeit gelebt hat. Vollziehen Sie die Reisewege mit Hilfe einer Weltkarte und der Skizze rechts oben nach.

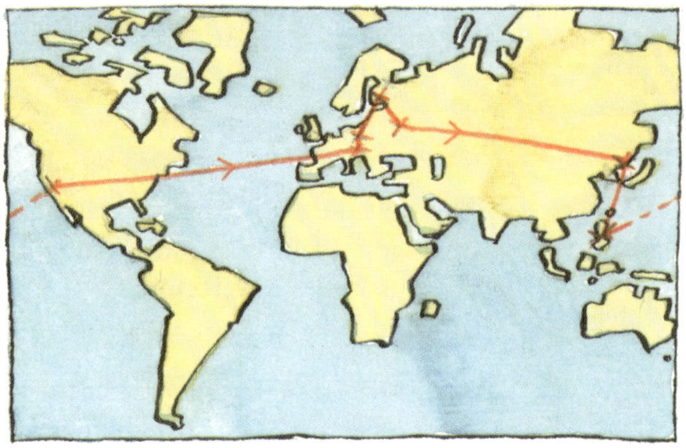

b) Ordnen Sie die Tagebucheinträge den Lebensstationen Brechts zu.

c) Welche unterschiedlichen Empfindungen sind den Tagebuchaufzeichnungen zu entnehmen?

Aus dem Tagebuch von Bertolt Brecht

23. April 1939:
reise nach stockholm, der kriegsgefahr wegen. visum beschafft durch schwedisches sozialdemokratisches komitee …

17. April 1940:
unter hinterlassung der möbel, bücher usw. nach finnland mit dem schiff …

13.–21. Juli 1941:
wir [wurden] von Stockholm aus verständigt, dass für mich, helli und die kinder mexikanische einwanderungsvisen bewilligt waren. uns teilte man aus den USA mit, wir sollten fahren, die neue mexikanische regierung könne jeden tag die visen annullieren. die lage in finnland wurde schnell bedrohlich. die deutschen motorisierten divisionen vermehrten sich im land. wir fuhren am 13. ab und waren am 15. in leningrad. am 30. mai fahren wir ab nach wladiwostok. am 13. juni fahren wir mit der „annie johnson“ nach den USA ab. nach einem aufenthalt von 5 tagen in manila kommen wir am 21. juli in san pedro an …

21. Januar 1942:
merkwürdig, ich kann in diesem klima nicht atmen. die luft ist völlig geruchlos, morgens und abends gleich, im haus wie im garten. und es gibt keine jahreszeiten. wahrscheinlich aber sind es die arbeitsverhältnisse, die mich ungeduldig machen. die sitte hier verlangt, daß man alles, von einem achselzucken bis zu einer idee, zu „verkaufen“ sucht …

12. April 1948:
das erste europäische frühjahr seit 8 jahren. die farben der pflanzenwelt, so viel frischer als die der kalifornischen. die obstbäume an der bahnstrecke hinein nach zürich. die planung ist nicht nicht durchmathematisiert wie die ziergärten oder plantagen kaliforniens …

23. Oktober 1948:
gestern abend sahen wir nur bei einfahrt im dunkeln die ruinen der friedrichstraße, undeutlich. früh sechs uhr dreißig gehe ich die zerstörte wilhelmstraße hinunter zur reichskanzlei. die trümmer machen mir weniger eindruck als der gedanke daran, was die leute bei der zertrümmerung der stadt mitgemacht haben müssen …

Der Lyriker

Von der Freundlichkeit der Welt

Bertolt Brecht

Auf die Erde voller kaltem Wind
Kamt ihr alle als ein nacktes Kind.
Frierend lagt ihr ohne alle Hab
Als ein Weib euch eine Windel gab.

Keiner schrie euch, ihr wart nicht begehrt
Und man holte euch nicht im Gefährt.
Hier auf Erden wart ihr unbekannt
Als ein Mann euch einst nahm an der Hand.

Von der Erde voller kaltem Wind
Geht ihr all bedeckt mit Schorf und Grind[1].
Fast ein jeder hat die Welt geliebt
Wenn man ihm zwei Hände Erde gibt.

[1] *Bezeichnung für eine Erkrankung, bei der die Haut Krusten bildet.*

Gegenlied zu „Von der Freundlichkeit der Welt“

Bertolt Brecht

Soll das heißen, daß wir uns bescheiden
Und „so ist es und so bleib es“ sagen sollen?
Und, die Becher sehend, lieber Dürste leiden
Nach den leeren greifen sollen, nicht den vollen?

Soll das heißen, daß wir draußen bleiben
Ungeladen in der Kälte sitzen müssen
Weil da große Herrn geruhn, uns vorzuschreiben
Was da zukommt uns an Leiden und Genüssen?

Besser scheint's uns doch, aufzubegehren
Und auf keine kleinste Freude zu verzichten
Und die Leidensstifter kräftig abzuwehren
Und die Welt uns endlich häuslich einzurichten!

1 a) Das erste Gedicht hat Brecht bereits als junger Mann in den 20er-Jahren verfasst. Wie wird darin das Leben auf der Erde beschrieben?
b) Sprechen Sie darüber, ob die Überschrift dazu passt.
c) Was könnte mit dem letzten Vers gemeint sein?

2 a) Das zweite Gedicht hat Brecht in seinen letzten Lebensjahren geschrieben. Welche Fragen stellt das lyrische Ich darin an den Leser? Lesen Sie zum Begriff „lyrisches Ich“ im Anhang „Grundwissen Literatur“ nach.
b) Wozu fordert das Gedicht auf?

3 a) Tragen Sie beide Gedichte strophenweise abwechselnd vor. Beginnen Sie mit dem Text „Von der Freundlichkeit der Welt“.
b) Inwiefern kann das zweite Gedicht als Fortsetzung des ersten aufgefasst werden? Berücksichtigen Sie die Überschriften.

4 a) Der Leser wird in den beiden Gedichten unterschiedlich angesprochen. Nennen Sie verschiedene Formulierungen und beschreiben Sie die Unterschiede.
b) Welche Absicht könnte damit verbunden sein?

5 Sprechen Sie darüber, ob und wie sich Brechts Einstellung zum Leben im Laufe der Jahre verändert hat.

Der Anstreicher[1] sagt:
Bertolt Brecht

Je mehr Kanonen gegossen werden
Desto länger wird Friede sein.

Danach müßte es heißen:
Je mehr Korn in die Erde gesät wird
Desto weniger Getreide wird wachsen.
Je mehr Kälber geschlachtet werden
Desto weniger Fleisch wird es geben.
Je mehr Schnee im Gebirge schmilzt
Desto seichter werden die Flüsse sein.

[1] *Spöttische Bezeichnung für Adolf Hitler, der ursprünglich Kunstmaler werden wollte. Da sein Talent nicht ausreichte, wurde er jedoch nicht von der Kunstakademie aufgenommen.*

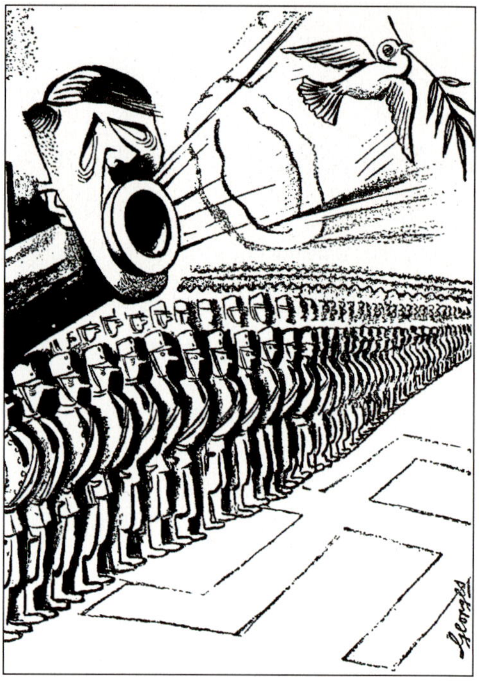

Karikatur aus dem Jahre 1933 zu einer Rede Hitlers über seine friedlichen Absichten

6 **a)** Lesen Sie das Gedicht. Was erscheint Ihnen zunächst widersprüchlich?
b) Vergleichen Sie die „Widersprüche" der zweiten Strophe mit der Aussage der ersten Strophe. Was stellen Sie fest?

7 Vergleichen Sie das Gedicht mit der Karikatur. Beide setzen sich mit Äußerungen Hitlers auseinander. Was versuchen beide aufzuzeigen?

Bücherverbrennung 1933 in Berlin auf dem Opernplatz

8 Die Gedichte auf dieser und der folgenden Seite hat Brecht im Exil geschrieben.
Lesen Sie dazu die zwei Infos zur Literatur im Exil.

INFO

Literatur im Exil (1)
Nach der Machtübernahme der Nationalsozialisten in Deutschland 1933 begannen diese systematisch gegen kritisch eingestellte Schriftsteller vorzugehen.
Als eine der ersten geplanten Aktionen wurden deren Bücher in verschiedenen Städten Deutschlands öffentlich verbrannt. Darunter waren die Werke von Schriftstellern wie Heinrich Heine, Franz Kafka, Thomas und Heinrich Mann, Erich Kästner, Bertolt Brecht, Erich Maria Remarque, Kurt Tucholsky u. a.

Deutsche Soldaten in Russland 1943

SS-Männer selektieren Juden im KZ Auschwitz

9 **a)** Lesen Sie das Gedicht „Lied einer deutschen Mutter". Welche schrecklichen Folgen des Nationalsozialismus werden angesprochen? Die Fotografien geben Ihnen Anhaltspunkte.
b) Ordnen Sie die entsprechenden Textstellen den Bildern zu.
c) Inwiefern haben die hier genannten Folgen des Nationalsozialismus die Einstellung der Mutter verändert? In welchen Versen wird dies deutlich?
d) Das Gedicht kann nicht nur als Monolog einer Mutter an ihren Sohn gesehen werden. Welche weitergehende, verallgemeinernde Deutung ist möglich?

10 **a)** Weisen Sie nach, dass beide Gedichte den Nationalsozialismus bekämpfen wollen.
b) Stellen Sie Vermutungen darüber an, ob diese Gedichte eine große Wirkung gehabt haben, und begründen Sie Ihre Einschätzung.

INFO

Literatur im Exil (2)
Viele kritische Schriftsteller wurden verhaftet. Einige davon wurden in Konzentrationslagern zu Tode gequält oder starben an den Folgen schwerer Misshandlungen. Daher zogen es viele Autoren vor, Deutschland zu verlassen und ins Exil zu gehen (**= äußere Emigration**).
Von dort aus versuchten sie, mit ihren Veröffentlichungen gegen die NS-Diktatur weiterzukämpfen. Einige Literaten blieben in Deutschland, versteckten ihre Kritik in ihren Werken, wandten sich unpolitischen Themen zu oder hörten ganz zu schreiben auf (**= innere Emigration**).

Lied einer deutschen Mutter
Bertolt Brecht

Mein Sohn, ich hab dir die Stiefel
Und dies braune Hemd geschenkt:
Hätt ich gewußt, was ich heute weiß
Hätt ich lieber mich aufgehängt.

Mein Sohn, als ich deine Hand sah
Erhoben zum Hitlergruß
Wußt ich nicht, daß dem, der ihn grüßet
Die Hand verdorren muß.

Mein Sohn, ich höre dich reden
Von einem Heldengeschlecht
Wußte nicht, ahnte nicht, sah nicht:
Du warst ihr Folterknecht.

Mein Sohn, und ich sah dich marschieren
Hinter dem Hitler her
Wußte nicht, daß, wer mit ihm auszieht
Zurück kehrt er nimmermehr.

Mein Sohn, du sagtest mir, Deutschland
Wird nicht mehr zu kennen sein.
Wußt nicht, es würde werden
Zu Aschen und blut'gem Stein.

Sah das braune Hemd dich tragen
Hab mich nicht dagegen gestemmt
Denn ich wußte nicht, was ich heut weiß:
Es war dein Totenhemd.

Der Dramatiker: Mutter Courage und ihre Kinder

1. Szene

FRÜHJAHR 1624: DER FELDHAUPTMANN OXENSTJERNA WIRBT IN DALARNE TRUPPEN FÜR DEN FELDZUG IN POLEN. DER MARKETENDERIN ANNA FIERLING, BEKANNT UNTER DEM NAMEN MUTTER COURAGE, KOMMT EIN SOHN ABHANDEN.

Landstraße in Stadtnähe
Ein Feldwebel und ein Werber stehen frierend.

DER WERBER Du, da kommt ein Planwagen. Zwei Weiber und zwei junge Burschen. Halt die Alte auf, Feldwebel. Wenn das wieder nix ist, stell ich mich nicht weiter in den Aprilwind hin, das sag ich dir.

MUTTER COURAGE Guten Morgen, Herr Feldwebel!

DER FELDWEBEL *sich in den Weg stellend:* Guten Morgen, ihr Leut! Wer seid ihr?

MUTTER COURAGE Geschäftsleut. *Singt:*

Ihr Hauptleut, laßt die Trommeln ruhen
Und laßt eur Fußvolk halten an:
Mutter Courage, die kommt mit Schuhen
In denens besser laufen kann.
Mit seinen Läusen und Getieren
Bagage[1], Kanone und Gespann –
Soll es euch in die Schlacht marschieren
So will es gute Schuhe han.
    Das Frühjahr kommt. Wach auf, du Christ!
    Der Schnee schmilzt weg. Die Toten ruhn.
    Und was noch nicht gestorben ist
    Das macht sich auf die Socken nun.

Ihr Hauptleut, eure Leut marschieren
Euch ohne Wurst nicht in den Tod.
Laßt die Courage sie erst kurieren
Mit Wein von Leibs- und Geistesnot.
Kanonen auf die leeren Mägen
Ihr Hauptleut, das ist nicht gesund.
Doch sind sie satt, habt meinen Segen
Und führt sie in den Höllenschlund.
    Das Frühjahr kommt. Wach auf, du Christ!
    Der Schnee schmilzt weg. Die Toten ruhn.
    Und was noch nicht gestorben ist
    Das macht sich auf die Socken nun.

DER FELDWEBEL Halt, wohin gehört ihr, Bagage[1]?

[EILIF] DER ÄLTERE SOHN Zweites Finnisches Regiment.

DER FELDWEBEL Wo sind eure Papiere?

MUTTER COURAGE Papiere?

[SCHWEIZERKAS] DER JÜNGERE SOHN Das ist doch die Mutter Courage!

DER FELDWEBEL Nie von gehört. Warum heißt sie Courage?

MUTTER COURAGE Courage heiß ich, weil ich den Ruin gefürcht hab, Feldwebel, und bin durch das Geschützfeuer von Riga gefahrn mit fünfzig Brotlaib im Wagen. Sie waren schon angeschimmelt, es war höchste Zeit, ich hab keine Wahl gehabt.

DER FELDWEBEL Du bist aus Bamberg in Bayern, wie kommst du hierher?

MUTTER COURAGE Ich kann nicht warten, bis der Krieg gefälligst nach Bamberg kommt. Und jetzt meine Herren Offizier, brauchens nicht eine gute Pistolen, oder eine Schnall, die Ihre ist schon ganz abgewetzt, Herr Feldwebel.

DER FELDWEBEL Ich brauch was andres. Ich seh, die Burschen sind wie die Birken gewachsen, runde Brustkästen, stämmige Haxen: warum drückt sich das vom Heeresdienst, möcht ich wissen?

MUTTER COURAGE *schnell*: Nicht zu machen, Feldwebel. Meine Kinder sind nicht für das Kriegshandwerk.

[1] Bagage: Gepäck; Gesindel

Mutter Courage und ihre Kinder (1) – kurz gefasst:

Mutter Courage versucht, ihre beiden Söhne daran zu hindern, sich als Soldaten anwerben zu lassen. Nachdem der Feldwebel sie jedoch in ein Verkaufsgespräch verwickelt hat und Mutter Courage sich das Geschäft nicht entgehen lassen will, gelingt es dem Werber, Eilif für die Armee zu gewinnen.

2. Szene

IN DEN JAHREN 1625 UND 26 ZIEHT MUTTER COURAGE IM TROSS DER SCHWEDISCHEN HEERE DURCH POLEN. VOR DER FESTUNG WALLHOF TRIFFT SIE IHREN SOHN WIEDER. – GLÜCKLICHER VERKAUF EINES KAPAUNS[1] UND GROSSE TAGE DES KÜHNEN SOHNES.

[1]Kapaun: Hahn

1 a) Mutter Courage ist Marketenderin von Beruf. Finden Sie anhand des Textauszuges heraus, womit sie ihren Lebensunterhalt verdient.
b) Weisen Sie anhand des Ausschnittes nach, dass ihr einerseits der Krieg nicht gefällt, dass sie andererseits aber am Krieg interessiert ist.
c) Betrachten Sie die Fotos rechts. Versuchen Sie, die Bilder dem Inhalt des Stückes zuzuordnen. Beziehen Sie auch die Zusammenfassung auf Seite 64 in Ihre Überlegungen mit ein.

2 Schauen Sie sich die einleitenden Texte der ersten beiden Szenen an. Sie werden im Theater dem Publikum schriftlich mitgeteilt oder vorgetragen. Welche Aufgabe haben sie?

3 Lesen Sie rechts die Info und die Zusammenstellung historischer Ereignisse auf Seite 57. Was könnte der Anlass für Brecht gewesen sein, das Stück zu schreiben?

INFO

Zur Entstehung von „Mutter Courage“:
Das Stück entstand zwischen September und November 1939. Es spielt in der Zeit des 30-jährigen Kriegs (1618–1648) an verschiedenen Schauplätzen. Einzelne Motive hat Brecht aus einem Werk des Barockdichters Grimmelshausen übernommen.

Mutter Courage und ihre Kinder (2) – kurz gefasst

2. Szene:
Zwei Jahre später trifft Mutter Courage ihren Sohn Eilif wieder. Dieser wird dafür von seinem Hauptmann gelobt, dass er Bauern getötet hat, um ihnen Vieh für die Armee zu rauben. Von seiner Mutter erfährt er, dass sein Bruder Schweizerkas Zahlmeister im schwedischen Heer geworden ist.

3. Szene:
Das schwedische Heer, dem sich Mutter Courage, ihre stumme Tochter Kattrin und Schweizerkas angeschlossen haben, wird von katholischen Truppen überfallen. Alle drei geraten in Gefangenschaft. Schweizerkas versteckt die ihm anvertraute Regimentskasse und gibt auch dann nicht das Versteck preis, als er verhaftet wird und ihm die Hinrichtung droht. Courage versucht, durch Bestechung das Leben ihres Sohnes zu retten. Das dafür nötige Geld will sie durch den Verkauf ihres Geschäfts bekommen. Schweizerkas verliert dennoch sein Leben, da sie zu lange über den Kaufpreis verhandelt.

4. Szene:
Courage, die sich jetzt den katholischen Truppen angeschlossen hat, will sich beschweren, weil Soldaten einen Teil ihrer Ware zerstört haben. Sie ändert jedoch ihre Absicht, weil sie Nachteile für ihren Handel befürchtet.

5. Szene:
Nach einem Angriff auf ein Bauerndorf gibt die Courage nur widerwillig Leinenstoff her, der benötigt wird, um verletzte Bauersleute zu verbinden.

6. Szene:
Nach dem Tod eines hohen Feldherrn sorgt sich die Courage darum, dass ein möglicher Friede ihr das Geschäft verderben könnte. Sie schickt aber dennoch ihre Tochter in die Stadt, um neue Waren zu besorgen. Diese wird auf dem Weg überfallen und durch eine Gesichtswunde verunstaltet. Ihre Mutter verflucht daraufhin den Krieg.

7. Szene:
Die Courage hat ihre Meinung über den Krieg wieder geändert, da sie mittlerweile gut an ihm verdient hat.

8. Szene:
Mutter Courage freut sich über eine kurze Friedensperiode, befürchtet aber auch ihren wirtschaftlichen Ruin und versucht deshalb, ihre Ware zu verkaufen. Ihr Sohn Eilif hat in dieser Zeit erneut Bauern überfallen, wird aber diesmal dafür hingerichtet, ohne dass seine Mutter etwas von seinem Schicksal erfährt. Sie folgt erneut den Soldaten, nachdem der Krieg wieder begonnen hat.

9. Szene:
Ein Koch, der sich der Courage und ihrer Tochter angeschlossen hat, bietet der Marketenderin an, mit ihr in Holland ein Wirtshaus zu betreiben. Diese lehnt jedoch ab, da sie ihre behinderte Tochter nicht allein zurücklassen möchte.

10. Szene:
Mutter Courage und Kattrin ziehen mit den Soldaten mit.

11. Szene:
Ein katholisches Heer droht die schlafende Bevölkerung der Stadt Halle in der Nacht zu überfallen. Mutter Courage hält sich auch dort auf, um Waren einzukaufen. Kattrin versucht, von einem nahe gelegenen Dorf aus die Bewohner durch Trommelgeräusche zu warnen. Sie ist damit erfolgreich, wird jedoch deswegen von Soldaten erschossen.

12. Szene

NACHT GEGEN MORGEN. MAN HÖRT TROMMELN UND PFEIFEN MARSCHIERENDER TRUPPEN, DIE SICH ENTFERNEN. VOR DEM PLANWAGEN HOCKT MUTTER COURAGE BEI IHRER TOCHTER. DIE BAUERSLEUTE STEHEN DANEBEN.

DER BAUER *feindlich:* Sie müssen fort, Frau. Nur mehr ein Regiment ist dahinter. Allein könnens nicht weg.

MUTTER COURAGE Vielleicht schlaft sie mir ein.

Sie singt:

Eia popeia
Was raschelt im Stroh?
Nachbars Bälg greinen
Und meine sind froh.
Nachbars gehn in Lumpen
Und du gehst in Seid
Ausn Rock von einem Engel
Umgearbeit'.

Nachbars han kein Brocken
Und du kriegst eine Tort
Ist sie dir zu trocken
Dann sag nur ein Wort.
Eia popeia
Was raschelt im Stroh?
Der eine liegt in Polen
Der andre ist werweißwo.

Sie hätten ihr nix von die Kinder von Ihrem Schwager sagen sollen.

DER BAUER Wenns nicht in die Stadt gangen wärn, Ihren Schnitt machen, wärs vielleicht nicht passiert.

MUTTER COURAGE Jetzt schlaft sie.

DIE BÄUERIN Sie schlaft nicht, Sie müssens einsehen, sie ist hinüber.

DER BAUER Und sie selber müssen los endlich. Da sind die Wölf, und was schlimmer ist, die Marodöre.

MUTTER COURAGE Ja.

Sie geht und holt eine Blache aus dem Wagen, um die Tote zuzudecken.

DIE BÄUERIN Habens denn niemand sonst? Wos hingehn könnten?

MUTTER COURAGE Doch, einen. Den Eilif.

DER BAUER *während Mutter Courage die Tote zudeckt:* Den müssens finden. Für die da sorgen wir, daß sie ordentlich begraben wird. Da könnens ganz beruhigt sein.

MUTTER COURAGE Da haben Sie Geld für die Auslagen.

Sie zählt dem Bauern Geld in die Hand. Der Bauer und sein Sohn geben ihr die Hand und tragen Kattrin weg.

DIE BÄUERIN *im Abgehen:* Eilen Sie sich!

MUTTER COURAGE *spannt sich vor den Wagen:*
Hoffentlich zieh ich den Wagen allein.
Es wird schon gehn, es ist nicht viel drinnen.
Ich muß wieder in Handel kommen.

Ein weiteres Regiment zieht mit Pfeifen und Trommeln hinten vorbei.

Mutter Courage *zieht an:* Nehmts mich mit!

Man hört Singen von hinten.

GESANG

Mit seinem Glück, seiner Gefahre
Der Krieg, er zieht sich etwas hin.
Der Krieg, er dauert hundert Jahre
Der g'meine Mann hat kein Gewinn.
Ein Dreck sein Fraß, sein Rock ein Plunder!
Sein halben Sold stiehlts Regiment.
Jedoch vielleicht geschehn noch Wunder:
Der Feldzug ist noch nicht zu End!
    Das Frühjahr kommt! Wach auf, du Christ!
    Der Schnee schmilzt weg! Die Toten ruhn!
    Und was noch nicht gestorben ist
    Das macht sich auf die Socken nun.

4 **a)** Lesen Sie die Zusammenfassung des Stücks auf Seite 64 und die letzte Szene auf Seite 65.
b) Suchen Sie nach Hinweisen dafür, dass Mutter Courage durch das Leben im Krieg in einem Zwiespalt steckt.
c) Wie wirkt sich der Krieg auf das Leben der Mutter Courage letztlich aus?

5 Was halten Sie von dem Verhalten der Mutter Courage am Ende des Stücks? Begründen Sie Ihre Aussage.

6 **a)** Lesen Sie die Info zum „Epischen Theater".
b) Suchen Sie mit Hilfe der Info nach einer Erklärung, warum Brecht die Mutter Courage so handeln lässt.
c) Suchen Sie Beispiele für Verfremdungseffekte in „Mutter Courage".

7 **a)** Betrachten Sie das Bild oben. Was fällt auf? Um welche Szene könnte es sich handeln?
b) Stellen Sie Zusammenhänge her zur Aussage des Stücks und zu Besonderheiten des „Epischen Theaters."

8 „Mutter Courage" ist als Antikriegsstück bezeichnet worden. Was spricht Ihrer Meinung nach für diese Beurteilung?

9 Informieren Sie sich über den aktuellen Spielplan eines Theaters in Ihrer Nähe. Besuchen Sie gegebenenfalls gemeinsam die Aufführung eines Stücks von Bertolt Brecht.

INFO

Episches Theater
Brecht hat so eine von ihm entwickelte Form des Theaters bezeichnet. Sie stand im Gegensatz zur damals üblichen Theaterform. Das traditionelle Theater wollte beim Zuschauer starke Gefühle und Anteilnahme auslösen und ihn so zu einem besseren Menschen machen. Brecht dagegen wollte erreichen, dass der Zuschauer sich in das Geschehen auf der Bühne nicht zu stark gefühlsmäßig hineinversetzt, sondern es **mit** einem gewissen **Abstand** betrachtet.
Aus diesem Abstand heraus soll er über die handelnden Personen **kritisch nachdenken**, um deren **falsches Verhalten erkennen** zu können. Ziel ist es, die Gesellschaft dadurch zu verändern, dass der Zuschauer diese Fehler nicht wiederholt, sondern in seinem eigenen Leben richtig handelt.
Eine wichtige Rolle spielen dabei Verfremdungseffekte. Sie haben die Aufgabe, den Dingen das Selbstverständliche und Vertraute zu nehmen und den Zuschauer in Staunen und Neugier zu versetzen.
Beispiele für **Verfremdungseffekte**:
- Verschiedene **Szenen** stehen ohne direkte inhaltliche Verbindung nebeneinander.
- **Lieder** unterbrechen und kommentieren die Handlung. Sie provozieren den Zuschauer zum Nachdenken.
- Die Handlung wird in eine **ferne Zeit** oder eine eher **ungewöhnliche Umgebung** verlegt.
- Das **Bühnenbild** ist einfach gehalten. Es wird bei offenem Vorhang umgebaut.
- Der **Szeneninhalt** wird vor Szenenbeginn schon durch Spruchbänder, Projektion oder Ankündigung vorweggenommen.
- Die **Zuschauer** werden von den Darstellern direkt angesprochen.

Der Epiker

Der hilflose Knabe

Bertolt Brecht

Herr K. sprach über die Unart, erlittenes Unrecht stillschweigend in sich hineinzufressen, und erzählte folgende Geschichte: „Einen vor sich hin weinenden Jungen fragte ein Vorübergehender nach dem Grund seines Kummers. ‚Ich hatte zwei Groschen für das Kino beisammen', sagte der Knabe, ‚da kam ein Junge und riß mir einen aus der Hand', und er zeigte auf einen Jungen, der in einiger Entfernung zu sehen war. ‚Hast du denn nicht um Hilfe geschrien?', fragte der Mann. ‚Doch', sagte der Junge und schluchzte ein wenig stärker. ‚Hat dich niemand gehört?', fragte ihn der Mann weiter, ihn liebevoll streichelnd. ‚Nein', schluchzte der Junge. ‚Kannst du denn nicht lauter schreien?', fragte der Mann. ‚Nein', sagte der Junge und blickte ihn mit neuer Hoffnung an. Denn der Mann lächelte. ‚Dann gib auch den her', sagte er, nahm ihm den letzten Groschen aus der Hand und ging unbekümmert weiter."

1 Lesen Sie den Text „Der hilflose Knabe".

2 a) Wie verhalten sich der Junge und Herr K.? Wie hätten Sie sich an deren Stelle verhalten?
b) Welche Einstellung wird in der Geschichte gegenüber Hilflosigkeit vermittelt?
c) Verfassen Sie einen Brief an Herrn K., in dem Ihre Meinung zu seinem Verhalten und zum Verhalten des Jungen deutlich wird.

3 Der Text gehört zur Sammlung der Geschichten vom Herrn Keuner, die Brecht in einer ganz bestimmten Absicht verfasste. Welche Absicht könnte Brecht wohl mit diesem Text verfolgen? Wo wird dies Ihrer Meinung nach deutlich?

Schwierigkeit, Gewalt zu erkennen

Bertolt Brecht

Viele sind heute bereit, die Gewalt zu bekämpfen, die gegen die Wehrlosen angewendet wird. Aber können sie auch die Gewalt erkennen?
Einige Gewalttaten sind leicht zu erkennen. Wenn Menschen wegen der Form ihrer Nase oder der Farbe ihrer Haare mit Füßen getreten werden, dann ist die Gewalttat den meisten offenbar. Auch wenn Menschen in stickige Kerker eingesperrt werden, sieht man Gewalt am Werk.
Wir sehen aber allenthalben Menschen, die nicht weniger verunstaltet aussehen, als wenn sie mit Stahlruten geschlagen worden wären, Menschen, die im Alter von 30 Jahren wie Greise aussehen, und doch ist keine Gewalt sichtbar. Menschen wohnen in Löchern jahraus, jahrein, die nicht freundlicher sind als die Kerker, und es gibt für sie nicht mehr Möglichkeit, aus ihnen herauszukommen als aus Kerkern. Freilich stehen keine Kerkermeister vor diesen Türen.
Derjenigen, denen diese Gewalt angetan wird, sind unendlich mehr als derer, die an einem bestimmten Tag verprügelt oder in bestimmte Kerker geworfen werden.

4 a) Welche Formen von Gewalt werden in dem Text „Schwierigkeit, Gewalt zu erkennen" beschrieben?
b) Welche Personen könnten von diesen Formen von Gewalt betroffen sein?
c) Welche geschichtlichen Ereignisse zu Brechts Lebzeiten könnten hier gemeint sein, in denen diese Formen von Gewalt angewendet wurden?
d) Inwieweit sind solche Formen von Gewalt heute noch aktuell? Sprechen Sie darüber.

5 In beiden Texten kommt eine Einstellung zum Ausdruck, die Brecht lange vertreten hat. Lesen Sie dazu die Gedichte auf Seite 59. In welchem der beiden Gedichte ist diese Einstellung ebenfalls zu finden?

6 Was halten Sie von Brechts Einstellung? Sprechen Sie darüber in der Klasse.

Gedichtereise: Reisegedichte

1 a) Lassen Sie sich von den Bildern anregen: Nennen Sie Gefühle und Eindrücke, die Sie mit einer Reise verbinden.
b) Überlegen Sie, welches Gedicht zum Thema „Reisen" Sie schon kennen.
c) Womit könnte sich ein Gedicht zum Thema „Reisen" Ihrer Meinung nach befassen?

2 Die Gedichtereise auf den folgenden Seiten führt zu fünf Reisegedichten. Lesen Sie die Texte und informieren Sie sich über die jeweiligen Autoren und die Literaturepochen, in denen die Gedichte entstanden sind (Infos auf den jeweiligen Seiten, „Grundwissen Literatur" und Epochenübersicht im Anhang, Internet). Entscheiden Sie sich für ein Gedicht.

3 a) Bereiten Sie sich so vor, dass Sie das Gedicht nach einer Woche vorstellen können. Bearbeiten Sie dazu zunächst die jeweiligen Aufgaben.
b) Wählen Sie eine der Präsentationsanregungen oder verwirklichen Sie eigene Ideen dazu. Sie können auch als Gruppe eine Präsentation gestalten, müssten dann aber auch mehrere Anregungen umsetzen.

4 Zu jeder Präsentation gehört ein wirkungsvoller Vortrag des Gedichts. Setzen Sie dabei individuell Lautstärke, Lesetempo, Pausen, Tonfall, Sprechrollen und eventuell passende Geräusche ein.

5 Begründen Sie bei der Vorstellung kurz, warum Sie sich für diesen Text entschieden haben.

Leb wohl! Segen zum Abschied

Weingartner Reisesegen

Ic dir nâch sihe ic dir nâch sendi
mit mîn funf fingirin funvi undi funfzic engili.
Got dich gisundi heim dich gisendi
offin sî dir diz sigi-dor, sami sî dir diz selgi-dor
bislozin sî dir diz wâgi-dor,
sami sî dir diz wâfin-dor.

Übersetzung:

Ich sehe dir nach, ich sende dir
mit meinen fünf Fingern fünfundfünfzig Engel nach.
Gott möge dich gesund heim senden.
Offen sei dir das Siegestor, wie es dir das Glückstor sei.
Geschlossen sei dir das Tor des Ungewissen,
wie es dir das Tor der Waffen sei.

1 Überlegen Sie, in welchen Situationen ein solcher Reisesegen entstanden sein könnte.

2 Welche Gefahren lassen sich vermuten?

3 **a)** Markieren Sie Laut- und Wortwiederholungen im Originaltext auf einer Folie .
b) Was könnte mit den vier Toren (Siegestor, ...) gemeint sein?

4 Wie wirken die in Aufgabe 3 angesprochenen sprachlichen Mittel auf Sie? Begründen Sie. (Geheimnisvoll, beschwörend, eindringlich, altertümlich, befremdlich, mystisch, fromm, besorgt ...)

INFO

Weingartner Reisesegen

Das Gedicht ist nach dem Fundort benannt und stammt aus den Anfängen der deutschen Sprache. Er ist vermutlich zwischen ca. 800–1000 n. Chr. entstanden. Es gab in der Zeit starke politische Veränderungen mit ständigen kriegerischen Auseinandersetzungen, z. B. zwischen den Franken und Langobarden, Baiern, Awaren und Sachsen, aber auch mit den Wikingern im Norden.
Handelsreisen oder private Reisen waren daher oft sehr gefährlich und selten freiwillig.

Anregungen zum Vorstellen des Gedichts

A
Bereiten Sie zu zweit ein Abschiedsgespräch zwischen einem Reisenden und einem Angehörigen vor, das zu dem Gedicht passt. Sie können dieses Gespräch auch aufnehmen und bei der Gedichtpräsentation vorspielen.

B
Auch heutzutage gibt es Reisen ins Ungewisse. (Aufbruch zu einem Bundeswehreinsatz, Zivildienst bzw. längere Aufenthalte im Ausland ...) Schreiben Sie einen „inneren Monolog“, der die Gedanken, Ängste, Hoffnungen von Angehörigen zum Ausdruck bringt und tragen Sie ihn mit dem Reisesegen vor.

C
Schreiben Sie den Originaltext auf pergamentähnliches Papier und illustrieren Sie ihn. Sie können den Text auch mit dem Computer gestalten.
Verwenden Sie eine altertümliche Schrift. Anregungen für Illustrationen finden Sie auf vielen Internetseiten über das Mittelalter.

Fernweh: Auf und davon!

Frische Fahrt

Joseph von Eichendorff [1]

Laue Luft kommt blau geflossen,
Frühling, Frühling soll es sein!
Waldwärts Hörnerklang geschossen,
Mut'ger Augen lichter Schein;
Und das Wirren bunt und bunter
Wird ein magisch wilder Fluss,
In die schöne Welt hinunter
lockt dich dieses Stromes Gruß.

Und ich mag mich nicht bewahren!
Weit von Euch treibt mich der Wind,
Auf dem Strome will ich fahren [2],
Von dem Glanze selig blind!
Tausend Stimmen lockend schlagen,
Hoch Aurora [3] flammend weht,
Fahre zu! Ich mag nicht fragen,
Wo die Fahrt zu Ende geht!

[1] *einer der wichtigsten Vertreter der Romantik (1788–1857)*

[2] *Ein beliebtes Motiv der Romantik ist der Wanderer, der für die Suche nach dem Geheimnisvollen, Zauberhaften die Sicherheit der bürgerlichen Existenz aufgibt.*

[3] *Göttin der Morgenröte*

1 Überlegen Sie, was sich das lyrische Ich von der Ferne erhofft:

> Und das Wirren bunt und bunter
> Wird ein magisch wilder Fluss,
> In die schöne Welt hinunter
> lockt dich dieses Stromes Gruß.

2 Mit welchen sprachlichen Bildern stellt Eichendorff das Verlockende der Ferne dar? Markieren Sie diese auf einer Folie.

3 **a)** In welchen Formulierungen klingen Zweifel an?
b) Wie geht das lyrische Ich damit um?

Anregungen zum Vorstellen des Gedichts

A
Stellen Sie sich eine Situation vor, in der Sie sich frei, unbeschwert, neugierig auf Neues fühlen. Entwerfen Sie dazu passend einen Tagebucheintrag, der mit den Worten beginnt:

Endlich frei! ...

B
Schreiben Sie einen Abschiedsbrief, in dem Sie erklären, warum Sie unbedingt fort wollen. Verwenden Sie eventuell Zitate aus dem Gedicht.

C
Stellen Sie sich eine Aufbruchsituation vor (Ausbildungsbeginn, beruflicher Wechsel, private Veränderungen). Gestalten Sie dazu einen Dialog, in dem Bedenken geäußert werden und diesen Bedenken widersprochen wird.

Der einsame Wanderer

Im Nebel[1]

Hermann Hesse

Seltsam, im Nebel zu wandern!
Einsam ist jeder Busch und Stein,
Kein Baum sieht den andern,
Jeder ist allein.

Voll von Freunden war mir die Welt,
Als noch mein Leben licht war;
Nun, da der Nebel fällt,
Ist keiner mehr sichtbar.

Wahrlich, keiner ist weise,
Der nicht das Dunkel kennt,
Das unentrinnbar und leise
Von allen ihn trennt.

Seltsam, im Nebel zu wandern!
Leben ist Einsamsein.
Kein Mensch kennt den andern,
Jeder ist allein.

[1] *Sehr bekanntes Gedicht Hermann Hesses (1877–1962), Nov. 1905 entstanden, 1911 veröffentlicht im Gedichtband „Unterwegs“.*

1 **a)** Stellen Sie sich vor, Sie wandern im Nebel. Welche Gefühle können beim Wandern im Nebel ausgelöst werden?
b) Wie empfindet das lyrische Ich die Wanderung im Nebel?
c) Womit setzt das lyrische Ich das Erlebnis gleich?

2 **a)** Von welcher Erfahrung im Umgang mit Freunden ist in der zweiten und dritten Strophe vermutlich die Rede?
b) Welche Sicht des Lebens wird besonders in der vierten Strophe deutlich?

Anregungen zum Vorstellen des Gedichts

A
Stellen Sie sich eine konkrete Situation vor, in der es einer Person wie dem lyrischen Ich in der zweiten und dritten Strophe ergeht. Beschreiben Sie diese Situation z.B. durch einen Brief oder Tagebucheintrag und tragen Sie diesen Text mit dem Gedicht vor.

B
Gestalten Sie die einzelnen Strophen optisch:
- Verwenden Sie dazu Folien, auf denen Sie den Hintergrund für die einzelnen Strophen unterschiedlich gestalten (Baumsilhouetten ...).
- Arbeiten Sie mit dem Overheadprojektor oder Beamer und lesen Sie dazu das Gedicht mit verteilten Rollen vor.

C
Präsentieren Sie das Gedicht, indem Sie den Vortrag des Textes mit Bildern und Musik verbinden, z. B. als Bildschirm-Präsentation. Sie können sich auch von einer der vielen Vertonungen und Präsentationen im Internet anregen lassen.

3 Welche Lebenserfahrungen könnten eine derartige Auffassung provozieren? Stellen Sie Vermutungen an.

Statt Erfahrungen … Stadterfahrungen

Reisen[1]

Gottfried Benn

Meinen Sie Zürich zum Beispiel
sei eine tiefere Stadt,
wo man Wunder und Weihen
immer als Inhalt hat?

Meinen Sie, aus Habana,
weiß und hibiskusrot,
bräche ein ewiges Manna[2]
für Ihre Wüstennot?

Bahnhofstraßen und Rueen,
Boulevards, Lidos, Laan –
selbst auf den Fifth Avenueen
fällt Sie die Leere an –

ach, vergeblich das Fahren!
Spät erst erfahren Sie sich:
bleiben und stille bewahren
das sich umgrenzende Ich.

[1] *Das Gedicht gehört zum Spätwerk des Autors (1886–1956), der v. a. durch seine Ästhetik des Hässlichen bekannt wurde (→ Expressionismus).*

[2] *Wüstennahrung für das Volk Israel beim Auszug aus Ägypten*

1 Vergleichen Sie die Werbung für bestimmte Städte mit den ersten beiden Strophen des Gedichts. Sammeln Sie dazu Werbung für Städtetouren aus Reisebüros oder aus dem Internet. Inwiefern gibt es Unterschiede?

2 **a)** Aus welchem Bereich wählte Gottfried Benn Sprachbilder, wenn er von „Wunder“, „Weihen“, „ewigem Manna“ spricht?

b) Inwiefern wird durch die Wahl dieser Begriffe die Fragestellung des Gedichts verstärkt?

3 Auf jeder der großen Straßen, von denen das lyrische Ich in der dritten Strophe spricht, befindet man sich unter vielen Menschen. Welche Erfahrung könnte gemeint sein mit der Gedichtzeile „fällt Sie die Leere an“?

Anregungen zum Vorstellen des Gedichts

A
Gestalten Sie einen Tagebucheintrag, in dem Sie die Aussagen des Gedichts aufgreifen.

Gestern bin ich in Paris angekommen. Das Programm unserer Städtetour jagt mich von einer Sehenswürdigkeit zur nächsten, viele neue Eindrücke stürzen auf mich ein. – Und doch bin ich enttäuscht …

B
Antworten Sie dem lyrischen Ich:

Meinen Sie, sich zu Hause zu isolieren, ist gut? Andere Städte kennen zu lernen, kann …

C
Gestalten Sie eine Collage, indem Sie das bereits gesammelte Material im Sinne des Gedichts mit eigenen Worten, den entsprechenden Versen oder Gegenbildern kritisch kommentieren.

Miteinander unterwegs

Gemeinsam
Rose Ausländer

Vergesset nicht
Freunde
wir reisen gemeinsam

besteigen Berge
pflücken Himbeeren
lassen uns tragen
von den vier Winden

Vergesset nicht
es ist unsre
gemeinsame Welt
die ungeteilte
ach die geteilte

die uns aufblühen lässt
die uns vernichtet
diese zerrissene
ungeteilte Erde
auf der wir
gemeinsam reisen

Anregungen zum Vorstellen des Gedichts

A
Entwerfen Sie eine neue zweite Strophe, indem Sie die sprachlichen Bilder durch andere ersetzen. Erklären Sie, warum Sie diese Bilder ausgewählt haben und wofür sie stehen sollen.

B
Gestalten Sie eine Zeichnung/Collage, auf der die „zerrissene ungeteilte Erde“ dargestellt wird.

C
Informieren Sie sich über aktuelle Projekte unter dem Stichwort „Eine Welt – Projekte“, z.B. auch im Internet und stellen Sie eines vor.

1 a) Wie beschreibt die Autorin die Gemeinsamkeiten zwischen den Menschen?
Markieren Sie dazu die sprachlichen Bilder in der zweiten Strophe mit Hilfe einer Folie.
b) Versuchen Sie die Bilder zu erklären.
– besteigen Berge: etwas gemeinsam unternehmen, …

2 a) Erklären Sie die Formulierung:
„diese … Erde, auf der wir gemeinsam reisen“.
b) Finden Sie konkrete Beispiele für die Verse:
„die uns aufblühen lässt / die uns vernichtet“.

3 Nennen Sie Beispiele für die „zerrissene Erde“. Denken Sie dabei auch an Konfliktsituationen in Ihrem engeren Umfeld.

INFO

Rose Ausländer
Rose Ausländer ist der Künstlername der jüdischen Lyrikerin Rosalie Beatrice Ruth Scherzer.
Die Dichterin wurde 1901 in Czernowitz/Bukowina geboren. Sie studierte Literatur und Philosophie, erlebte in der Zeit des Nationalsozialismus Ghetto und Verfolgung. 1946 emigrierte sie in die USA.
Nach einem Aufenthalt in Wien wurde 1965 Düsseldorf ihr Wohnort. Dort starb Rose Ausländer 1988.

Wie finde ich mein Buch?

Im diesem Schuljahr sollen Sie insgesamt drei Jugendbücher lesen. Der Plan unten zeigt Ihnen, wie Sie dabei vorgehen. Welche Bücher Sie lesen, bestimmen Sie selbst und können sich so Ihren ganz individuellen Leseplan zusammenstellen. Da das Angebot auf dem Jugendbuchmarkt groß ist, ist es allerdings gar nicht so einfach, ein ansprechendes Buch zu finden. Die folgenden Tipps und Hinweise helfen Ihnen dabei.

1 a) Lesen Sie den Tipp.

b) Suchen Sie im Buchhandel, in Zeitschriften und im Internet nach Bestsellerlisten. Hängen Sie diese im Klassenzimmer auf.

c) Lesen Sie die Bestellerlisten und wählen Sie Bücher aus, die Sie ansprechen.

d) Nutzen Sie auch die anderen im Tipp genannten Möglichkeiten, um interessante Bücher zu finden.

Arbeits- und Leseplan

bis nach den Herbstferien	• ein Jugendbuch auswählen und lesen
bis nach den Weihnachtsferien	• einen Flyer zum Buch erstellen • für die Mitschüler zwei motivierende Seiten mit pfiffigen Aufgaben zu dem Buch gestalten • Buch, Flyer und Aufgabenseiten auf einem Lesetisch präsentieren
bis nach den Osterferien	• vom Lesetisch zwei weitere Bücher auswählen, lesen und die Aufgabenseiten dazu bearbeiten • zu einem der gelesenen Bücher eine Buchrezension schreiben • eine klasseneigene Top-Ten-Bücherliste erstellen

TIPP

So können Sie sich auf dem Buchmarkt orientieren:

1. Nicht nur in der Musikszene gibt es Charts, auch für den Bücherfan existieren Ranglisten der derzeit meistverkauften Bücher. Im Buchhandel, in Zeitschriften und im Internet finden Sie solche Bestsellerlisten, anhand derer Sie sich über Neuentwicklungen auf dem Buchmarkt informieren können.
   Achtung: Die meisten Bestsellerlisten für junge Leser vermischen Kinder- und Jugendbücher. Beachten Sie daher stets die Altersangaben.
2. Oft finden Sie im Buchhandel und in Bibliotheken Lesetische mit Empfehlungen und Neuerscheinungen von Jugendbüchern.
3. Fachkräfte im Buchhandel können Ihnen Bücher empfehlen.

2 Anhand der Klappentexte können Sie sich einen ersten Eindruck von Büchern verschaffen und so schnell feststellen, ob diese Sie ansprechen.

a) Lesen Sie rechts den Klappentext zum Buch „Schattenkinder" von Margaret Peterson Haddix.

b) Tauschen Sie sich mit einem Partner darüber aus, ob das Buch Sie interessiert. Begründen Sie.

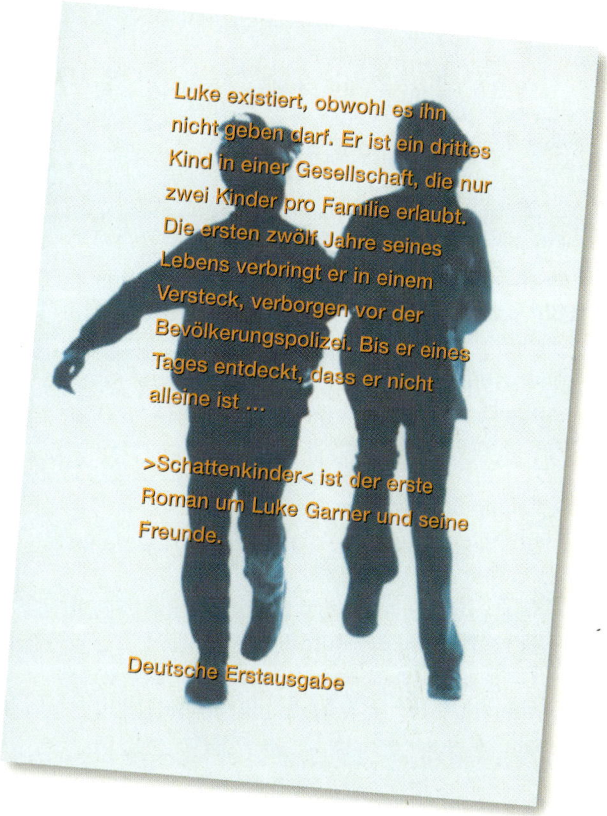

> In Online-Buchshops im Internet kann man zu Büchern häufig Kurzbeschreibungen und Meinungsäußerungen von Leserinnen und Lesern finden. Vor allem die Kritiken Gleichaltriger können bei Ihrer Buchauswahl hilfreich sein. Denken Sie aber daran, dass Sie sich dennoch Ihre eigene Meinung bilden müssen.
> Oft erhalten Sie in Online-Buchshops darüber hinaus Tipps, welche Autoren noch über die jeweilige Thematik geschrieben haben.

3 **a)** Lesen Sie folgende Online-Artikel zum Buch „Schattenkinder".

b) Hat sich Ihr Eindruck von dem Buch (siehe Aufgabe 2) geändert?

Die Regierung erlaubt nur zwei Kinder, doch es gibt viele illegale Schattenkinder (= drittes Kind). Ihr Leben und das der Eltern ist von Angst bestimmt. Luke, der ein Schattenkind ist, dürfte eigentlich gar nicht existieren und muss sich immer verstecken. Er kann nicht ins Freie, mit anderen Kindern spielen oder in die Schule gehen. Doch er findet eine Möglichkeit, die Nachbarschaft zu beobachten. Und dann entdeckt er eines Tages in einem anderen Haus noch ein Gesicht. Ein weiteres Schattenkind? Was soll er jetzt tun ...?
Mir hat das Buch „Schattenkinder" sehr gut gefallen. Das Buch fesselt den Leser vom Anfang bis zum Schluss. Ich habe das Buch als Lektüre mit meiner Klasse gelesen. Der Schluss ist ein wenig traurig, aber sonst ein superspannendes Buch. Es ist wirklich für jeden geeignet, auch für Erwachsene.

Obwohl ich am Anfang dachte, dass dies ein sehr spannendes Buch sein könnte, hat es mich sehr schnell gelangweilt. Ich kann mir die Personen nicht vorstellen und sie wirken sehr unglaubwürdig (supertaffes Mädchen und der Junge ist ein Angsthase). Außerdem kann ich nicht glauben, dass es irgendwo ein Land gibt, das so streng ist.

4 Sie haben nun einige Möglichkeiten kennen gelernt, wie Sie ein Buch finden können, das Sie interessiert.

a) Notieren Sie sich Bücher, die für Sie in Frage kommen.

b) Treffen Sie nun Ihre Wahl und besorgen Sie das Buch. Denken Sie daran, dass Sie im Internet oder auf Bücherflohmärkten oft gebrauchte Jugendbücher erstehen können.

Wie wird mein Buch zum Favoriten der Klasse?

Für die Präsentation Ihres Buches auf dem Lesetisch müssen Sie zunächst allgemein über Ihr Buch informieren. Dazu erstellen Sie einen Flyer, der Ihre Mitschüler auf das Buch neugierig machen soll. Außerdem gestalten Sie zwei Seiten mit Aufgaben zu dem Buch.

1 Fertigen Sie zu Ihrem Buch entsprechend dem Beispiel rechts einen Flyer mit folgenden Angaben an:
- Cover des Buches, Erscheinungsjahr
- Kurzbiografie der Autorin/des Autors
- kurze Inhaltsangabe
- Thematik, die im Mittelpunkt steht
- Hauptpersonen

2 Wie können Sie für Ihre Mitschüler nun motivierende Aufgaben zu dem Buch gestalten?
a) Lesen Sie den Tipp und betrachten Sie die Beispiele zu verschiedenen Büchern auf dieser und der folgenden Seite.
b) Sammeln Sie weitere Vorschläge.
c) Erstellen Sie zu Ihrem Buch zwei pfiffige Aufgabenseiten.

TIPP

So können Sie Aufgabenseiten zu Ihrem Buch gestalten:
Greifen Sie auf bekannte Aufgabenstellungen aus der Schreibwerkstatt zurück, z. B.:
- ein Kreuzworträtsel lösen
- Sprechblasen füllen
- Wahr-Falsch-Entscheidungen treffen
- ein Cluster zur Thematik gestalten
- einen Tagebucheintrag verfassen
- einen neuen Schluss schreiben
- eine Fantasiereise entwerfen
- Fragen zum Inhalt beantworten
- Zitate zuordnen („Wer sagt was?“)
- ein Lesequiz lösen
- einen Brief schreiben
- …

Schattenkinder

Erscheinungsjahr: 2000

Kurzbiografie der Autorin:
Margaret Peterson Haddix (geb. 9. April 1964) wuchs auf einer Farm in Ohio auf. Nach Beendigung ihres Studiums arbeitete sie u. a. als Journalistin und als Dozentin an einem College. Heute schreibt sie sehr erfolgreich Kinder- und Jugendbücher und lebt mit ihrem Mann und ihren beiden Kindern in Columbus, Ohio. In den USA wurde sie für ihre Werke mit zahlreichen Preisen ausgezeichnet.

Inhalt: Luke ist ein Schattenkind, der dritte Sohn seiner Eltern in einer Gesellschaft, in der nur zwei Kinder pro Familie erlaubt sind. Die Strafen, die auf einen Verstoß gegen das Bevölkerungsgesetz stehen, sind brutal: Würde Luke entdeckt, müsste er mit dem Tod rechnen. Als der Wald um das Haus seiner Familie einer Wohnsiedlung weichen muss, bleibt Luke nichts anderes übrig, als sich zu verstecken und nicht mehr nach draußen zu gehen. Allein verbringt er seine Tage in einer dunklen Dachkammer, bis er im Fenster eines anderen Hauses das Gesicht eines Mädchens entdeckt. In dieser Familie gibt es bereits zwei Jungen.
Für Luke eröffnet sich durch die Begegnung mit Jen, die auch ein Schattenkind ist, eine ganz neue Welt. Übers Internet hat Jen mit anderen Schattenkindern Kontakt und plant eine Protestkundgebung, mit der sie durchsetzen will, dass alle dritten Kinder ein Existenzrecht bekommen. Luke ist begeistert von der Energie und der Lebenslust, die Jen aufbringt. Zum ersten Mal beginnt er, für seine Zukunft zu hoffen, doch er traut sich nicht, bei der geplanten Aktion mitzumachen. Erst als Jen von dieser Demonstration nicht zurückkehrt, fasst Luke einen folgenschweren Entschluss …

Thematik: Problem der Bevölkerungsentwicklung, Zukunftsroman

Hauptpersonen: Luke Garner und Jennifer Rose Talbot, genannt „Jen“

Gewalt-Texte

Gewalt ist, wenn ________ ☆ ☆ ☆
Gewalt ist, wenn ________ ☆ ☆ ☆
Gewalt ist, wenn ________ ☆ ☆ ☆
Gewalt ist, wenn ________ ☆ ☆ ☆

Tagebuch schreiben

Es gibt Tage, an die man sich genau erinnert, als hätte eine innere Kamera jede Stunde im Bild festgehalten. (S. 19) So ein Tag ist für Leo der 29. Oktober, ein Samstag, an dem er Christina kennen lernt.

An diesem Abend schreibt Leo in sein Tagebuch. Entscheide dich für einen der folgenden Tagebuchanfänge (streiche die übrigen sauber durch) und schreibe weiter. Versetze dich in die Lage von Leo und schreibe in der Ich-Form.

Dass ich einmal meiner Mutter dankbar bin!!! Und das ausgerechnet für's zwangsweise Schuften in ihrer blöden „Oase"!!! Unglaublich, aber wahr …

Ich bin verliebt, ich bin verliebt, mich hat's total erwischt!! Was für eine Frau … und so vertraut vom ersten Moment an. Beim Spazierengehen …

„Für was Arbeit alles gut sein kann. Dass ich ausgerechnet so mal ein tolles Mädchen kennen lerne. Gut, dass ihr Othello so ungezogen war und meine Mutter einen Wutanfall bekam. So konnte ich den „Tröster" spielen. …

Die Busfahrt

Auf den Seiten 17 (letzter Absatz) und 18 wird die Busfahrt von Ramon in die große Stadt beschrieben.

1. **Lies dir diese Stelle genau durch. Welche Unterschiede fallen dir gegenüber einer Busfahrt in Deutschland auf? Notiere deine Gedanken dazu.**

2. **Nun bist du ein Schriftsteller. Du sollst einen ähnlichen Text über eine Busfahrt in Deutschland verfassen. Gehe dabei nach folgender Methode vor:**
   - **Nimm dir Block und Stift und setze dich in einen Bus.**
   - **Mache dir zu folgenden Punkten Gedanken und notiere dir dazu Stichworte:**
     Wie viele Menschen sitzen im Bus?
     Wie sehen die Menschen aus, die im Bus mitfahren?
     Was haben die Fahrgäste alles dabei?
     Wie ist die Fahrt? Bequem oder ungemütlich?
     Hast du genügend Platz zum Sitzen?
     Wie sind die Straßen?
   - **Fertige aus deinen Eindrücken und Stichwörtern einen Text an.**

Kreuzworträtsel

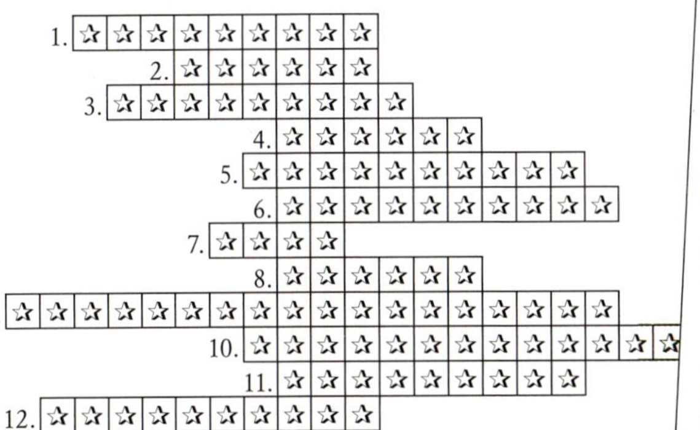

1. So heißt jener Mann, der das Geld verleihen kann.
2. Geborgtes Geld
3. Schlage im Wörterbuch die Bedeutung des Wortes *kalkulieren* nach.
4. Eine riskante Sparform
5. Damit sichern sich Banken z.B. bei einem Kredit ab.
6. Schlage im Wörterbuch die Bedeutung des Wortes *Rendite* nach.
7. Was regiert die Welt?
8. Gebühr für geliehenes Geld
9. Es treibt Forderungen von Gläubigern ein, wenn diese hierzu selbst nicht in der Lage sind oder bisher keinen Erfolg hatten.
10. Schlage im Wörterbuch die Bedeutung des Wortes *Mahnbescheid* n
11. Da auf einem Girokonto so viel „Bewegung" (Buchungen) ist, bezei net man es auch als ☆Konto.
12. Ein Eckpunkt des magischen Dreiecks der Geldanlage

Lesetest

1. Entscheide, ob die Aussagen richtig oder falsch sind. Notiere in den Antwortkästchen auch jeweils, anhand welcher Textstelle du diese Entscheidung getroffen hast.

Kapitel		richtig	falsch
3	Chris gewinnt 1 Million € im Lotto.		
6	Der Hund von Heike heißt Odysseus.		
7	Herr Schnautz finanziert seine Autos auf Pump.		
11	Herr Kunz von der Bank bietet Chris für die Finanzierung seines Führerscheins einen Ratenkredit über 15 000 € an.		
17	Chris kauft sich eine Jacke zum Schnäppchenpreis von 249 €. Er hat das Geld in seiner Brieftasche und bezahlt in bar.		
19	Herr Vörkel von der Jugendvorsorgeorganisation der Präzidentia-Versicherungs-AG bietet Chris eine Unfallversicherung und eine Berufsunfähigkeitszusatzversicherung an.		
25	Chris hat den Führerschein bestanden und erhält von seinen Eltern zur Belohnung einen nagelneuen roten Alpha Romeo.		
26	Zur Vervollständigung seines Autos kauft Chris sich zu Ostern einen portablen CD-Player für 399 €.		

Die Top-Ten-Bücherliste der Klasse

1 a) Präsentieren Sie Ihr Buch, den Flyer und die Aufgabenseiten auf einem Lesetisch im Klassenzimmer.

b) Informieren Sie sich über das Angebot auf dem Lesetisch. Wählen Sie daraus zwei Bücher aus, die Sie lesen wollen.

c) Da jedes Buch nur einmal vorhanden ist und sich eventuell mehrere Schüler für das gleiche Buch entscheiden, muss das Ausleihen genau geplant werden. Erstellen Sie dazu einen Ausleihplan.

Autor/Titel	Name	Ausleihdatum
Zoran Drvenkar: Im Regen stehen	Niklas Afsun	17.1.–31.1. 1.2.–15.2.
Elisabeth Zöller: Nana oder der Sinn des Lebens	Angelika David	15.1.–29.1. 30.1.–13.2.
Angelika Mechtel: Cold Turkey	… …	… …

2 a) Verfassen Sie zu einem der von Ihnen gelesenen Bücher eine Buchrezension. Lesen Sie dazu die Info.

b) Präsentieren Sie Ihre Buchrezensionen im Klassenzimmer, in der Aula Ihrer Schule oder auch im Internet in einem Online-Buchshop.

3 Die Schüler, die das gleiche Buch gelesen haben, setzen sich zusammen und tauschen sich über ihre Leseerfahrungen und Meinungen zum Buch aus.

4 Führen Sie anschließend eine Punktabfrage durch, wie die verschiedenen Bücher in der Klasse angekommen sind.
Lesen Sie dazu im Tipp auf Seite 16 nach.
Die zehn beliebtesten Bücher bilden die Top-Ten-Bücherliste der Klasse.

INFO

Eine Buchrezension schreiben

Eine **Buchrezension** (von lateinisch *recensio: Musterung*) ist eine kritische Stellungnahme zu einem Buch, die in schriftlicher Form erfolgt. Dabei führen Sie Argumente an, die Ihre persönliche Meinung zu dem Buch wiedergeben. Nennen Sie am Anfang Autor und Titel und stellen Sie dann kurz den Inhalt sowie die Thematik des Buches dar. Formulieren Sie anschließend Ihre Meinung, begründen Sie diese und geben Sie eine Leseempfehlung ab.

So können Sie Ihre persönliche Ansicht zu einem Buch zum Ausdruck bringen:
Aus folgenden Gründen hat mir das Buch gefallen/nicht gefallen …
Ich kann das Buch nicht weiterempfehlen, weil …
Die Lektüre ist vor allem für … empfehlenswert, da …
Ich denke, dass die Autorin …

Männerberufe – Frauenberufe?

1 a) Tauschen Sie sich in der Klasse aus, welche Berufe Sie ergreifen möchten.
b) Sind bestimmte Vorlieben bei Jungen bzw. Mädchen erkennbar? Notieren Sie Ihre Ergebnisse.

2 a) Lesen Sie die Überschrift und den Vorspann des Textes.
b) Welche Erwartungen und Fragen haben Sie an den Text?

Allein unter Männern

Text 1

„Computer – das ist doch nichts für Mädchen!" Dieser uralte Spruch ist immer noch nicht verstummt. Regina, Kati, Steffi und Yasmin wollen ihn ein für allemal widerlegen. Barbara Leinfelder über die IT-Girls im Fabrikschloss.

Was ist der kürzeste Witz? „Ein Mädchen am Computer." – Für Gags wie diesen haben die Stipendiatinnen der Augsburger IT-Akademie nur ein müdes Lächeln übrig. Denn sie sind Profis am PC – oder zumindest auf dem besten Weg dorthin. Yasmin (23), Steffi (21), Kati (23) und Regina (19) absolvieren eine zweijährige Ausbildung zu Internet- und Software-Spezialisten: E-Marketing-Developer, Software-Developer, Network-Administrator oder IT-Key-Accounter dürfen sie sich dann nennen.
Viel Holz für Mädchen, die noch bis vor Kurzem keinen allzu großen Bezug zu der Branche hatten, wie Regina lachend erzählt. „Bevor ich hierher kam, konnte ich gerade mal im Internet surfen." Hierher, damit meint sie das riesige, frisch renovierte Backsteingebäude aus dem 19. Jahrhundert, Fabrikschloss genannt. Früher haben hier Webmeister wertvolle Garne zu begehrten Stoffen versponnen. Jetzt sitzen in den Seminarräumen so genannte Webmaster und arbeiten an ganz anderen Netzen: Internet, Intranet und Kommunikation. „IT" heißt das Zauberwort, es steht für „information technology", also für alles, was mit PC, Vernetzung, Handy und so weiter zu tun hat; „it" kann aber auch „es" heißen. Die „IT-Girls" haben „es" geschafft, nämlich die Aufnahmeprüfung in heiß umkämpfte Studiengänge bestanden und damit schon fast einen sicheren Job in der Tasche.

Tendenz Zukunft

Das ist das Prinzip: Hightech-Firmen, die mit der Akademie zusammenarbeiten, suchen sich in einem Auswahlverfahren ihre Kandidatinnen aus. Die lernen dann während des ersten Ausbildungsjahres die Grundlagen für ihre spätere Arbeit. Im zweiten Jahr müssen die „Stippis" dann auch in der Praxis ran – das heißt, sie absolvieren ein „training on the job" in ihrer Firma. Diese sponsert dafür die Ausbildungskosten mittels eines monatlichen Unterhaltsdarlehen von rund 770,– Euro. Im Gegenzug müssen die Stipendiaten der jeweiligen Firma mindestens drei Jahre zur Verfügung stehen. Nach der Ausbildung bekommen die Absolventen so automatisch einen Arbeitsplatz. Und der ist – trotz der Abstürze mancher IT-Firmen in den vergangenen Monaten – relativ krisensicher.
„Eine feine Sache", findet Yasmin. Sie ist eigentlich gelernte Speditionskauffrau, hat sich dann

aber spontan auf eine Zeitungsanzeige hin bei der Akademie beworben: „Ich fand es einfach interessant, sozusagen Tendenz Zukunft." Das war auch der Punkt, weshalb Steffi sich für die Ausbildung entschieden hat: „Ich wollte Tontechnikerin werden, aber beim Arbeitsamt wurde mir gesagt, dass die Berufsaussichten da herzlich schlecht sind." Jetzt ist sie Stipendiatin bei einer Computerfirma – und hat den Schritt nicht bereut. Ihr künftiger Job sieht so aus: „Ich entwerfe einzelne Software-Bausteine bedarfsgerecht und wirtschaftlich auf der Grundlage vorliegender Systeme." Kati wird für dieselbe Firma als E-Marketing-Developer Internetportale einrichten, um dort Kunden und Händler zusammenzubringen. Regina sorgt als Administrator im Rechenzentrum einer großen Versicherung dafür, dass die Datenbank läuft.

Yasmin schließlich kümmert sich als IT-Key-Accounter für eine Handelsfirma um Vertrieb und Marketing im Internet. Klingt alles sehr speziell. Große Vorkenntnisse mussten die Mädchen gar nicht mitbringen. „Keine von uns war vorher der tolle Computerchecker", gesteht Kati.

Frauen sind gefragt

Mutig waren sie alle, denn unter knapp 100 Stipendiaten sind sie die einzigen Frauen. „Mein Vater hat mich gefragt, was ich denn mit so einem Männerberuf will", stöhnt Regina. Steffis Papa dagegen war begeistert: „Endlich jemand in der Familie, der sich wie ich mit Technik beschäftigt." Außerdem muss sie alle Fehlermeldungen, die auf dem Familien-PC auflaufen, für ihren Vater beheben: „Da ist er richtig stolz auf mich."

Frauen sind in der Branche begehrt. Viele Firmen fragen sogar ausdrücklich um Bewerberinnen nach. Und das nicht etwa, weil der Personalchef auch mal was Hübsches zum Anschauen im Büro haben will. Gefragt sind vielmehr die „softskills" der Frauen. Yasmin erklärt, was dahintersteckt: „Frauen können besser zuhören, auf Probleme eingehen. Sie trauen sich auch mal, Fehler zuzugeben. Und wenn sie etwas nicht genau wissen, dann fragen sie eben nach." Männer dagegen würden sich lieber hinter Halbwissen verstecken – aus Angst, sich etwas zu vergeben. „Auch wenn sie damit Fehler produzieren", so Yasmin.

Weiterer positiver Nebeneffekt für die Chefs: Männer benehmen sich besser, wenn Frauen zum Team gehören. Dass sie den ganzen Tag „allein unter Männern" sind, das ist für die Mädels mittlerweile normal. Kati: „Ich mache mir da keine Gedanken." Ihr Freund dafür umso mehr: „Der findet das nicht so toll", sagt sie. „Manchmal fragt er schon schnippisch nach: ‚Und, wie wars heute mit deinen Jungs?' Dabei sind das einfach nur nette Kumpels."

Die wie sie sehr fleißig sein müssen, denn es wird viel verlangt. Regina: „Als die ersten Prüfungen ins Haus standen, hab ich jeden Tag bis zehn Uhr abends gelernt."

Auch sonst hat sich einiges geändert. So hätte sich wohl keines von den IT-Girls träumen lassen, dass es einmal am Frühstückstisch mit seinem Freund über PC-Probleme reden würde. „Das machen wir jetzt ständig", sagt Regina. „Aber allmählich dreht sich da was", sagt sie mit einem verschmitzten Lächeln: „Früher hat er mir alles erklärt. Jetzt ist es oft andersrum."

3 **a)** Welche Berufe werden im Text genannt? Schreiben Sie diese mit den dazugehörigen Tätigkeiten heraus.

b) Notieren Sie die Stationen der Mädchen auf dem Weg zur Software-Spezialistin.

4 Unterstreichen Sie im Text (Folie):

a) Welche Gründe führen die Mädchen für ihre Berufswahl an?

b) Mit welchen Reaktionen werden sie konfrontiert?

5 **a)** Erklären Sie den Begriff „softskills".

b) Welche Fähigkeiten gehören neben den im Text genannten dazu? Informieren Sie sich und stellen Sie eine Liste zusammen.

Raus aus den Frauenbranchen

Text 2

Am 28. April ist Girls' Day. Zum fünften Mal soll der Aktionstag Schülerinnen die Vielfalt der Berufsmöglichkeiten vor Augen führen. Nötig ist's. Mädchen bleiben nach wie vor – schlechter bezahlt – in den „Frauenbranchen" hängen.

Auf welches überaus enge Spektrum sich die Erwerbstätigkeit von Frauen konzentriert, zeigen die Daten des Mikrozensus: Jede zweite von ihnen arbeitete 2004 in Büroberufen, im Gesundheitsdienst und sozialen Berufen, im Verkauf oder als Reinigungskraft – da, wo Verdienst und Aufstiegschancen vergleichsweise gering sind. Männer nutzen das Berufsspektrum viel breiter. Natürlich haben sie ihre Domäne in den technischen Bereichen. Aber nur in drei von 87 Berufsgruppen überhaupt arbeiten mehr als fünf Prozent aller erwerbstätigen Männer – darunter „Unternehmensleitung, -beratung und -prüfung".

Auch zahlreiche Förderprogramme haben die einseitige Berufswahl der Mädchen bisher nicht nachhaltig knacken können. Unter den zehn von Mädchen am stärksten besetzten Ausbildungsberufen ist kein einziger technischer Beruf. In den fünf zukunftsträchtigen IT-Berufen waren 2004 unter 100 Azubis gerade mal 13 Mädchen, in den neuen gewerblichen Berufen sogar nur 5. Der Girls' Day bleibt wichtig.

Die traditionelle Berufswahl verfestigt die Einkommenskluft. In „Männerbranchen" wie Chemie, Bau und Druck sind die Tarife im Schnitt deutlich besser als in von Frauen dominierten Branchen. Ein Chemikant in der Chemischen Industrie Nordrhein hat ein Tarifgrundgehalt von bis zu 2.450 Euro im Monat, eine Näherin in der bayerischen Bekleidungsindustrie knapp 1.700 Euro brutto – beide nach dreijähriger Ausbildung. Der EU-Gleichstellungsbericht 2004: Männer verdienen in Deutschland im Schnitt rund 20 Prozent mehr.

Die Ursachen sind vielfältig: von der versteckten Diskriminierung bei der Bewertung frauentypischer Tätigkeiten über das meist bei den Frauen abgeladene Problem, Kinder und Beruf zu vereinbaren bis hin zu der verengten Berufswahl. Das neue Programm der Bundesregierung liegt richtig: „Neue Wege für Jungs" soll diese in frauendominierte Berufe locken und sie von dem überholten Bild abbringen, sie allein müssten ihre spätere Familie einmal ernähren.

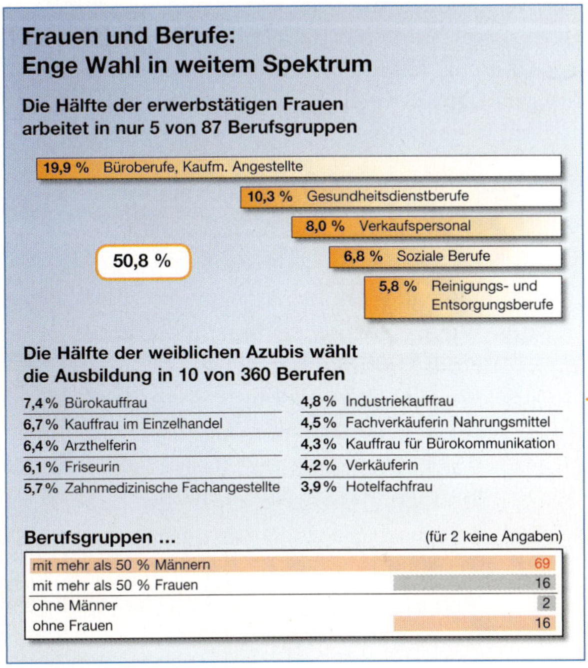

6 a) Lesen Sie die Grafik und Text 2.
b) Markieren Sie im Text die Informationen, die Sie auch der Grafik entnehmen können (Folie).
c) Welche Zahl im Text 2 bezieht sich auf die vier Mädchen aus Text 1?
d) Vergleichen Sie die Zahlen in der Grafik mit Ihren Ergebnissen von Aufgabe 1 b).

7 a) Welche Gründe werden in Text 2 für die schlechteren Einkommensverhältnisse von Frauen genannt?
b) Lesen Sie im Bayerischen Gleichstellungsgesetz (Internet) nach, welche Maßnahmen dort vorgeschrieben werden, um die Stellung der Frauen zu stärken.

8 Informieren Sie sich über das Programm „Neue Wege für Jungs". Erstellen Sie einen Flyer mit den wichtigsten Zielen und Aktionen.

EiSkaltes Vergnügen

Die Geschichte des Speiseeis

Material A

Als Erfinder des Speiseeis gelten die Chinesen. In Europa stammt die früheste Beschreibung einer Art von Speiseeis, das aus Gletscherschnee mit Zutaten wie Früchten, Honig und Rosenwasser hergestellt wurde, von dem griechischen Dichter Simonides von Keos. Große Eisfans der Antike waren der Feldherr Alexander der Große und der Arzt Hippokrates. Die römischen Kaiser schickten Schnellläufer in die Apenninen, um dort Schnee und Eis zu holen, woraus sie Sorbet herstellen ließen. Der indische Kaiser Ashoka griff dafür auf Eis aus dem Himalaya zurück.

Um 1790 wurde in den USA die erste Speiseeismaschine erfunden. Die erste Fabrik für Speiseeis eröffnete im Jahr 1851 in Baltimore (USA). Bis zur Erfindung der Kältemaschine durch Carl von Linde 1881 war man bei der Produktion von Speiseeis allerdings auf Stangeneis aus dem Winter, das in Eiskellern bis zum Sommer gehalten wurde, und Kochsalz für die Kältemischung angewiesen. Lindes Kältemaschine verhalf dem Speiseeis schließlich als Massenware zum Durchbruch.

Die ersten Eiswaffeln gab es ebenfalls in den USA. Im Jahr 1923 ließ sich der Amerikaner Harry Burt Senior den so genannten „Rahmeislutscher" – Vanilleeis am Stil mit Schokoladenüberzug – patentieren. Gut ein Jahr später gelangte diese Erfindung auch nach Deutschland. In den 20er-Jahren eröffneten in Deutschland zahlreiche italienische Eisdielen. Es handelte sich dabei um die erste größere Welle einer von Ausländern betriebenen Gastronomie. Das Softeis wurde Mitte des 20. Jahrhunderts in Großbritannien erfunden und hatte im Jahre 2005 in Deutschland einen Marktanteil von 3,4 %.

In den Anfängen der deutschen Eisproduktion lag der Pro-Kopf-Verbrauch von Speiseeis bei etwa 2,4 Litern pro Jahr (2002 = 7,8 Liter). Das ist bedingt durch die zu dieser Zeit angewandte Produktionstechnik nicht weiter verwunderlich. Damals ließ man nämlich das Eis einfach in Kugel- oder Zylinderform um ein Holzstöckchen gefrieren. Mit den ersten Vorläufern der heutigen Produktionsanlagen schließlich konnten rund 25 Mitarbeiter etwa 8.000 Eis am Stiel pro Tag produzieren. Dies geschah noch überwiegend in Handarbeit. So konnten beispielsweise die Gefrierbehälter nur manuell befüllt und geleert werden. Außerdem musste jedes Eis am Stiel einzeln von Hand eingewickelt und verpackt werden.

In den 50er-Jahren bedeutete die Erfindung des so genannten „Rundgefrierers" schließlich den Durchbruch für die industrielle Eisproduktion. Mit Hilfe dieses technischen Wunderwerks wurde die Tagesarbeit von vormals 25 Mitarbeitern in einer Stunde bewältigt. Der zwischenzeitlich gestiegenen Nachfrage konnte somit problemlos nachgekommen werden.

Heutzutage werden in den mittlerweile hochtechnisierten Produktionsanlagen etwa 30.000 Eis am Stiel pro Stunde produziert. Die Verpackungsabläufe erfolgen vollautomatisch. Dabei unterliegt der gesamte Produktionsablauf strengsten Kontrollen und findet hauptsächlich in geschlossenen Systemen statt.

Der spontane Griff zum Eis am Stiel ist heute selbstverständlich und Genießer können sich ihr Eis sogar auf Vorrat halten. Dies war aber nicht immer so, denn erst durch die Erfindung des Tiefkühlgeräts für private Haushalte war es möglich, sich den Eisgenuss dauerhaft nach Hause zu holen.

1 a) Lesen Sie den Text aufmerksam. Unterstreichen Sie auf Folie die Antworten auf folgende Fragen:

A Wie viel Speiseeis wurde in den ersten Produktionsanlagen hergestellt?

B Wie viel Speiseeis wurde in den Produktionsanlagen der 50er-Jahre hergestellt?

C Wie viel Speiseeis wird in den heutigen Produktionsanlagen hergestellt?

b) Berechnen Sie vergleichbare Werte (gehen Sie von einem 8-stündigen Arbeitstag aus). Halten Sie Ihre Ergebnisse in einer Tabelle fest.

2 Lesen Sie den folgenden kurzen Text. Formulieren Sie dazu eine treffende Überschrift.

☆ ☆ ☆ ________________ **Material B**

Die meisten Speiseeissorten stellen einen guten Nährboden für Bakterien dar. Deshalb muss bei der Herstellung strikt auf Hygiene geachtet werden. In gefrorenem Zustand können sich die meisten Bakterien zwar nicht vermehren, sie sterben aber in der Regel auch nicht ab. In geschmolzenem Zustand dagegen vermehren sich manche Bakterien blitzschnell durch Teilung. Besonders heikel ist dies bei Softeis. Durch eingeblasene Luft können Krankheitskeime in das Eis gelangen. Bei mangelhafter Reinigung der Maschinen kann es zu Salmonellen-Infektionen kommen.

3 Betrachten Sie das Diagramm und lesen Sie den Infotext. Welche drei Aussagen können Sie aus Material C herauslesen? Notieren Sie diese.

Material C

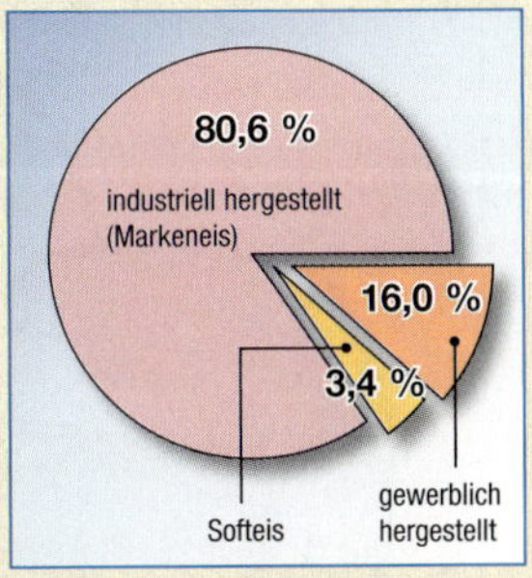

Der Speiseeismarkt in Deutschland kann in drei Bereiche unterteilt werden. Die Herstellung des industriell gefertigten Speiseeis (Markeneis) erfolgt in erster Linie durch weitestgehend geschlossene Herstellungsprozesse. Bei gewerblich hergestelltem Eis handelt es sich um selbst produziertes Eis in Eisdielen und einzelnen Gastronomiebetrieben. Das Softeis wird hauptsächlich über Fast-Food-Ketten und Automaten vertrieben.

4 Betrachten Sie Material D oben rechts genau. Welche Informationen können Sie entnehmen? Welche Berechnungen können Sie anstellen? Notieren Sie mindestens fünf Aussagen.

Material D

Inlandsabsatz von Markeneis 2005
(Angaben in Mio. Liter / Veränderungen zum Vorjahr in %)

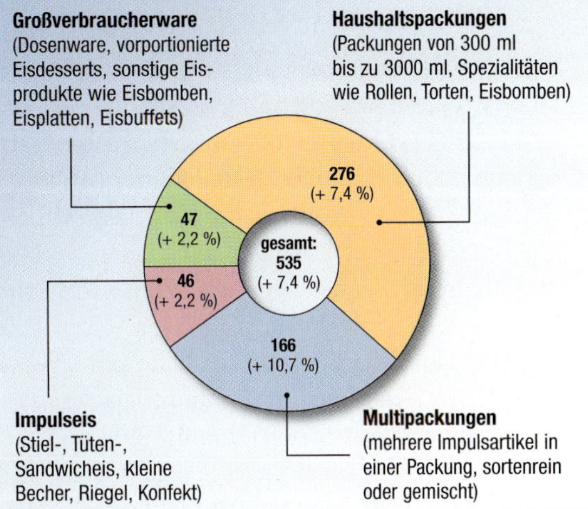

5 Beantworten Sie die folgenden Fragen in Stichpunkten. Entnehmen Sie die Informationen dafür aus den vier Materialien. Notieren Sie jeweils auch, wo Sie die Informationen gefunden haben.

1. Wie hoch war der Inlandsabsatz von Markeneis im Jahre 2005?
2. Wer gilt offiziell als Erfinder des „Eis am Stiel“?
3. Aus welchen vier Zutaten wurde das erste „Speiseeis“ hergestellt?
4. Was versteht man unter dem Begriff „Markeneis“?
5. Welche Erfindung brachte die Massenherstellung von Speiseeis ins Rollen?
6. Welcher Unterschied bezüglich der Menge bestand in der Herstellung von Speiseeis in den 50er-Jahren gegenüber den Anfängen der Herstellung?
7. Wie hoch war der Inlandsabsatz von Multipackungen im Jahre 2004? Berechnen Sie!
8. Welche Eigenschaft vieler Bakterien macht die Eisproduktion problematisch?
9. Wer sorgte für das Bekanntwerden des neuen Eisgenusses in Deutschland?
10. Welchen Marktanteil am Verkauf von Speiseeis haben Fast-Food-Ketten und Automaten?
11. Was versteht man unter „Impulseis“?

Handy-Test

A Sumgeng SKH-E600

Kurz nach Redaktionsschluss fürs Dezemberheft trudelte bei uns das Kamera-Handy *SKH-E600* von Sumgeng ein. Der hippe Winzling mit 89 Gramm und neun Zentimetern Länge kann 65 536 Farben darstellen, MMS versenden und beherrscht die Datenübertragung über Infrarot und GPRS. Auch Java-Anwendungen sind kein Problem. Für den Preis von 549 Euro bot das Handy im Test der Fachzeitschrift *Connect* „gute" Leistungen bei Ausdauer, Ausstattung und Handhabung. Bei der Funk- und Akustikmessung gab's ein „befriedigend". Mit einem maximalen SAR-Wert von 0,795 Watt pro Kilogramm (W/kg) rettet sich das Handy noch haarscharf auf ein „mangelhaft" bei der Strahlung. Der *Blaue Engel* sieht einen SAR-Grenzwert von 0,6 W/kg vor, das Nova-Institut fordert einen Vorsorgewert von 0,2 W/kg. Auf der Platine des Handys hat das beauftragte Labor umweltschädliche halogenorganische Flammschutzmittel gefunden, in den Kabeln des Zubehörs stecken chlorierte Kunststoffe, sodass wir das Material mit „befriedigend" bewerten. (*Ed*)
Gesamturteil: „befriedigend"

B Mony Larrsen W820i

☆ = schwach bis ☆☆☆☆ = sehr gut

Einführungspreis	412.– €	☆☆
Gewicht	99 g	☆☆
Abmessungen	100 x 46 x 20 mm = 92 cm³	☆☆
Antenne	integriert	
Display	TFT-Farbdisplay	☆☆☆
Farben	65.536 Farben	☆☆☆
Auflösung	176 x 208 Pixel	☆☆☆
Integrierte Digitalkamera	√	
Auflösung/Kamera	1.152 x 864 Pixel	☆☆☆
Speicher	10 MB intern	☆☆☆
Lokale Verbindungsmöglichkeiten	Infrarot	☆
Unterstützte Netze	GSM	☆☆
Datenübertragung	GPRS	☆☆
Mitteilungsfunktionen	SMS, MMS, E-Mail	☆☆☆☆
Weitere digitale Dienste	polyphone Klingeltöne Internet Browser Java Anwendungen	☆☆☆
Akku	LiPoly	
Sprechzeit	8 h	☆☆☆☆
Stand-by-Zeit	bis zu 350 h	☆☆☆☆
SAR-Wert	0,67 W/kg	☆☆
Gesamturteil		☆☆☆

1 a) Lesen Sie die Testberichte zu zwei verschiedenen Handys.
b) Unterstreichen Sie in den Berichten die unten aufgeführten Abkürzungen für Fachbegriffe.
c) Ordnen Sie den Fachbegriffen 1–6 die jeweiligen Bedeutungen A–F zu.

1	MMS	Multimedia Messaging Service
2	GPRS	General Packet Radio Service
3	Java	
4	SAR	Spezifische Absorptionsrate
5	LiPoly	Lithium Polymer
6	GSM	Global System for Mobile

A Übertragungsverfahren beim mobilen Telefonieren (z. B. von Sprache oder Text)
B Möglichkeit, mit dem Handy multimediale Nachrichten an andere Handys oder an E-Mail-Adressen zu verschicken (Texte, Bilder, Videosequenzen).
C Strahlenschutzrate
D aktuelle Programmiersprache
E Energieträger, bestimmte Akkubatterie
F Eine Form der Datenübertragung und dadurch u. a. die Möglichkeit, mit dem Internet verbunden zu werden.

2 a) Schreiben Sie stichpunktartig heraus, welche Informationen in Testbericht A enthalten sind.
b) Markieren Sie in Ihren Stichpunkten die Aspekte, zu denen Ihnen auch Testbericht B Informationen bietet.

3 a) Vergleichen Sie.
- Auf welchen Gesichtspunkt geht Testbericht B nicht ein, auf den in Testbericht A aber besonderer Wert gelegt wird?
- In welchen Bereichen ist Testbericht B dafür spezifischer?

b) Ziehen Sie daraus Rückschlüsse: Wer gehört Ihrer meiner Meinung nach zur Zielgruppe der jeweiligen Testberichte?

4 a) Welche der in den Testberichten enthaltenen Informationen könnten Ihre Kaufentscheidung beim Erwerb eines neuen Handys beeinflussen?
b) Fehlen Ihnen noch entscheidende Informationen?
Tauschen Sie sich mit einem Partner darüber aus.

5 Welcher der beiden Testberichte spricht Sie hinsichtlich der äußeren Gestaltung mehr an? Begründen Sie Ihre Meinung.

6 a) Beschreiben Sie den Sprachstil von Testbericht A.
b) Wie wirkt der Bericht dadurch auf Sie?

7 a) Lesen Sie die Info.
b) Für wie glaubwürdig halten Sie die Testberichte, die Firmen zu ihren Produkten veröffentlichen?

8 a) Suchen Sie in Gruppen nach weiteren Testberichten zu verschiedenen Produkten.
b) Untersuchen Sie die Texte nach folgenden Kriterien:
- Informationsgehalt,
- Absicht (Zielgruppe),
- äußere Form,
- Glaubwürdigkeit.

INFO

Testberichte zu Produkten
Testberichte gibt es zu den unterschiedlichsten Produkten in vielfältiger Form.
Zum einen testen unabhängige Institute (z. B. Stiftung Warentest) Produkte und berichten darüber mit dem Ziel, die Verbraucher zu informieren und aufzuklären.
Aber auch Firmen führen zu ihren Produkten Tests durch und veröffentlichen die Ergebnisse in Form von Testberichten, v. a. um für die Produkte zu werben.
Die Kategorien, in denen das jeweilige Produkt getestet wird, werden dabei individuell festgelegt.
Testberichte findet man im Internet, in (Fach-)Zeitschriften oder in firmeneigenen Broschüren.

Über den Einfluss von Medien diskutieren

Mit den Wildvögeln kommt die Angst

Massenschlachtungen auf vier Geflügelhöfen in Sachsen

Greift das Virus nun auf den Menschen über?!

Run auf das Grippemedikament Tamiflu

Vogelgrippe bald in Deutschland?

Neuer Virusherd in Rumänien entdeckt – Zwei Familien in der Türkei in Quarantäne

Die WHO hat vor einem Ausbreiten der Vogelgrippe nach Deutschland gewarnt. Die Wahrscheinlichkeit spreche dagegen, dass das Virus vor den Grenzen Halt mache, sagte Klaus Stöhr, Leiter des WHO-Influenza-Programms dem Deutschlandfunk. Einen Zeitraum nannte er nicht. In den vergangenen sechs Monaten habe sich das Virus ganz schnell in die Türkei und wohl auch nach Rumänien ausgebreitet. 14.10.2005

Rostock – Rügen kämpft noch immer mit den Nachwirkungen der Vogelgrippe. Hotels und Pensionen seien im Sommer zwar gut belegt gewesen, sagte der Geschäftsführer des Landestourismusverbandes von Mecklenburg-Vorpommern Bernd Fischer. Die Übernachtungen gingen im Vergleich zum Vorjahr jedoch um 8,2 Prozent zurück. Und die Angst vor weiteren Besuchereinbrüchen bleibt, denn die Wildvögel kommen zum Überwintern auf die Insel und mit ihnen steigt die Gefahr weiterer H5N1-Infektionen. Rügen litt nach dem Ausbruch der Vogelgrippe am 14. Februar 2006 unter einem sechs Wochen andauernden Buchungseinbruch. Der Rückgang an Übernachtungen ist laut Fischer seitdem noch nicht aufgeholt. 5.9.2006

Märkische Geflügelzüchter mit Einbußen

Brandenburgs gewerbliche Züchter verkaufen seit dem Ausbruch der Vogelgrippe auf Rügen immer weniger Geflügelfleisch. Der Absatz ist laut Landesbauernverband um mehr als 25 Prozent gesunken. Mit einer baldigen Verbesserung der Lage sei nicht zu rechnen, sagte Verbandssprecher Holger Brantsch. Das Landeslabor in Frankfurt (Oder) hat seit Ausbruch der Vogelgrippe rund 880 tote Tiere – überwiegend Vögel – untersucht. Insgesamt seien knapp 940 tote Tiere in dem Labor eingegangen, hieß es. 08.03.2006

Hühner, auf die Stange

Ab Sonnabend gilt in Deutschland die Stallpflicht für Geflügel. Wie soll diese Anforderung bewältigt werden?

Nun also doch, deutschlandweit soll das Geflügel ab morgen im Stall bleiben. Bund und Länder wollen so die Gefahr verringern, dass Zugvögel die 110 Millionen Hühner, knapp zehn Millionen Puten, mehr als zwei Millionen Enten und 400 000 Gänse in der deutschen Landwirtschaft mit dem Virus H5N1 anstecken. 21.10.2005

Was ist die Vogelgrippe/Influenza A (H5N1)?
Influenza (Grippe) ist eine seit Jahrhunderten bekannte Infektionskrankheit des Menschen. Der Erreger der Grippe ist ein Virus. Influenza-A-Viren können auch Tiere infizieren, wie das gegenwärtig zirkulierende Vogelgrippevirus, Influenza A (H5N1). Es kommt insbesondere bei Hühnern und Wasservögeln vor. Die Krankheit wird deshalb auch als Vogelgrippe oder Geflügelpest bezeichnet. Sie breitete sich im Jahr 2005 vom ostasiatischen Raum über Osteuropa u. a. bis nach Deutschland aus.

In welchen Ländern haben sich Menschen mit dem gegenwärtig zirkulierenden Vogelgrippevirus infiziert?
Im Jahr 1997 erkrankten in Hongkong erstmalig insgesamt 18 Personen. In sechs Fällen verlief die Infektion tödlich. Seit dem erneuten Ausbruch der Vogelgrippe in der Republik Korea 2003 sind rund 230 Personen in mehreren Ländern erkrankt.

Wie haben sich die erkrankten Personen mit dem Vogelgrippevirus infiziert?
Die Ansteckung erfolgte in der Regel durch direkten Kontakt mit erkranktem Geflügel und dessen Kot und Atemwegsausscheidungen. Im Jahr 1997 kam es in Hongkong wahrscheinlich zu einer Übertragung zwischen einer erkrankten Person und dem behandelnden Arzt. Bei Erkrankungen innerhalb dreier Familien in Vietnam (Februar 2004), Thailand (September 2004) und Indonesien (Mai 2006) gelten Mensch-zu-Mensch-Übertragungen als möglich.

Wie ernsthaft ist die durch das Vogelgrippevirus verursachte Erkrankung?
Detaillierte Aussagen zum Krankheitsverlauf bei Vogelgrippeinfektionen lassen sich aufgrund der wenigen dokumentierten Fälle bisher kaum machen. Generell kann eine Grippeinfektion beim Menschen ohne Symptome verlaufen, aber auch Erkrankungen unterschiedlicher Intensität verursachen; das Spektrum reicht von leichten Erkältungssymptomen bis zu schwerwiegender Lungenentzündung und zum Tod. Bei ansonsten gesunden Menschen sind Grippeerkrankungen zwar unangenehm, heilen in der Regel jedoch ohne Komplikationen aus. Bei vielen Menschen mit einer H5N1-Infektion konnte ein schwerer klinischer Verlauf mit rascher Verschlechterung des Gesundheitszustandes beobachtet werden. Für rund die Hälfte der erkrankten Personen verlief die Infektion mit dem Vogelgrippevirus tödlich.

Wie groß ist das Risiko, dass sich der Mensch über Geflügelprodukte oder Trinkwasser aus betroffenen Regionen mit dem Vogelgrippevirus infiziert?
Eine Übertragung des Virus durch Konsum von gekochtem Geflügelfleisch und Eiern oder durch Kontakt mit Geflügelnebenprodukten (wie z. B. Federn) konnte bisher nicht nachgewiesen werden und ist nach heutigem Stand der Wissenschaft sehr unwahrscheinlich. Dies gilt ebenfalls für Trinkwasser.

1 **a)** Lesen Sie die Schlagzeilen aus verschiedenen Zeitungen. Welche Stimmung wird durch sie erzeugt? Wie wird dies erreicht?
b) Welche Reaktionen von Seiten der Bevölkerung und der Behörden werden in den Kurzmeldungen geschildert?
c) Welche wirtschaftlichen Folgen werden beschrieben?
d) Stellen Sie Vermutungen darüber an, inwieweit die Art der Berichterstattung Einfluss auf diese Reaktionen und Folgen hatte.

2 **a)** Lesen Sie den Informationstext zum Thema „Vogelgrippe". Notieren Sie stichpunktartig, was Sie erfahren.
b) Setzen Sie diese Informationen in Bezug zu den Schlagzeilen und Meldungen der Medien. Was stellen Sie fest?

3 Diskutieren Sie in der Klasse:
a) Was halten Sie von der Art der Berichterstattung der Medien zum Thema „Vogelgrippe"?
b) Welche Rolle haben die Medien Ihrer Meinung nach beim Verlauf der Ereignisse gespielt?
c) Beziehen Sie in die Diskussion auch aktuelle Meldungen ein.

4 Verfolgen Sie die aktuelle Berichterstattung in Zeitung, Fernsehen usw. Gibt es ein Thema, über das derzeit intensiv berichtet wird? Diskutieren Sie, welchen Einfluss die Medien dadurch auf die Ereignisse nehmen.

Das gleiche Ereignis in zwei Medien

Bär „Bruno“ streift durch Kochel am See

München – Der seit Wochen im bayerisch-österreichischen Grenzgebiet herumstreunende Braunbär „Bruno“ ist in der Nacht zum Samstag durch den Luftkurort Kochel am See gestreift. Wie das bayerische Umweltministerium mitteilte, meldete ein Mann gegen 23.30 Uhr, dass er den Bären in Kochel am See auf der Straße gesehen habe. Nach Mitternacht habe ein Gast eines Cafés in der 4400-Einwohner-Gemeinde den Bären dabei beobachtet, wie er auf der Straße unmittelbar vor dem Café vorbeigelaufen sei.

Vermutlich gegen 2.30 Uhr wanderte der Braunbär den Angaben zufolge durch den weiter nördlich gelegenen Ortsteil Ort. Dort brach er auf einem Hof einen Hasenstall auf und tötete einen Hasen sowie ein Meerschweinchen. Weder Maschendrahtzaun noch dicke Holzbalken konnten den Bären stoppen. Was bei den Anwohnern bleibt, ist das Entsetzen und die Angst vor der Wiederkehr.

Die kennt auch Christian Neuner, dessen Schafe Bär Bruno letzte Woche angegriffen hat. Im bayerischen Städtchen Mittenwald hatte Neuner seine Tiere nur zehn Meter vom nächsten Wohnhaus entfernt auf der Weide stehen, außerdem war das Gebiet durch einen Elektrozaun gesichert. „Ein normaler Bär würde nie so nah an Menschen herankommen“, sagte Neuner. Doch Bruno ist nicht normal. Drei Zuchtböcke im Wert von je tausend Euro schnappte sich der Problembär. Gefressen hat er die jeweils 90 Kilogramm schweren Tiere nicht: „Er hat nur Lunge und Leber vertilgt“, sagte Neuner.

Die zum Suchtrupp gehörenden finnischen Spürhunde folgten nach dem Vorfall in Kochel den Spuren des Bären, verloren allerdings aufgrund der starken Regenfälle die Witterung.

Am Samstagvormittag legte das Team eine Pause ein. Nach Angaben des Umweltministeriums ist das feucht-schwüle Wetter aber „gut geeignet, die Bärenspur für die empfindlichen Hundenasen lange nachverfolgbar zu machen“.

Bayerns Umweltminister Werner Schnappauf (CSU) und sein Tiroler Amtskollege, Landesrat Anton Steixner, verständigten sich darauf, das Fangteam zu verstärken und einen weiteren finnischen Bärenfänger mit Spürhund einzufliegen. Damit können seit Sonntag fünf Bärenfänger sowie sechs speziell ausgebildete Hunde der Spur des Bären folgen.

Schnappauf betonte, der Bär habe immer mehr die Scheu vor Menschen verloren und dringe in menschliche Ansiedlungen ein. „Zuletzt tauchte er unverfroren direkt an einem einzeln stehenden Haus auf und ließ sich auch von den schreienden und gestikulierenden Bewohnern kaum beeindrucken“, sagte der Minister. Er fügte hinzu: „Der Vorgang zeigt, dass das nicht artgerechte Verhalten des Bären das Unfallrisiko von Tag zu Tag erhöht.“ Deshalb forcierten Bayern und Tirol die Anstrengungen, um den Bären so schnell wie möglich lebend aus der freien Wildbahn zu schaffen.

Fernsehnachrichten vom Samstag, 17. Juni 2006, 18 Uhr (fiktiv)

1 Lesen Sie die beiden Meldungen.
a) Welche Informationen bietet Ihnen der Zeitungsartikel zusätzlich?
b) Ist es immer so, dass in Zeitungsartikeln mehr Informationen als im Fernsehen gegeben werden?

2 **a)** Fernsehnachrichten und Zeitungen verwenden verschiedene Mittel, um Informationen zu präsentieren. Lesen Sie dazu die Info.
b) Stellen Sie fest, welche Mittel in den beiden Medien oben verwendet werden.
c) Wie können diese Mittel auf den Leser/Zuschauer wirken?

INFO

Präsentationsmittel in Medien
1. Gedruckter Text
2. Grafik (zumeist optisch aufbereitetes Zahlenmaterial wie Säulendiagramm usw.)
3. Bild (zumeist Fotografie)
4. Film
5. Sichtbarer Sprecher
6. Sprecher aus dem Off (unsichtbarer Sprecher)
7. Musik (meist zur „Untermalung“ von Bildern)
8. O-Ton (Originalton vom Schauplatz eines Ereignisses)

3 Welche Meldungen bzw. Ereignisse lassen sich Ihrer Meinung nach besser in der Zeitung, welche besser im Fernsehen darstellen? Begründen Sie Ihre Meinung.
- Berichterstattung eines Fußballspiels
- Bericht über eine Ausstellung
- Kritik eines Konzerts
- Wettervorhersage
- Augenzeugenberichte von historischen Ereignissen
- Darstellung des Lebenswerks eines Politikers
- ...

4 Verwenden Sie den Arbeitsbogen unten, um die unterschiedlichen Wirkungen der Medien Zeitung und Fernsehen einzuschätzen.

a) Lesen Sie den Arbeitsbogen. Was soll mit seiner Hilfe verglichen werden?

b) Wenden Sie den Arbeitsbogen in Partnerarbeit auf die beiden Beispiele auf Seite 88–89 an.

c) Sprechen Sie über Ihre Einschätzungen.

d) In welchen Punkten wollen Sie den Arbeitsbogen verändern/ergänzen?

	in der Fernsehmeldung größer als in der Zeitungsmeldung	in beiden gleich	in der Zeitungsmeldung größer als in der Fernsehmeldung
1. Umfang der Information	☆	☆	☆
a) durch gesprochenen/geschriebenen Text	☆	☆	☆
b) durch Bild(er)	☆	☆	☆
c) Aktualität	☆	☆	☆
d) ...	☆	☆	☆
2. Wirkung der Meldungen	☆	☆	☆
a) Lebendigkeit	☆	☆	☆
b) Glaubwürdigkeit	☆	☆	☆
c) Anschaulichkeit	☆	☆	☆
d) Verständlichkeit	☆	☆	☆
e) ...	☆	☆	☆

5 Wählen Sie in der Klasse gemeinsam eine Zeitungs- und eine Fernsehmeldung zu einem aktuellen Ereignis aus. Untersuchen Sie in Partnerarbeit beide Meldungen mit Ihrem Arbeitsbogen.

6 **a)** Welche der folgenden Aussagen treffen auf Ihre Untersuchungsergebnisse zu? Begründen Sie Ihre Einschätzung.

1. Unsere Fernsehmeldung war aktueller.
2. Unsere Zeitungsmeldung war leichter zu verstehen.
3. Unsere Fernsehmeldung hat genauer informiert.
4. Unsere Zeitungsmeldung war glaubwürdiger.

b) Welche weiteren Aussagen können Sie aufgrund Ihrer Untersuchung machen?

7 Tauschen Sie sich im Klassenplenum über Ihre Untersuchungsergebnisse aus. Nennen Sie jeweils Gründe für Ihre Einschätzungen.

Eine Kurzgeschichte kennen lernen und verändern

Gefahrenzone

Katrin Reidegeld (Schülerin)

Ich sitze mal wieder in der angespannten Stille des Raumes. In meinen Gedanken sag ich mir, dass es ja nicht mehr lange dauert, gleich hab ich es geschafft. Wieder in der Wirklichkeit, schaue ich ihn an und versuche, mich zu konzentrieren. Glühende Hitze steigt in mir auf. Was soll ich bloß tun? Ich werde wohl noch mal in seine klaren Augen blicken müssen, mir seine wunderbaren Gesichtszüge einprägen. Doch weiterbringen wird es mich trotzdem nicht. Ich zwinge mich, von meinen Knien aufzublicken, und muss bemerken, dass er diesmal in einer anderen Position sitzt. Lässig auf dem Stuhl. Ein Bein über das andere geschlagen. Er schaut zur Seite. Mein Gott, nicht schon wieder. Hitze. Totale Stille. Kann das denn wohl wahr sein? Ich bemerke, dass sein Körper so makellos wie ein sauberes, weißes Stück Papier ist. Seine Haut ist so ebenmäßig wie Seide. Alles perfekt abgestimmt. Ein perfekter Mann. Was soll ich noch sagen, ich kann ja nicht mal richtig atmen. Mir wird übel. Ich schnappe nach Luft. Schwere Luft. Nicht schon wieder. Mir wird schwindelig. Das kann mir doch nicht jedes Mal passieren! Ich reiße mich zusammen und blicke auf seine Hüften, arbeite mich langsam mit meinen Augen zu seiner glatten Brust hoch. Ich realisiere seine breiten Schultern. Mein Kopf wird einigermaßen wieder klar. Doch das Schlimmste liegt ja erst noch vor mir. Denn der Mensch hat ja nicht nur einen Oberkörper, sondern auch einen Unterkörper. Es ist, als hätte ich eine Mission zu erfüllen. Und irgendwie stimmt das auch, denn ich kämpfe richtig mit mir und diesem Mann. Aber ich sage mir: Frisch ans Werk. Doch es kommt mir so vor, als wären er und ich allein in diesem Raum. Es ist so peinlich. Er sitzt ganz still, als wäre er eine Statue aus der Römerzeit. Ich fantasiere.

Na gut, von einem Blick werde ich wohl kaum in Ohnmacht fallen, oder?

Ich fange an: Füße, Schienbeine, muskulöse Waden. Mein Kopf ist leer und meine Augen folgen meinem Instinkt. Mir stehen Schweißperlen auf der Stirn. O.K., Knie und dann Oberschenkel, Ohnmacht, Gefahrenzone, Hilfe!!!, schießt es mir durch den Kopf. Aber im selben Moment ertönt eine ohrenbetäubend schrille Glocke. Um mich herum wird es unruhig. Stühle werden verrückt. Der nackte Mann steht auf und geht an mir vorbei. Ich hasse diese Art von Zeichenunterricht und sitze wie immer vor einem schneeweißen Blatt Papier.

1 a) Lesen Sie den Text.
b) Wie wirkt er auf Sie?

2 Betrachten Sie den Text unter dem Aspekt der Zeit.
a) Lesen Sie die Info.
b) Wie lange dauern jeweils die *Erzählzeit* und die *erzählte Zeit*? Begründen Sie Ihre Aussagen.

3 Welche Merkmale für eine Kurzgeschichte treffen hier deutlicher, welche weniger zu?
Lesen Sie zur Kurzgeschichte im „Grundwissen Literatur“ nach.

4 Welche sprachlichen Mittel werden im Text verwendet? Lesen Sie im „Grundwissen Literatur“ nach und belegen Sie mit Textbeispielen.

INFO

Erzählzeit und erzählte Zeit
Die **Erzählzeit** ist die Zeit, die jemand benötigt, um zu erzählen oder zu lesen („Lesezeit“).
Im Gegensatz dazu ist die **erzählte Zeit** die tatsächliche Dauer des Geschehens, das im Text erzählt wird (Zeitdauer der Handlung). Diese kann man aus Hinweisen im Text entnehmen.

Originaltext
Ich sitze mal wieder in der angespannten Stille des Raumes. In meinen Gedanken sag ich mir, dass es ja nicht mehr lange dauert, gleich hab ich es geschafft. Wieder in der Wirklichkeit, schaue ich ihn an und versuche, mich zu konzentrieren. Glühende Hitze steigt in mir auf. Was soll ich bloß tun? Ich werde wohl noch mal in seine klaren Augen blicken müssen, mir seine wunderbaren Gesichtszüge einprägen. Doch weiterbringen wird es mich trotzdem nicht. Ich zwinge mich, von meinen Knien aufzublicken, und muss bemerken, dass er diesmal in einer anderen Position sitzt.

Veränderter Text
Ich sitze mal wieder in der angespannten Stille des Raumes. Ich sage mir, dass es ja nicht mehr lange dauern und ich es gleich geschafft haben würde. Wieder in der Wirklichkeit, schaue ich ihn an und versuche, mich zu konzentrieren. Glühende Hitze steigt in mir auf. Ich frage mich: „Was soll ich bloß tun?“ – „Ich werde wohl noch mal in seine klaren Augen blicken müssen, mir seine wunderbaren Gesichtszüge einprägen. Doch weiterbringen wird es mich trotzdem nicht“, gestehe ich mir hilflos ein. Ich zwinge mich, von meinen Knien aufzublicken und muss bemerken, dass er diesmal in einer anderen Position sitzt.

5 a) Vergleichen Sie die beiden Texte. Unterstreichen Sie die Textstellen, die verändert wurden, auf Folie.
b) Welches sprachliche Mittel wurde hier verändert? Wodurch wurde es jeweils ersetzt? Lesen Sie dazu die Info.
c) Diskutieren Sie in der Klasse über die möglichen unterschiedlichen Wirkungen dieser sprachlichen Mittel.

6 a) Verändern Sie die Geschichte, indem Sie die Lücke ergänzen. Lassen Sie Personen, die im Raum sind, sprechen und handeln. Achten Sie aber darauf, die Ich-Perspektive beizubehalten und die Überraschung am Schluss nicht vorwegzunehmen.

Ich sitze mal wieder in der angespannten Stille des Raumes. In meinen Gedanken sag ich mir, dass es ja nicht mehr lange dauert, gleich hab ich es geschafft. Wieder in der Wirklichkeit, schaue ich ihn an und versuche, mich zu konzentrieren. Glühende Hitze steigt in mir auf. Was soll ich bloß tun? Ich werde wohl noch mal in seine klaren Augen blicken müssen, mir seine wunderbaren Gesichtszüge einprägen. Doch weiterbringen wird es mich trotzdem nicht.

☆ ☆ ☆

Ich zwinge mich, von meinen Knien aufzublicken, und muss bemerken, dass er diesmal in einer anderen Position sitzt.

b) Ergänzen Sie die Geschichte an weiteren Stellen durch solche Einschübe.
c) Stellen Sie Ihre Ergebnisse in der Klasse vor.

7 Nehmen Sie die Geschichte als Ausgangspunkt für eine Reihum-Geschichte. Versuchen Sie, beim Erzählen sprachliche Mittel wie z. B. wörtliche Rede, Vergleiche, Wiederholungen usw. einzubauen.
So gehen Sie vor:
Erster Schüler: Lesen Sie den Anfang der Geschichte vor und stoppen Sie dort, wo Ihnen eine Veränderung der Handlung möglich erscheint. Rufen Sie jemanden auf.
Folgende Schüler: Erzählen Sie aus dem Stegreif weiter. Sind Sie fertig, rufen Sie den Nächsten auf, der an Ihre Ausführungen anknüpft usw.

INFO

Figurenrede
In Texten gibt es unterschiedliche Formen der **Figurenrede**. Das Geschehen wird dabei durch Äußerungen oder Gedanken einer oder mehrerer Figuren vermittelt. Mögliche Formen sind:
a) Innerer Monolog
Ertan sah vor sich hin. Das probiere ich aus. Wenn ich es schaffe, werden sich alle wundern.
b) Direkte Rede
Ertan sagte: „Das probiere ich aus!“
c) Indirekte Rede
Ertan sagte, dass er das ausprobieren würde.

Selbst eine Kurzgeschichte schreiben – eine Erzählidee finden

1 Betrachten Sie das Bild. Überlegen Sie, was Sie beim Blick aus einem Fenster alles entdecken könnten.

Bauarbeiten auf der Straße

Mutter und Tochter verlassen ein Haus

Alter Mann auf einer Bank

Paar im Park

Vater und Sohn …

???

2 Sammeln Sie Ihre Ideen in Partnerarbeit in einem Brainstorming.

Ein Handlungsgerüst erstellen

1 Sie haben im Brainstorming Ideen gesammelt. Stellen Sie sich diese gegenseitig vor und sprechen Sie in der Klasse darüber.

2 a) Wenn aus Ihrer Idee eine Kurzgeschichte werden soll, müssen Sie die Merkmale dieser Textsorte berücksichtigen. Lesen Sie dazu den Tipp.
b) Welche Ihrer Ideen eignen sich für eine Kurzgeschichte? Diskutieren Sie darüber.

3 Entwickeln Sie ein Handlungsgerüst für Ihre Idee und halten Sie es in Stichpunkten fest. Sie können auch mehrere Handlungsstränge ausprobieren und sich dann für den entscheiden, bei dem Sie am weitesten kommen.
So könnte Ihre Skizze aussehen:

TIPP

Ein Handlungsgerüst entwerfen:
Wenn Sie ein Handlungsgerüst zu einer Erzählidee entwerfen, beachten Sie Folgendes:
1. Denken Sie sich eine alltägliche Situation aus, die Ihnen oder Bekannten jederzeit passieren könnte.
2. Wählen Sie einen kurzen Zeitausschnitt, in dem Ihre Geschichte spielt (erzählte Zeit). Wenige Minuten genügen.
3. Lassen Sie nur sehr wenige Personen auftreten.
4. Die Handlung sollte einfach und geradlinig sein (keine Nebenhandlungen).

Blick aus dem Fenster

A	B	C
Paar unterhält sich	Mutter und Tochter verlassen Anwaltskanzlei	junge Frau beobachtet Bauarbeiten auf der Straße
↓	↓	↓
Streit	Tochter bekommt Lehrstelle	☆ ☆ ☆
↓	↓	
Frau betritt Geschäft allein	geht in Stadtpark, fühlt sich mit der Entscheidung nicht wohl	
↓	↓	
Mann will sich versöhnen	stellt für sich Lehrstelle in Frage	
↓	↓	
☆ ☆ ☆	☆ ☆ ☆	

Kurzgeschichte oder Erlebniserzählung?

1 a) Zu einem Handlungsstrang sind auf der nächsten Seite zwei Beispiele abgedruckt. Lesen Sie die Texte.
b) Beide Beispiele beziehen sich auf dasselbe Handlungsgerüst und doch besitzen sie wesentliche Unterschiede. Worin bestehen diese? Begründen Sie Ihre Feststellungen anhand von Textstellen.

2 a) Lesen Sie den Tipp.
b) Überprüfen Sie, ob Ihr Handlungsgerüst, das Sie auf Seite 94 erstellt haben, dem Aufbau einer Kurzgeschichte entspricht, und verbessern Sie es gegebenenfalls.
c) Machen Sie sich Stichpunkte für den Einstieg in die Geschichte, den Hauptteil mit überraschender Wende und den offenen Schluss.
d) Vergleichen Sie in der Klasse Ihre Stichpunkte und verbessern Sie.

TIPP

Darauf sollten Sie beim Schreiben einer Kurzgeschichte achten:
Ob aus Ihrer Erzählidee und dem Handlungsgerüst eine Erlebniserzählung oder eine Kurzgeschichte entsteht, ist noch offen. Zu einer Kurzgeschichte wird Ihre Idee erst durch den Aufbau:

1. Überlegen Sie sich, wo und wie Sie mitten in die Handlung springen können. Steigen Sie ohne Einleitung unvermittelt ins Geschehen ein (keine genauen Informationen über Ort, Zeit, Personen und die Situation).
2. Überlegen Sie sich eine überraschende Wende, auf die sich das Geschehen zuspitzt.
3. Lassen Sie den Schluss der Geschichte offen.

3 a) Erstellen Sie nun mit Hilfe Ihrer bisherigen Notizen eine Kurzgeschichte. Setzen Sie an passenden Stellen das sprachliche Mittel der Figurenrede ein.
b) Finden Sie eine knappe Überschrift, die Spannung weckt und nicht zu viel verrät.

A

Die schwere Haustüre schlug hinter ihnen zu. Sie standen auf der Straße. Es war viel Verkehr heute. „Das ist wirklich ein Segen, dass du die Lehrstelle als Anwaltsgehilfin bekommen hast. Ohne Beziehungen geht heute eben nichts mehr. Schließlich sind wir schon lange genug mit Schlüters befreundet. Kommst du mit nach Hause?" „Nein, Mama, ich will noch mit Sonja Mathe lernen!" Anne drehte sich gleich um und steuerte auf den Stadtpark zu. Das mit Sonja stimmte nicht, aber sie musste jetzt alleine sein. Es war also fest mit der Stelle als Rechtsanwaltsgehilfin. Aus der Traum von der Grafikerin. Endgültig! Einige Male hatte sie mit ihren Eltern über ihren Wunsch gesprochen. Aber gegen deren Argumente kam sie nie an. Sie sah sich am Schreibtisch sitzen. Verstaubte Akten, braver Rock, anständige Frisur. Dabei war ihr Papas Jugendfreund nicht einmal unsympathisch. Er könnte sie vielleicht sogar verstehen. Freute er sich nicht immer über ihre selbstgemalten Geburtstagskarten und meinte: „Aus dir wird noch mal 'ne richtige Künstlerin!" Sie setzte sich auf eine Parkbank und beobachtete die Enten auf dem See. Es roch gut und die leichte Brise war angenehm. Vielleicht sollte sie Herrn Schlüter einfach ihr Problem schildern. Könnte er ihr sogar helfen und mit den Eltern sprechen? Sie schaute auf die Uhr. 15.50 – noch war die Kanzlei geöffnet. Wenn sie sich beeilte, wäre sie in fünf Minuten dort. In ihrer Hast stieß sie mit einer alten Frau zusammen. Wenn er nicht auf ihr Problem einginge, dann hinterließe sie einen schlechten Eindruck. Hatte sie doch in der Bewerbung betont, wie sehr sie der Beruf interessiere! Rote Ampel. Sein Auto stand noch auf dem Parkplatz. Es bestand immerhin eine Chance. Im Treppenhaus hörte sie Schritte von oben. „Hallo Anne, sind dir noch ein paar Fragen eingefallen? Ich habe noch einen Termin, aber meine Sekretärin wird dir weiterhelfen." Die Haustüre schnappte hinter ihm lautlos ins Schloss. Anne ließ sich auf die Steinstufen fallen. Ihr war kalt.

B

Am Montagnachmittag nach den Osterferien verließen Anne und ihre Mutter die Anwaltskanzlei von Herrn Schlüter, einem langjährigen Freund der Familie. Anne hatte die Zusage, im Herbst dort eine Lehrstelle zu erhalten.

„Das ist wirklich ein Segen, dass du die Lehrstelle als Anwaltsgehilfin bekommen hast. Ohne Beziehungen geht heute eben nichts mehr." Für Anne war das überhaupt kein Segen. Sie verabschiedete sich von ihrer Mutter und setzte sich im Stadtpark auf eine Bank. Viel lieber wäre sie doch Grafikerin geworden, aber ihre Eltern hielten diesen Beruf für zu unsicher. Anne erinnerte sich an Geburtstagsfeiern mit Herrn Schlüter. Sie mochte ihn. Er hatte immer ihre selbstgemalten Geburtstagskarten gelobt. Vielleicht könnte er sogar ihren Wunsch verstehen. Sie hatte plötzlich die Idee, mit ihm alleine zu sprechen. Als sie auf die Uhr blickte, merkte sie, dass es kurz vor Büroschluss war. „Ich muss mich beeilen, wenn ich Herrn Schlüter noch erreichen will!", schoss es ihr durch den Kopf und sie rannte, so schnell sie konnte, zur Kanzlei. Dabei übersah sie eine alte Dame, mit der sie zusammenstieß. Sie musste an der roten Ampel warten, aber sein Auto stand noch auf dem Parkplatz. Endlich war sie am Haus. Im Treppenhaus hörte sie Schritte. Herr Schlüter begegnete ihr, er wollte gerade gehen. „Hallo Anne, sind dir noch eine paar Fragen eingefallen?" „Nein, ja, ich weiß nicht!", stammelte Anne. Und dann sprudelte alles aus ihr heraus und sie erzählte, dass sie eigentlich lieber einen anderen Beruf wählen würde. „Das ist wirklich ein Problem, Anne", erwiderte Herr Schlüter. „Ich weiß nicht, ob ich dir helfen kann. Aber wenn du willst, komme ich heute Abend bei euch vorbei. Vielleicht finden wir gemeinsam mit deinen Eltern eine Lösung!" „Danke, danke!" rief Anne.

Sie ging erleichtert nach Hause. Am Abend sprachen sich alle aus und die Eltern erlaubten Anne zumindest, Bewerbungen für ihren Wunschberuf abzuschicken.

Ein Schülerbeispiel überarbeiten

Am Dienstagmittag nach Ostern schien die Sonne schon und Kirsten hörte die Vögel zwitschern, als sie das Fenster im 1. Stock ihrer Wohnung öffnete. „Schon wieder Bauarbeiten!“, dachte sie sich, als sie die Absperrung in der Mainzer Straße sah. Sie war gerade am Zurückgehen, um in der Küche aufzuräumen, als ihr ein junger Mann unter den Arbeitern auffiel.	Überschrift? Keine genauen Angaben in der Einleitung!
Er gefiel ihr sehr gut und sie verliebte sich sofort in ihn.	So schnell? Ausführlicher!
Sie überlegte, ob sie hinunter auf die Straße gehen sollte, um ihn anzusprechen. Da klingelte das Telefon und sie ging weg vom Fenster. Als sie nach dem Gespräch wieder zum Fenster ging, waren die Arbeiter verschwunden. Es war Mittagspause.	Innere Monologe, besondere Stilmittel ... Wendepunkt?

Die Grundidee für Ihre Kurzgeschichte ist in Ordnung. In der Einleitung finden sich recht genaue Angaben zu Zeit und Ort. Besser wäre, Sie würden gleich mitten in das Geschehen springen. Die Geschichte ist zu kurz. Das liegt daran, dass sie inhaltlich zu wenig ausgebaut ist. Welche Gedanken gehen Kirsten durch den Kopf? Was ist die überraschende Wende? Auch ...

1 a) Lesen Sie die Kurzgeschichte der Schülerin.
b) Was wurde in der Korrektur kritisiert? Sprechen Sie darüber.
c) Wie könnte der Einstieg in die Kurzgeschichte verbessert werden? Sammeln Sie Vorschläge.
d) Was könnte der Wendepunkt der Geschichte, was der offene Schluss sein?
e) Die Kritik unter dem Aufsatz berücksichtigt nur inhaltliche Aspekte. Was müsste – abgesehen vom Inhalt – noch verbessert werden?

2 a) Korrigieren Sie Ihre Geschichten, die Sie auf Seite 95 geschrieben haben, in Partnerarbeit.
b) Überarbeiten Sie nun Ihre eigene Kurzgeschichte mit Hilfe der Korrekturen.

3 Weitere Themen für Kurzgeschichten können sein: *Blick in ein Fenster – Das Fest – Ein eigenartiger Tag – Begegnungen – Reisegeschichten – Augenblicke.*
a) Wählen Sie eines der Themen aus.
b) Verfassen Sie dazu eine neue Kurzgeschichte.
c) Präsentieren Sie Ihre Texte auf der Homepage oder im Jahrbuch Ihrer Schule.

TIPP

Eine Kurzgeschichte verfassen:
1. Lesen Sie sich das Thema gut durch und sammeln Sie spontan Ihre Einfälle in einem Brainstorming.
2. Entwickeln Sie zu Ihrer Idee ein grobes Handlungsgerüst.
3. Planen Sie den konkreten Aufbau (unmittelbarer Einstieg, Zuspitzung, Wendepunkt, offenes Ende) in Stichpunkten.
4. Setzen Sie Stilmittel ein.
   - Wann wollen Sie Figurenrede verwenden?
   - Wann möchten Sie anschaulich schildern und dazu Aufzählungen oder Satzgefüge einsetzen?
   - Wann möchten Sie Tempo machen oder die Sprache durch viele kurze oder unvollständige Sätze verdichten?
5. Finden Sie eine Überschrift.

Gedichte **kommentieren**

Beklemmung! Ich will hier weg!
Ab welcher Tiefe ist es im Meer ganz still?
Ist das Meer jemals still?

Marvin

1 In Gedichten wecken schon einzelne Verszeilen Assoziationen.

a) Lassen Sie die oben stehende Verszeile auf sich wirken.

b) Notieren Sie spontan Ihren Kommentar zu dieser Zeile. Das können Gefühle, Gedanken oder Fragen ähnlich wie im Beispiel oben sein.

c) Stellen Sie Ihre Notizen der Klasse vor und sprechen Sie darüber.

2 Lesen Sie nun das Gedicht „Meeresstille“ nicht am Stück, sondern Zeile für Zeile. Schreiben Sie nach jeder Zeile spontan Ihren Kommentar dazu ins Heft.

3 a) Tragen Sie Ihre kommentierten Gedichte mit einem Partner in verteilten Rollen der Klasse vor.

b) Sprechen Sie darüber, wie der jeweilige Text durch den Vortrag auf Sie wirkt.

4 Erstellen Sie weitere kommentierte Gedichte. Wählen Sie dafür Gedichte auf Seite 100 aus.

5 Gestalten Sie eines Ihrer kommentierten Gedichte so am Computer, dass der Kommentar optisch erkennbar ist.

Meeresstille

Johann Wolfgang von Goethe

Tiefe Stille herrscht im Wasser,
Stille? Kohlrabenschwarz!
Ohne Regung ruht das Meer,
☆ ☆ ☆ ☆
Und bekümmert sieht der Schiffer
☆ ☆ ☆ ☆
Glatte Fläche rings umher.
☆ ☆ ☆ ☆
Keine Luft von keiner Seite!
☆ ☆ ☆ ☆
Todesstille fürchterlich!
☆ ☆ ☆ ☆
In der ungeheuern Weite
☆ ☆ ☆ ☆
Reget keine Welle sich.
☆ ☆ ☆ ☆

Gedichtcollagen erstellen

Schülerbeispiel 1

Schülerbeispiel 2

1 Im Gedicht „Meeresstille" spielt das Thema „Wasser" eine wichtige Rolle.
Sammeln Sie aus Zeitschriften, Kalendern usw. Bilder, in denen Ihrer Meinung nach Aspekte des Themas „Wasser" zum Ausdruck kommen.

2 a) Lesen Sie die Gedichte auf der nächsten Seite.
b) Suchen Sie Wörter, Satzteile, Sätze oder Verszeilen, die zu einem Ihrer Bilder passen. Schreiben Sie diese heraus.
c) Welche Wörter, Satzteile, ... fehlen noch, um eine passende Gedichtcollage zu erstellen? Schreiben Sie diese getrennt und in einer anderen Farbe auf.
d) Fügen Sie nun aus allen Textteilen ein neues Gedicht zusammen. Sie können es auch am Computer gestalten.

3 Gestalten Sie aus Ihrem Bild und Ihrem Gedicht ein Plakat. Dabei sollen sich übernommene und eigene Teile im Gedicht deutlich voneinander unterscheiden.

4 a) Besprechen Sie in der Klasse, ob sich Ihre Gedicht-Plakate nach bestimmten Stimmungen oder Gesichtspunkten (z. B. Liebe, Unglück, ...) ordnen lassen.
b) Organisieren Sie eine Ausstellung Ihrer Gedicht-Plakate.
Überlegen Sie auch, wie Sie die Wirkung Ihrer Arbeiten z. B. durch Raum-/Hintergrundgestaltung, musikalische Untermalung ... stimmungsvoll in Szene setzen können.
c) Ergänzen Sie die Ausstellung durch Ihre Wassergedichte von Seite 101.

Das Wasser
James Krüss

Vom Himmel fällt der Regen
Und macht die Erde nass,
Die Steine auf den Wegen,
Die Blumen und das Gras.

Die Sonne macht die Runde
In altgewohntem Lauf
Und saugt mit ihrem Munde
Das Wasser wieder auf!

Das Wasser steigt zum Himmel
Und wallt dort hin und her.
Da gibt es ein Gewimmel
Von Wolken, grau und schwer.

Die Wolken werden nasser
Und brechen auseinand',
Und wieder fällt das Wasser
Als Regen auf das Land.

Der Regen fällt ins Freie,
Und wieder saugt das Licht,
Die Wolke wächst aufs neue,
Bis dass sie wieder bricht.

So geht des Wassers Weise:
Es fällt, es steigt, es sinkt
In ewig-gleichem Kreise,
Und alles, alles trinkt!

Der Brunnen
Conrad Ferdinand Meyer

In einem römischen Garten
Verborgen ist ein Bronne,
Behütet von dem harten
Geleucht' der Mittagssonne.
Er steigt in schlankem Stahle
In dunkle Laubesnacht
Und sinkt in eine Schale
Und übergießt sie sacht.

Die Wasser steigen nieder
In zweiter Schale Mitte
Und voll ist diese wieder,
Sie fluten in die dritte:
Ein Nehmen und ein Geben,
Und alle bleiben reich,
Und alle Fluten leben
Und ruhen doch zugleich.

Kurzes Unwetter
Karl Krolow

Die Wolkenpferde
Ins Licht sich stürzen.
Es qualmt die Erde
Von starken Winden.

Die schweren Leiber
Den Himmel fegen.
Sturm ist ihr Treiber,
Schlägt Staub und Regen

Aufs schwarze Wasser.
Die Gräser sausen.
Die Beerenprasser
Befällt ein Grausen.

Ahorne biegen
Sich in den Lüften.
Wildblumen fliegen
Mit fremden Düften.

Es fahren Flammen
Verzückt im Strauche.
Weg stürzt zusammen.
Mit gelbem Bauche

Drehn sich die Blätter
Wie angesogen. –
Schon ist das Wetter
Vorbeigezogen.

Meeresstille
Joseph von Eichendorff

Ich seh' von des Schiffes Rande
Tief in die Flut hinein:
Gebirge und grüne Lande
Und Trümmer im falben Schein
Und zackige Türme im Grunde,
Wie ich's oft im Traum mir gedacht,
Wie dämmert alles da unten
Als wie eine prächtige Nacht.

Seekönig auf seiner Warte
Sitzt in der Dämm'rung tief,
Als ob er mit langem Barte
Über seine Harfe schlief';
Da kommen und gehen die Schiffe
Darüber, er merkt es kaum,
Von seinem Korallenriffe
Grüßt er sie wie im Traum.

Am fließenden Wasser I
Gottfried Keller

Hell im Silberlichte flimmernd
Zieht und singt des Baches Welle,
Goldengrün und tiefblau schimmernd
Küsst sie flüchtig die Libelle;
Und ein drittes kommt dazu,
Eine Blüte hergeschwommen:
Alle haben drauf im Nu
Heitern Abschied schon genommen.

Und die Esche beugt sich drüber,
Schaut in Ruh das holde Treiben,
Denkt: Ihr Lieben, zieht vorüber,
Ich will grünen hier und bleiben!
Und ich unter'm Eschenbaum:
Was soll denn mit mir geschehen
In dem reizend leichten Traum?
Soll ich bleiben? Soll ich gehen?

Wasser-Gedichte

Ⓐ

Schwimmende Gefühle

Schwimmende Gefühle
Kummer ist da
Schwimmende Gefühle
Tränen sind nah
Schwimmende Gefühle
Ich kenne sie nicht
Schwimmende Gefühle
Sie verwundern mich

Ⓑ

Einsame Hallig
Wellen türmen sich hoch auf
Springflut kommt im Sturm

Ⓒ

Wasser

Wasser bringt Leben.
Ohne Wasser geht nichts.
Hat aber jeder Mensch genügend Wasser?
Wasser bringt Leben.
Manche laufen Stunden für etwas Wasser.
Ich drehe einfach den Wasserhahn auf.
Wasser bringt Leben.
Ohne Wasser geht nichts.

Ⓓ

Wassertropfen

Es gibt Momente,
da wünsche ich,
ich wäre blauglitzernde Wassertropfen für dich.
Wassertropfen,
die dich an der Nase kitzeln
und dich zum Lachen bringen.
Wassertropfen,
die wie Brausebonbons prickeln,
die wie Silberglöcklein klingen
und deinen Alltag verzaubern.

1 Beim Freien Schreiben steht es Ihnen offen, wie Sie zu bestimmten Themen Ihre Gefühle und Stimmungen in Worte fassen. Schreibtechniken können Sie dabei unterstützen.

a) Lesen Sie links die Texte von Schülerinnen und Schülern zum Thema „Wasser“.

b) Welche sprechen Sie besonders an?

c) Wenn Ihnen eine Gedichtform zusagt, lesen Sie die Hinweise dazu in der Info.

d) Sie können aber auch völlig frei Ihr „Wassergedicht“ verfassen und sich z. B. von Ihren gesammelten Bildern (Seite 99) anregen lassen.

INFO

Wiederhol-Gedicht (Text A)

In diesem Gedicht wiederholt sich der erste Vers immer wieder im gleichen Abstand.

1. Schreiben Sie den gleichen Vers mehrfach auf und lassen Sie dazwischen Platz frei.
2. Füllen Sie die leeren Zeilen mit Ihren Gedanken zum Thema.

Haiku (Text B)

Ein Haiku ist eine japanische Gedichtform, die aus 17 Silben besteht: 1. Zeile: 5 Silben – 2. Zeile: 7 Silben – 3. Zeile: 5 Silben.

Rondell (Text C)

Ein Rondell besteht aus acht Versen, die sich nicht reimen müssen. Die Zeilen 1, 4 und 7 sind gleich, ebenso die Zeilen 2 und 8.

1. Schreiben Sie zu einer Überschrift fünf Sätze auf einzelne Papierstreifen.
2. Welche zwei Sätze sind Ihnen am wichtigsten? Schreiben Sie den einen noch zweimal auf, den anderen noch einmal.
3. Ordnen Sie die Papierstreifen.

Gedicht der Sinne (Text D)

Was verbinden Sie mit dem Begriff „Wasser“? Folgende Fragen können helfen:

- *Wie schmeckt das Wasser?*
- *Wie kann es riechen?*
- *Wie sieht es aus?*
- *Wie hört und fühlt es sich für Sie an?*

Anleitung: Wie erstellt man ein Solarmodul?

1 a) Im PCB-Unterricht werden Sie sich in diesem Schuljahr mit dem Solarmodul beschäftigen. Auf dem Bild rechts sehen Sie einen Schaltplan für ein solches Modul mit Symbolen, darunter stehen deren Bedeutungen.
Fragen Sie sich in Partnerarbeit ab:
Welches Symbol steht für „Schalter offen"?
Welches Symbol steht für ...?
b) Welche Aufgaben haben die Teile des Moduls im Schaltkreis?
Ordnen Sie die Angaben den Teilen zu.
Schreiben Sie so: *A = 5*

2 Die Bilder auf der nächsten Seite zeigen, wie man ein Solarmodul aus den Einzelteilen zusammenbaut. Bringen sie die Bilder zunächst in die richtige Reihenfolge. Klären Sie diese gegebenenfalls mit Ihrem PCB-Lehrer.

TIPP

So beschreiben Sie Vorgänge in Anleitungen:

1. Verwenden Sie das Präsens.
2. So können Sie Anleitungen formulieren:
   – *Nehmen Sie zuerst eine Steckplatte ...*
   – *Zuerst nehmen Sie eine Steckplatte ...*
   – *Zuerst nimmt man eine Steckplatte ...*
   Behalten Sie die einmal gewählte Form bei.
3. Mit folgenden Wörtern können Sie die Abfolge der Handlungen ausdrücken: *danach, daraufhin, zuletzt, zuerst, anschließend, nun, dann, bevor.*
4. Achten Sie darauf, dass die Satzanfänge und die Satzstellungen abwechseln, z.B.: *Sie nehmen die Solarzelle und stecken Sie mit den Steckfüßen in die vorgesehenen Kontaktstellen. Anschließend nehmen Sie ...*
5. Benutzen Sie Fachbegriffe. Erklären Sie sie, wenn sie Ihren Mitschülern nicht bekannt sind.

Modul aus sechs Solarzellen

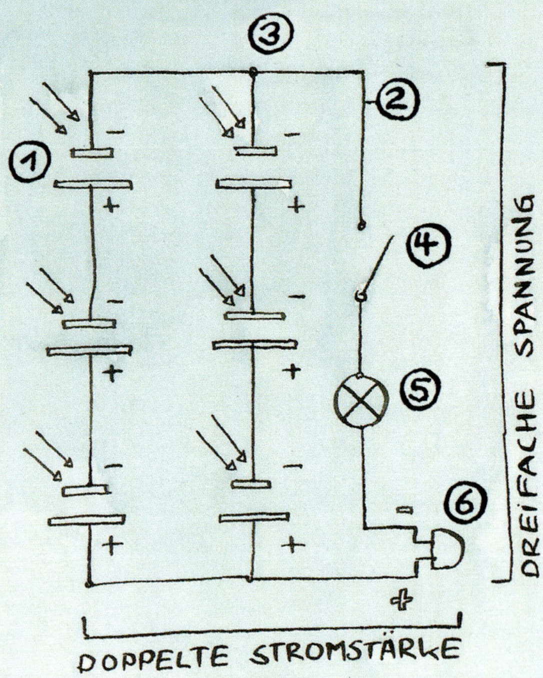

Teile des Solarmoduls:

1 Solarzelle
2 Leitung
3 Leitungskontakt
4 Schalter (offen)
5 Lampe
6 Klingel

Aufgaben der Teile des Solarmoduls:

A Leuchtet und gibt Wärme ab, zeigt damit Stromfluss.
B Möglichkeit, den Stromkreis zu schließen und zu unterbrechen.
C Wandelt Sonnenlicht in elektrische Energie um; Stromquelle.
D Leitet die Elektronen, ermöglicht Stromfluss.
E Gibt akustische Signale, zeigt damit Stromfluss.
F Stellt eine Verbindung dar.

1. Klingel einbauen

2. Schalter schließen

3. Steckplatte Schaltplan einzeichnen

4. Glühbirne und Klingel testen

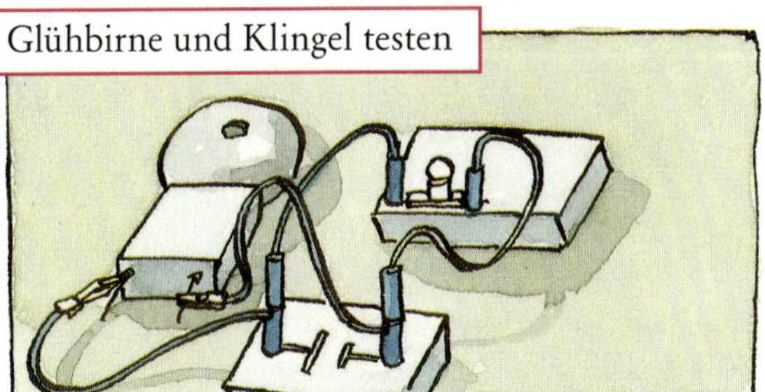

5. Schalter offen einbauen

6. In Reihe und parallel schalten (Leitungen oder Stecker)

7. Glühbirne mit Fassung einbauen

8. Solarzellen stecken

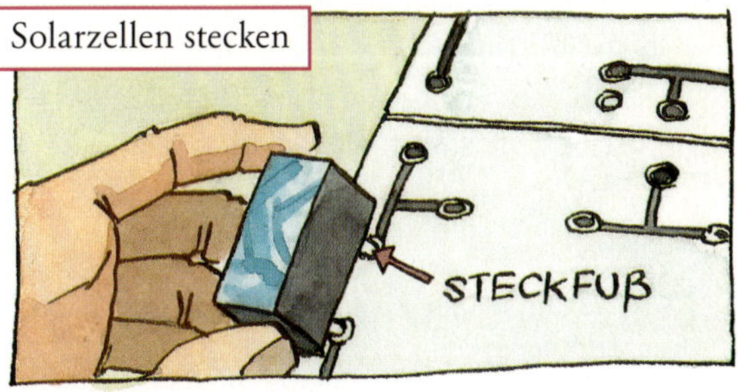

3 a) Überlegen Sie sich die Abfolge der Bilder.

b) Klären Sie, was mit Reihen- und Parallelschaltung gemeint ist. Warum werden Solarzellen in Reihe und parallel geschaltet?

c) Schreiben Sie eine Anleitung zum Bau eines Solarmoduls. Lesen Sie dazu den Tipp auf Seite 102.

d) Formulieren Sie die vorgegebenen Stichwörter zu vollständigen Sätzen um.

e) Schreiben Sie Ihren Textentwurf mit dem Computer.

1. Zuerst wird der Schaltplan auf die Steckplatte gezeichnet.

2. Dann steckt man die Solarzellen mit den Steckfüßen in die vorgegebenen Kontaktstellen.

...

Schreiben Sie Ihren Entwurf mit einem breiten Korrekturrand.

Einen Entwurf überarbeiten

Achtung, Fehler!

Ein Solarmodul erstellen

Als erstes muss man, wenn man ein Solarmodul erstellen möchte, eine Steckplatte nehmen. Dann muss man den vorbereiteten Schaltplan auf die Steckplatte übertragen. Dann muss man Solarzellen auf die richtigen Plätze, wo sie auch hingehören, hintun. Anschließend sollten Sie die die Solarzellen mit den Drähten oder Steckern verbinden, so, dass die gereiht und parallel sind. Dann muss man einen An und Ausmacher im geöffneten Zustand in den Kreiss einbauen und eine Birne mit Klingel einfügen. Dann kann der Kreis geschlossen werden.

1 a) Der Entwurf enthält noch Fehler. Lesen Sie die Checkliste und überlegen Sie in Partnerarbeit, was man überarbeiten sollte.
b) Überarbeiten Sie den Text in Ihrem Heft.
c) Vergleichen Sie Ihre Verbesserungsvorschläge in der Klasse.

2 a) Überarbeiten Sie Ihre eigenen Entwürfe. Lesen Sie dazu den Tipp.
b) Vergleichen Sie Ihre Anleitungen.
c) Wählen Sie eine Bearbeitung aus und erstellen Sie daraus für Ihre Klasse eine Anleitung.
d) Kopieren Sie die Anleitung für jeden oder schreiben Sie sie auf ein Plakat.

TIPP

So können Sie einen Entwurf sauber überarbeiten:

1. Lassen Sie bei Ihren Textentwürfen einen breiten Korrekturrand.
2. Streichen Sie Wörter, die Sie verbessern wollen, durch und schreiben Sie sie richtig an den Rand.
3. Wenn Sie einen Satz in Ihren Aufzeichnungen umstellen wollen: Unterstreichen Sie den Satz und kennzeichnen ihn am Rand mit einem Stern und einer Zahl. Dort, wo Sie ihn einsetzen wollen, machen Sie das Zeichen: √‾ und am Rand 1.
4. Einen Absatz markiert dieses Zeichen: _┌.

CHECKLISTE

So überprüfen Sie auf inhaltliche Richtigkeit:

1. Haben Sie alle wichtigen Punkte in der richtigen Reihenfolge aufgeführt?
2. Haben Sie den Stil der Anrede über den gesamten Text durchgehalten?
3. Haben Sie wichtige Fachbegriffe erklärt und verwendet?

So überarbeiten Sie die sprachliche Gestaltung:

1. Haben Sie überlange Sätze im Text vermieden?
2. Haben Sie unterschiedliche Satzanfänge verwendet?
3. Sind alle Sätze vollständig?
4. Kommen unnötige Wortwiederholungen vor?
5. Haben Sie treffende Verben und Adjektive benutzt?
6. Haben Sie die Zeitform Präsens eingehalten?
7. Überprüfen Sie am Schluss die Rechtschreibung und die Zeichensetzung.

Das Bewerbungsschreiben

1,69 cm

Tabulator 16,59 cm, rechtsbündig

2,41 cm

2 cm

Sina Binder 22.12.06
Am Mittelseemoos 28
88131 Lindau (B)
Tel.: 08382 327264
E-Mail: sina.binder@ttt.de
•
•
•
•
•
•
Zeile 12 Herrn
Dr. med. dent. Udo Milke
Hauptstr. 3
88131 Lindau (B)
•
•
•
•
Zeile 20 **Bewerbung um einen Ausbildungsplatz als Zahnmedizinische Fachangestellte**
•
•
Sehr geehrter Herr Dr. Milke,
•
wie ich auf meine telefonische Anfrage hin erfahren habe, stellen Sie im September 2007 eine Auszubildende ein. Nach meinem Schulabschluss möchte ich den Beruf der Zahnmedizinischen Fachangestellten erlernen.
•
Zurzeit besuche ich die 10. Klasse des Mittlere-Reife-Zuges der Hauptschule Lindau-Reutin und werde sie im Juli 2007 mit dem Mittleren Schulabschluss verlassen.
•
Für die Ausbildung zur Zahnmedizinischen Fachangestellten habe ich mich entschieden, da in diesem Beruf die Assistenz bei der Behandlung von Patienten und das Organisieren von Praxisabläufen zu den Hauptaufgaben gehören. Während meiner zwei Betriebspraktika in Arztpraxen konnte ich feststellen, dass mir diese Tätigkeiten gut liegen, und ich fand es besonders interessant, bei schwierigeren Behandlungssituationen dabei zu sein. Außerdem kann ich mir nur einen Beruf vorstellen, in dem man Kontakt mit Menschen hat, und mir gefällt es, im Team zu arbeiten.
•
Gerne würde ich in Ihrer Praxis mitarbeiten und würde mich über die Einladung zu einem persönlichen Gespräch sehr freuen.
•
Mit freundlichen Grüßen
•
• *Sina Binder*
•
Anlagen
Lebenslauf mit Lichtbild
Jahreszeugnis 9M
Zeugnis über den qualifizierenden Hauptschulabschluss
Praktikumsbescheinigungen

2 cm

1 a) Lesen Sie das Bewerbungsschreiben.
b) Wiederholen Sie mit einem Partner, aus welchen Teilen es besteht, und kennzeichnen Sie diese (Folie). Die Info hilft Ihnen dabei.

INFO

Gliederung des Bewerbungsschreibens

A Anrede

B Brieftext
- Anliegen
- schulische Situation
- berufsfördernde Interessen
- Begründung des Berufswunsches
- Bitte um Vorstellungsgespräch

C Grußformel

Auf die persönliche Note kommt es an

Mehr als 100 Bewerbungen liegen oft auf meinem Tisch. Die meisten davon sind zum Verwechseln ähnlich. Immer wieder die gleichen Formulierungen. Kaum ein Wort darüber, warum sich die Jugendlichen gerade für diesen Beruf entschieden haben oder warum sie in unserem Betrieb eine Ausbildung machen wollen. Ich wäre froh, wenn ich mehr über die Persönlichkeit der Jugendlichen erfahren würde.

Was Sie noch über mich wissen sollten ...

Handwerklich geschickt – so nennt man wohl jemanden wie mich, die gern in ihrer Freizeit mit unterschiedlichsten Materialien bastelt und äußerst genau und sorgfältig arbeitet. Wenn es im GtB-Unterricht Probleme gibt, kommen meine Klassenkameraden daher immer zu mir. Zudem macht es mir großen Spaß, anderen zu helfen und Verantwortung zu übernehmen. Als in unserer Schule der Sanitätsdienst eingerichtet wurde, war ich natürlich eine der Ersten, die sich ausbilden ließ. Es ist schön, für andere da zu sein und sie auch zu trösten und zu ermutigen, wenn es ihnen schlecht geht. Außerdem bin ich als Klassensprecherin und SMV-Mitglied daran gewöhnt, zu organisieren, zuverlässig Listen zu führen und mich im Team einzubringen. Ich wäre deshalb sehr glücklich, wenn ich bei Ihnen die Ausbildung zur Zahnmedizinischen Fachangestellten absolvieren könnte.

1 a) Lesen Sie oben die Aussage einer Ausbildungsleiterin und versetzen Sie sich in ihre Lage. Vor welcher Aufgabe steht sie?
b) Erklären Sie die Kritik der Ausbildungsleiterin.
c) Welche Möglichkeiten sehen Sie, im Bewerbungsschreiben etwas über die eigene Person zu sagen? Lesen Sie dazu den Tipp.
d) Wie gelingt es der Verfasserin des Bewerbungsschreibens auf Seite 105, Aussagen über die eigene Person einzubauen?

2 a) Verfassen Sie mit dem Computer ein Bewerbungsschreiben. Beachten Sie dabei den Tipp unten und das Muster auf der Seite 105.
b) Überprüfen Sie, ob Sie die Höflichkeitsanrede (Sie, Ihnen, Ihr) großgeschrieben haben.

TIPP

So wirkt Ihr Bewerbungsschreiben persönlicher:

1. Verwenden Sie möglichst wenig Standardformulierungen. Schreiben Sie in eigenen Worten.
2. Beschreiben Sie möglichst konkret Ihre Interessen, Fähigkeiten und Ziele. Führen Sie Beispiele an.
3. Zeigen Sie, dass Sie sich über den Beruf und den Betrieb informiert haben.
4. Nennen Sie Gründe, warum Sie sich gerade bei diesem Betrieb bewerben.
5. Erwähnen Sie praktische Erfahrungen, die Sie bereits gesammelt haben.

3 Was erfahren Sie im Text oben über Sina, was nicht im Bewerbungsschreiben (Seite 105) steht?

4 In welchem Zusammenhang stehen diese Zusatzinformationen zum gewünschten Ausbildungsberuf?

5 Gestalten Sie eine eigene „4. Seite“ für Ihre Bewerbung. Lesen Sie dazu die Info.

INFO

Die „4. Seite“
Auf der sogenannten „4. Seite“ werden nur solche **Zusatzinformationen zum Bewerber** genannt, die mit dem gewünschten Ausbildungsberuf im Zusammenhang stehen und überzeugend sind.
Ordnen Sie die „4. Seite“ in Ihrer Bewerbungsmappe nach dem Lebenslauf ein.
Die „4. Seite“ ist kein Muss. Nutzen Sie sie aber als Möglichkeit, sich von anderen Bewerbern abzuheben.

Den Überblick behalten

1 Worauf müssen Sie bei der Zusammenstellung Ihrer Bewerbungsmappe achten? Lesen Sie dazu den Tipp.

2 Da Sie sich bei vielen Ausbildungsbetrieben gleichzeitig bewerben müssen, sollten Sie Buch führen, um den Überblick nicht zu verlieren.
a) Recherchieren Sie zunächst, wer in Ihrem Wunschberuf eine Ausbildung anbietet.
b) Legen Sie dazu eine Übersichtstabelle an. Das Muster unten kann Ihnen hilfreich sein.

Adressen	Ausbildung ja	Ausbildung nein	Bemerkung
Dr. Huber Steigstr. 7 88131 Lindau		x	
Dr. Milke Hauptstr. 3 88131 Lindau	x		frühestens September 2007

3 **a)** Bewerben Sie sich nun in den Betrieben, die für Sie in Frage kommen.
b) Halten Sie in einem Kalender die wichtigsten Informationen zu Ihren Bewerbungen fest.
c) Achten Sie bei einer Ausbildungszusage darauf, den anderen Betrieben abzusagen.

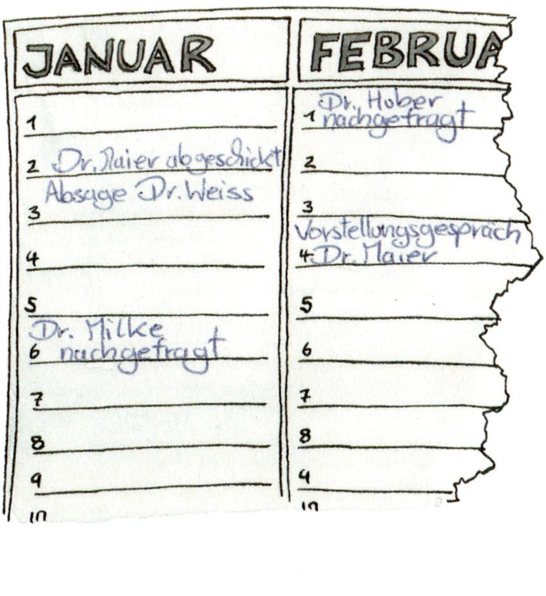

Lebenslauf

Persönliche Daten

Sina Binder
30.10.1990 in
Lindau (B) geboren
1 ältere Schwester
1 jüngerer Bruder

Schulbildung

1997–2001	Grundschule Lindau (B)-Reutin-Zech
seit 2001	Hauptschule Lindau (B)-Reutin
seit 2003	Mittlere-Reife-Zug
Juli 2007	Mittlerer Schulabschluss

Besondere Interessen und Kenntnisse

Kenntnisse	Textverarbeitung am PC Buchführung
Hobbys	Tischtennis im Verein, Fahrrad fahren, Inlineskaten
Ehrenamtliche Tätigkeit	Mitarbeit in der Jugendgruppe des Roten Kreuzes
Betriebspraktika	Arztpraxis Dr. Huber, Lindau, Arzthelferin Blumenhaus ‚Blattlaus', Weißensberg, Floristin Lindauer DORNIER GmbH, Lindau, Industriekauffrau Zahnarztpraxis Dr. Scheuerle, Wasserburg, Zahnmedizinische Fachangestellte

Lindau, 22. Dezember 2006
Sina Binder

TIPP

So stellen Sie eine Bewerbungsmappe zusammen:

1. Verwenden Sie ein aktuelles, von einem gelernten Fotografen gemachtes Farbfoto.
2. Stecken Sie die Bewerbungsunterlagen in folgender Reihenfolge in eine Klemmmappe (durchsichtige Deckseite):
   A Deckblatt mit aktuellem Foto und vollständiger Adresse
   B Bewerbungsschreiben
   C Lebenslauf
   D eventuell sogenannte „4. Seite"
   E Zeugnisse und Bescheinigungen in zeitlicher Reihenfolge (beginnend mit dem aktuellsten Dokument und nur als Kopien in guter Qualität)
3. Kein Schriftstück darf Fehler, Verbesserungen oder Flecken enthalten.
4. Bewerbungsschreiben und Lebenslauf müssen von Ihnen unterschrieben und immer als Originale verschickt werden.
5. Überprüfen Sie die Bewerbungsmappe auf Vollständigkeit. Achten Sie auf ein aktuelles Datum.
6. Versenden Sie die Mappe in einem ausreichend frankierten DIN-A4-Umschlag.

Sponsoren gesucht

Sehr geehrte Damen und Herren,

die 10. Klassen der Hauptschule Rehheid werden vom 5. bis zum 17. Dezember dieses Jahres in der Aula der Hauptschule eine Ausstellung zum Thema „Zivilcourage im Alltag" veranstalten. Elternbeirat und SMV haben sich als Schirmherren der Ausstellung bereit erklärt, diese zu organisieren und zu unterstützen.
Wir, die Klasse 10a der Hauptschule Rehheid, wollen in diesem Zusammenhang eine Computerecke einrichten. Dort sollen die Besucher Gelegenheit haben, Dokumente zum Ausstellungsthema on- und offline einzusehen und weltweit nach Informationen zu suchen.
Um unsere Projektidee umzusetzen, brauchen wir Hilfe. Wir suchen Sponsoren, die uns für den Zeitraum der Ausstellung Stellwände zur Verfügung stellen. Diese werden dringend benötigt, um den Besuchern Anleitungen und Dokumentationen zugänglich zu machen.
Falls Sie mehr über uns und unsere Arbeit wissen wollen: Wir haben mit der Klasse bereits das Thema bearbeitet und auf die Homepage der Schule gestellt. Sie können unsere Seite unter der Internetadresse www.hs-rehheid.de/projekte/zivilcourage abfragen.
Die Namen der Firmen und Betriebe, die die Ausstellung unterstützen, werden auf den Einladungsschreiben und Plakaten genannt.
Unser Klassensprecher Johannes Schmuck steht unter unserer Schuladresse als Ansprechpartner für Sie gerne zur Verfügung.
Für Ihre Unterstützung danken wir Ihnen schon heute.

Mit freundlichen Grüßen
Klasse 10a
i. V.

Johannes Schmuck

Sehr geehrte Damen und Herren!

Wir brauchen Ihre Hilfe, denn es mangelt uns an Stellwänden. Wir machen nämlich vom 5. bis 17. Dezember eine Ausstellung und da stellen wir eine Computerecke auf, wo jeder ins Internet kann. Auf den Stellwänden wollen wir dann Anleitungen und Dokumentationen aufhängen.
Auf unserer Schulhomepage kann man sich schon mal umschauen und sich einen Eindruck über unsere Arbeit verschaffen.
Am besten wäre, Sie melden sich einfach bei uns, wenn Sie noch Fragen haben.
Wir wollen uns jetzt schon für Ihre Unterstützung bedanken.

Ihre 10a der HSR

---

1 a) Lesen Sie die beiden Briefe, die zwei Schulklassen an ein Unternehmen gerichtet haben. Welche Absicht verfolgen die Verfasser mit ihren Briefen?
b) Versetzen Sie sich in die Rolle des Empfängers. Welcher Brief würde Sie mehr ansprechen? Begründen Sie Ihre Entscheidung.
c) Welche Mängel weist der schwächere Brief auf?

2 Untersuchen Sie den Aufbau des ersten Briefes. Bringen Sie die Elemente des Aufbaus in die richtige Reihenfolge und ergänzen Sie die Zeilenangaben.

- ? Kontaktinformationen geben (Z. ? – ?)
- ? sich selbst vorstellen (Z. ? – ?)
- ? Bitte/Anliegen vortragen (Z. ? – ?)
- ? Zusammenhänge erläutern (Z. ? – ?)
- ? Gegenleistung anbieten (Z. ? – ?)

3 a) Verfassen Sie einen eigenen Sponsorenbrief.
Lesen Sie dazu den Tipp.
b) Wählen Sie eines der Anliegen von rechts oben aus oder formulieren Sie ein eigenes.
c) An wen könnten Sie sich mit diesem Anliegen wenden? Sammeln Sie Vorschläge und entscheiden Sie sich für ein Unternehmen.
d) An wen richten Sie das Schreiben? Ist Ihnen ein Ansprechpartner bekannt?

4 a) Entwickeln Sie für die verschiedenen Teile des Briefs in Partnerarbeit Vorschläge. Beachten Sie dazu die Hinweise im Tipp.
b) Vergleichen Sie Ihre Entwürfe und entscheiden Sie sich gemeinsam für eine Lösung.
c) Schreiben Sie den Brief mit dem Computer. Berücksichtigen Sie dabei den formalen Aufbau eines Geschäftsbriefs nach DIN 5008.
Ein Beispiel finden Sie auf Seite 105 in der Einheit *Eine Bewerbung schreiben*.
d) Überprüfen Sie, ob Sie die Höflichkeitsanrede (Sie, Ihnen, Ihr) großgeschrieben haben.

TIPP

So bringen Sie Anliegen im Brief vor:
Der Sponsorenbrief ist eine Form des Geschäftsbriefes. Darin wirbt man um die Unterstützung für ein eigenes Anliegen. Um den Adressaten von der Notwendigkeit des Anliegens zu überzeugen, ist es wichtig, zu folgenden Punkten möglichst klare Aussagen zu machen:

1. Wer sind die Bittsteller?
(Wir sind Schülerinnen und Schüler ...; Wir möchten uns daher kurz vorstellen: ...)
2. Was ist der Hintergrund der Bitte?
(An unserer Schule findet derzeit ein Projekt ... statt./Wir beschäftigen uns seit einiger Zeit mit .../ Aufgrund dieser Überlegungen haben wir die Absicht ...)
3. Worin besteht die Bitte genau?
(Wir benötigen dazu .../Für die Verwirklichung fehlen uns ...)
4. Was kann als Gegenleistung angeboten werden?
(Wir können Ihnen ... anbieten./ Wir sind gerne bereit eine Anzeige Ihrer Firma in unsere Schulzeitung aufzunehmen.)
5. Wer ist der Ansprechpartner?
(Bitte wenden Sie sich an .../ Für weitere Informationen steht ... zur Verfügung.)

Aufgaben zum Text bearbeiten

Der Kopf ist frei

Wie der Rollstuhlfahrer Stephan Lauble mit Erfolg Leben und Beruf meistert

Klaus Tscharnke

Rummelsberg – Erst der Umzug erinnerte ihn wieder an sein Schicksal: „Ich kann ja nun vieles, aber beim Schleppen der Umzugskisten musste ich passen", erzählt Stephan Lauble. Der 24-Jährige leidet an Kinderlähmung. Auf längeren Strecken ist der Rollstuhl sein Begleiter. Doch ansonsten unterscheidet sich Laubles Leben kaum von dem seiner Mitmenschen. Sein Erfolgsrezept: Der selbstbewusste 24-Jährige hat „die Barrieren im Kopf beiseitegeräumt". Noch vor 15 Jahren hatte bei Lauble alles nach einem Leben in Abhängigkeit von Heim, Sozialamt und Betreuern ausgesehen. Er absolvierte eine Körperbehinderten-Schule in Ingolstadt, versuchte es kurz auf einer Regelschule, um schließlich im mittelfränkischen Rummelsberg doch wieder in einer Behindertenschule zu landen.

Hier allerdings packte ihn der Ehrgeiz: Er erwab einen teilqualifizierenden Hauptschulabschluss, absolvierte ein Berufsvorbereitungsjahr und eine zweijährige Ausbildung zur Bürokraft. In einem Praktikum überzeugte er seinen Chef von seiner Tüchtigkeit: Heute ist Lauble in der Reha-Medizin-Technik der Rummelsberger-Produktberater. Er berät Patienten bei der Anschaffung von Rollstühlen, Badeliften und anderen Hilfsmitteln für Behinderte oder Reha-Patienten.

Auch mit Krankenkassen und Berufsgenossenschaften verhandelt er. Was Leistung und Arbeitstempo angeht, so steht er seinen Kollegen nicht im Geringsten nach. Das bestätigt auch sein Chef Simon Thiele: „Wir sind sehr zufrieden." Keiner könne jedenfalls behinderte Menschen so kompetent beraten wie Lauble.

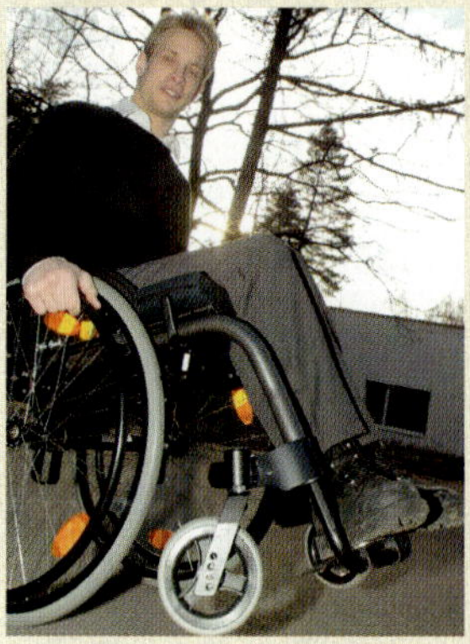

Produktberater Stephan Lauble ist auf den Rollstuhl angewiesen.

Dank seines Einkommens kann er sich eine eigene Wohnung leisten. Sein Auto macht ihn mobil. In seiner Freizeit trifft er sich mit Freunden, geht mit ihnen ins Kino und die Kneipe. „Angst, dass ich ihnen zum Anhängsel werden könnte, haben die schon lange nicht mehr." Sein früheres Hobby, das Rollstuhl-Basketball, hat er aus Mangel an Zeit aufgeben müssen. Bei seinem Verein, dem SV Hörmansdorf im oberpfälzischen Parsberg, bleibt er aber als Jugendabteilungsleiter weiterhin engagiert.

Dass er das alles so schafft, hat er seiner inneren Grundhaltung zu verdanken: „Man ist nicht behindert, man wird behindert." Viel zu viele Behinderte ließen sich noch immer den Stempel der Behinderung aufdrücken – und gäben sich damit auf. Für ein Ende der Entmündigung müssten schon auch die Behinderten selbst sorgen: „Für mich hat noch niemand ein Formular ausgefüllt", beschreibt Lauble das Problem. So manche zögen sich auch gerne in ihre behütete Umgebung zurück, in der alles für sie geregelt ist.

Das freilich kam für Stephan Lauble nie in Frage: „Ein Leben ohne einen Arbeitsplatz kann ich mir nicht vorstellen", sagt er. Der erfolgreiche Weg in die Integration setzte auch eine gehörige Portion Zähigkeit und Ehrgeiz voraus: „Ich sehe meine Behinderung oft einfach nicht, nur wenn ich mal in den 25. Stock muss. Aber auch die 25 Stockwerke komme ich noch hoch, wenn es sein muss", fügt er trotzig hinzu.

1 a) Lesen Sie den Text und klären Sie unbekannte Begriffe.
b) Lesen Sie die Aufgaben zum Text sorgfältig.
c) Beantworten Sie die Aufgaben schriftlich. Wenn es nicht anders von Ihnen verlangt wird, dann schreiben Sie in vollständigen Sätzen.
d) Ziehen Sie dabei immer den Text zu Rate und unterstreichen Sie die entsprechenden Textstellen (Folie).
e) Im Tipp finden sie zu den einzelnen Aufgabenstellungen Hinweise und Hilfen.

Aufgaben zum Text „Der Kopf ist frei"

1. Erklären Sie die Überschrift *„Der Kopf ist frei"*.

2. Geben Sie die wesentlichen Aussagen des Textes in eigenen Worten wieder.

3. Um welche Textsorte handelt es sich hier? Nennen Sie typische Merkmale.

4. Folgende Begriffe kommen im Text als Fremdwörter vor:
A *mit Erfolg abschließen,*
B *beweglich,*
C *Einbindung/Einbeziehung,*
D *sachverständig/fähig.*
Suchen Sie die Fremdwörter im Text und ordnen Sie sie entsprechend zu.

5. *„... die Barrieren im Kopf beiseitegeräumt."* (Zeilen 9/10)
a) Erläutern Sie, was mit diesem sprachlichen Bild wohl ausgedrückt werden soll.
b) Zitieren Sie zwei weitere sprachliche Bilder aus dem Text.

6. Stephan Lauble gelingt es, trotz seiner Kinderlähmung sein Leben so normal wie möglich zu führen. Das hat er vor allem seiner Ausdauer und seinem starken Willen zu verdanken. Zitieren Sie eine Textstelle, die diese Aussage belegt. Notieren Sie die entsprechenden Zeilenangaben.

7. *„Keiner könne jedenfalls behinderte Menschen so kompetent beraten wie Lauble."* (Zeile 32 ff.) Erklären Sie dieses Zitat anhand eines selbstgewählten Beispiels aus einem anderen Bereich als dem der Körperbehinderung.

8. *„Man ist nicht behindert, man wird behindert."* (Zeilen 54/55)
Erläutern Sie diese Aussage ausführlich in einem zusammenhängenden Text mit eigenen Worten.

9. Welche Absicht verbindet der Autor wohl mit diesem Text?

TIPP

Hinweise zur Lösung der Aufgaben:

Aufgabe 1
Die Überschrift erklären

1. Die Überschrift weist auf den Inhalt des Textes hin und soll das Interesse des Lesers wecken. Sie kann einen übertragenen Sinn haben.
2. Zunächst ist es wichtig, die einzelnen Begriffe in ihrer übertragenen Bedeutung zu erklären *(ein freier Kopf bedeutet, ...)*.

Anschließend muss der Bezug zum Thema des Textes hergestellt werden. So könnten Sie beginnen: *Die Überschrift „Der Kopf ist frei" ist im übertragenen Sinn zu verstehen. Im Zusammenhang mit dem Thema „Körperbehinderung" bedeutet dies, dass ... Dadurch wird ausgedrückt, dass ...*

TIPP

Aufgabe 2
Die wesentlichen Aussagen eines Textes zusammenfassen
1. Verwenden Sie nur Schlüsselstellen.
2. Achten sie darauf, nicht ganze Textpassagen abzuschreiben, sondern in eigenen Worten zu formulieren.
3. Vermeiden Sie direkte Rede.
4. Bilden Sie kurze, aber vollständige Sätzen.

Aufgabe 3
Die Textsorte bestimmen/Merkmale benennen
Schlagen Sie im Anhang „Grundwissen Literatur" unter „Journalistische Textsorten" nach und prüfen Sie, welche der dort jeweils aufgeführten Merkmale auf den Text zutreffen.

Aufgabe 4
Zu vorgegebenen Begriffen Fremdwörter suchen
1. Markieren Sie alle Fremdwörter im Text.
2. Vergleichen Sie die deutschen Begriffe mit den markierten Fremdwörtern (*mit Erfolg abschließen → absolvieren*).
3. Ergeben beide im Textzusammenhang den gleichen Sinn, können Sie das passende Fremdwort dem deutschen Begriff zuordnen.

Aufgabe 5
a) Sprachliche Bilder erklären
1. Informieren Sie sich im „Grundwissen Literatur" über sprachliche Bilder.
2. Lesen Sie das sprachliche Bild im Textzusammenhang und überlegen Sie, welche Bedeutung es hat.
3. Erklären Sie dann das sprachliche Bild mit eigenen Worten in einem Satz. Nennen Sie zu Beginn Ihrer Erklärung das sprachliche Bild und erklären Sie es möglichst an einem Beispiel:
   Der Autor verwendet den Ausdruck „jeden Pfennig dreimal umdrehen". Damit soll zum Ausdruck gebracht werden, dass sich jemand, jede Ausgabe sehr genau überlegt. Er „dreht den Pfennig dreimal um", bevor er ihn ausgibt. Man sagt dies beispielsweise von Leuten, die äußerst sparsam sind.

b) Richtig zitieren
1. Geben Sie die Stelle wörtlich in Anführungszeichen wieder.
2. Ergänzen Sie in Klammern die Zeilenangabe.
3. Bei längeren Zitaten reicht es, wenn Sie Anfang und Ende aufschreiben:
   „Ich kann ja nun vieles, ... musste ich passen." (Zeilen 2–4)

Aufgabe 6
Eine Aussage mit Textstellen belegen
1. Überlegen Sie, welchen Sinn die Aussage hat.
2. Suchen Sie dann im Text eine inhaltlich passende Stelle.
3. Zitieren Sie die passende Textstelle (Hinweise zum Zitieren siehe 5 b):
   Die Aussage wird im Text an folgender Stelle bestätigt: „..."

Aufgabe 7
Ein Zitat an einem Beispiel erklären
Am besten erklären Sie das Zitat an einem Beispiel aus ihrem Lebensbereich. Überlegen Sie, worin Sie eigene Erfahrungen gemacht haben und gerade deswegen gut beraten können.

Aufgabe 8
Eine Aussage mit eigenen Worten erläutern
1. Lesen Sie die Aussage im Textzusammenhang und vergegenwärtigen Sie sich ihren Sinn.
2. Verwenden sie zur Erläuterung eigene Worte, nicht die aus dem Originaltext.
3. Fachbegriffe aus dem Text dürfen Sie verwenden.
4. Beachten Sie die Aufgabenstellung! Wenn Sie ausführlich antworten sollen, dann genügen nicht zwei bis drei Sätze.

Aufgabe 9
Die Absicht des Autors nennen
Gehen Sie davon aus, wie der Autor Stephan Lauble sieht und was er mit dem Text beim Leser wohl bewirken will. Berücksichtigen Sie, was Sie in Aufgabe 3 zur Textsorte erarbeitet haben.

Aufgaben zum Text bearbeiten

Ein Funken Hoffnung

Max Bolliger

„Ich habe dir doch gesagt, dass er bereits vor fünf Minuten weggegangen ist!"
Nikolas starrte die Frau ungläubig an. Er konnte sich nicht erinnern, dass Georg einmal nicht auf ihn gewartet hätte. „Und dass du es weißt", fuhr die Frau fort, „wir haben Georg verboten, sich mit dir auf der Straße sehen zu lassen."
Bevor Nikolas etwas erwidern konnte, war Georgs Mutter hinter der Fenstergardine verschwunden. Langsam stieg er durch die mit Kopfsteinen gepflasterte Gasse zum Kirchplatz hinauf. Er fühlte Angst in sich aufsteigen.
„Du gehst trotzdem zur Schule", hatte ihm die Mutter befohlen. Am liebsten hätte er sich nun davongemacht.

„Guten Tag, mein Sohn!" Nikolas schreckte aus seinen Gedanken auf. „Guten Tag, Herr Pfarrer!" Er spürte, wie sein Gesicht rot anlief. Aber der alte Herr schien es heute eilig zu haben.
Als Nikolas auf den von einer Mauer umgebenen Platz vor der Schule trat, gab er sich Mühe, zu tun, als ob nichts geschehen wäre.
Seine Klassenkameraden spielten Fußball. Auch Georg war unter ihnen. Nikolas legte die Tasche mit den Büchern und Heften auf den Boden und versuchte, den Ball vor seine Füße zu bekommen. Bildete er es sich nur ein? Keiner spielte ihm den Ball zu. Hatten sie sich gegen ihn verschworen? Georg wich ihm aus. Sicher hatte er allen erzählt, dass gestern Abend, nach Anbruch der Dunkelheit, uniformierte Männer seinen Vater geholt und ins Gefängnis abgeführt hatten.

Auf der Schwelle vor der Haustüre lag ein Korb mit frischen Feigen. Nikolas hob ihn auf und brachte ihn der Mutter. Das Geschenk würde sie freuen. Seit der Vater fort war, war es schwer, mit ihr auszukommen. Nikolas schien es manchmal, als hätte sie ihn vergessen. Den Nachbarn, vor allem Georgs Eltern, ging sie aus dem Weg. Sie war gegen jedermann misstrauisch geworden. „Von wem?", fragte sie. „Ich weiß es nicht. Der Korb lag auf der Schwelle." „Wir brauchen keine milden Gaben!" Ihre Stimme klang hart. „Du kannst sie ja essen, wenn du Lust darauf hast." Nikolas spürte ein Würgen in seinem Hals. Er drehte sich um und lief ins Freie. Hinter dem Haus setzte er sich in den Schatten eines alten Olivenbaums. Das eingezäunte Feld hatte schon seinen Großeltern gehört.
„Wenn es nötig wird, werden wir es verkaufen", hatte die Mutter vor einigen Tagen gesagt. Nikolas fing an zu weinen. Warum war sein Vater nicht wie die anderen Männer? Warum war er eigentlich unzufrieden? Was hatte er denn an der Regierung auszusetzen? Als Mechaniker verdiente er sogar mehr als die meisten Väter seiner Kameraden. Warum hatte er ihn, die Mutter und sich selbst ins Unglück gestürzt?
Nikolas spürte Hass in sich aufsteigen.

Mit seinen zwölf Jahren wusste er einiges aus der wechselvollen Geschichte seines Landes, aber Autos, Musik, vor allem Fußball interessierten ihn mehr als Politik.
Von der Straße her drang das Geschrei spielender Kinder. Nikolas lauschte. Ob Georg unter ihnen war? Vier Wochen waren vergangen, seit sie zum letzten Mal zusammen zur Schule gegangen waren. Würde es so bleiben?
Inzwischen wusste jeder im Dorf, dass sein Vater im Gefängnis saß. Der Lehrer ließ sich nichts anmerken und behandelte Nikolas wie früher. Einige Kinder gingen ihm aus dem Weg, aber sie ließen ihn in Frieden. Nur Theodoros, der ihn schon früher immer herausgefordert hatte und

sein größter Konkurrent im Turnen war, triumphierte. „Zuchthäusler!", zischte er, wenn er an ihm vorüberging. An einer der kahlen weißen Wände hing das Bild des Regierungspräsidenten. Er trug eine Uniform, die Brust mit Orden bedeckt. Das gleiche Foto hing auch im Schulzimmer. Nikolas war es, als sähe er sie heute zum ersten Mal: die harten, entschlossenen Gesichtszüge, die dunklen Augen und das korrekt frisierte Haar.

Das Mobiliar des Zimmers bestand aus einem langen Tisch und einigen unbequemen Holzstühlen. Es war das Besuchszimmer des Gefängnisses. Nikolas und seine Mutter warteten bereits seit einer Stunde. Die Mutter hatte einen Teil ihrer kleinen Ersparnisse für einen Anwalt ausgegeben. Es war ihm gelungen, eine Besuchserlaubnis zu erwirken. Auf dem Tisch lagen das Paket mit den Medikamenten und die Tasche mit den Lebensmitteln, Brot, Früchte, getrocknetes Fleisch und frischer Ziegenkäse, den der Vater so gern mochte.

Als er plötzlich in der aufgestoßenen Tür stand, schrak Nikolas zusammen. Er erkannte ihn kaum wieder, zum Skelett abgemagert, das Gesicht von den Schlägen seiner Folterer verunstaltet. Zwei mit Pistolen bewaffnete Soldaten begleiteten ihn.

„Was für eine Überraschung!", flüsterte er. Er musste sich Nikolas und der Mutter am Tisch gegenübersetzen. Die Mutter schob ihm die mitgebrachten Geschenke zu. Er versuchte zu lächeln. „Danke! – Lässt man dich in Ruhe?", fragte er die Mutter. Sie nickte. Der Vater griff nach ihrer Hand und streichelte sie. „Und dir, Nikolas, wie geht es dir?" „Gut!" Was hätte er anderes sagen sollen? Er war wie gelähmt. Er spürte, wie auch die Mutter nach Worten suchte. Die Tränen liefen ihr über die Wangen. „Dimitros, ich tue mein Möglichstes, um dich herauszubringen." „Ich bin nicht der einzige politische Gefangene hier", sagte der Vater leise, „Ich hoffe, ich werde es überstehen." Dann saßen sie einfach da und schwiegen.

Die Soldaten, die an der Wand hinter dem Stuhl des Vaters standen, räusperten sich. „Es tut mir leid", sagte einer von ihnen, „die zehn Minuten sind vorbei."

Mit dem Autobus fuhren die Mutter und Nikolas den langen Weg von der Stadt nach Hause ins Dorf zurück. Die Leute, die unterwegs ein- und ausstiegen, lachten und schwatzten.

Nikolas schaute zum Fenster hinaus. Er bemerkte weder die Autos noch die Menschen auf den Straßen. Vor seinen Augen standen die Soldaten mit ihren unbewegten Gesichtern, der Vater mit den traurigen Augen.... Er hatte niemandem etwas zu Leide getan, niemanden bestohlen und doch wurde er wie ein gewöhnlicher Verbrecher behandelt.

Dimitros hatte heimlich Flugblätter verteilt, in denen die Menschen aufgefordert wurden, für die Freiheit jedes Einzelnen zu kämpfen und Widerstand gegen die Machthaber zu leisten. Er war dabei ertappt worden. Wer nicht bereit war, blinden Gehorsam zu leisten, galt bei der neuen Militärregierung als Verräter und wurde verfolgt. Der Offizier, der Dimitros stundenlang verhört hatte, wollte die Namen seiner gleichgesinnten Freunde wissen, vor allem die Adresse des Mannes, der die Flugblätter gedruckt hatte. Dimitros hatte noch keinen verraten. Nikolas spürte, wie der Hass, den er gehegt hatte, verflog und einer stummen Wut gegen etwas Platz machte, dem er noch keinen Namen zu geben wusste.

Nikolas sah sich plötzlich von drei Jungen umringt. Theodoros war der Anführer. „Geh nach Hause", sagte er drohend, „der Sohn eines Verräters hat auf unserem Sportplatz nichts zu suchen." „Ich spiele dort, wo es mir passt!", gab Nikolas zur Antwort. „Du verdammter Zuchthäusler!" Es gab kein Entkommen, aber Nikolas hatte auf einmal keine Angst mehr. Theodoros stürzte auf ihn zu. „Gib es ihm!", schrien seine Freunde. Die Wut, die Nikolas vor ein paar Tagen im Autobus empfunden hatte, brach wie ein Vulkan aus ihm hervor. Doch Theodoros war stärker. Er packte Nikolas am Handgelenk und drehte so lange daran, bis er stöhnend zu Boden sank. Dann begann er, mit den Fäusten auf ihn loszuschlagen. Nikolas wälzte sich auf den Bauch, verschränkte die Arme vor dem Kopf, um die

Hiebe abzufangen. Aber im nächsten Augenblick spürte er, wie Theodoros, der sich auf seinen Rücken gesetzt hatte, von jemandem weggezogen wurde. „Mach dich davon!“, hörte er ihn keuchen. Nikolas stand sofort wieder auf den Füßen. Sah er recht? Es war Georg, der ihm zu Hilfe gekommen war. Nun mischten sich auch die anderen Jungen ein. Bald waren alle so ineinander verbissen, dass sie sich kaum noch bewegen konnten. Nikolas wusste nicht, wie lange der Kampf gedauert hatte. Plötzlich war er mit Georg allein. Die anderen hatten sich feige davongemacht. Eine Weile standen sie nebeneinander, ohne ein Wort zu sagen. Wie viel Wochen waren es her, seit sie miteinander gesprochen hatten!

„Was machen deine Kaninchen?“, fragte Nikolas. „Komm und schau sie dir an! Du wirst staunen, wie groß sie geworden sind!“ „Und deine Eltern ... sie haben dir doch verboten ...“ „Das ist mir egal. Sie werden sich schon daran gewöhnen, dass wir Freunde sind.“ Nikolas schwieg. Er fühlte sich plötzlich stark und glücklich.

1 a) Lesen Sie den Text und klären Sie unbekannte Begriffe.

b) Lesen Sie die Aufgaben zum Text sorgfältig.

c) Beantworten Sie die Aufgaben schriftlich. Wenn es nicht anders von Ihnen verlangt wird, dann schreiben Sie in vollständigen Sätzen.

d) Ziehen Sie dabei immer den Text zu Rate und unterstreichen Sie die entsprechenden Textstellen (Folie).

e) Im Tipp auf Seite 116 finden Sie zu den einzelnen Aufgabenstellungen Hinweise und Hilfen.

Aufgaben zum Text „Ein Funken Hoffnung“

1. Fassen Sie den Inhalt der Erzählung in wenigen Sätzen zusammen.

2. Der Autor beschreibt die politische Situation in der Heimat von Nikolas. Schreiben Sie stichpunktartig drei Textstellen heraus, die diese kennzeichnen. Notieren Sie die entsprechenden Zeilenangaben.

3. *„Nikolas spürte Hass in sich aufsteigen.“* (Zeile 59)
   Warum ist Nikolas wütend auf seinen Vater? Begründen Sie mit Hilfe des Textes.

4. Lesen Sie die Zeilen 52–58.
   Handelt der Vater verantwortungslos gegenüber seiner Familie?
   Bilden Sie sich eine Meinung zu seinem Verhalten und begründen Sie diese ausführlich.

5. **a)** Der bildhafte Ausdruck *„Nikolas spürte, wie der Hass … verflog und einer stummen Wut gegen etwas Platz machte, …“* (Zeilen 142–144) markiert eine Wende in der Geschichte. Erläutern Sie.
   b) Zitieren Sie aus dem Text einen weiteren bildhaften Ausdruck und erklären Sie ihn.

6. Die Einstellung von Nikolas gegenüber seinem Vater hat sich nach dem Besuch im Gefängnis geändert. Entwerfen Sie einen Brief, den Nikolas anschließend an seinen Vater ins Gefängnis schreibt.

7. **a)** *„Er fühlte sich plötzlich stark und glücklich.“* (Zeilen 182–183)
   Erklären Sie den letzten Satz der Erzählung.
   b) Der Text trägt den Titel *„Ein Funken Hoffnung“*. Begründen Sie.

TIPP

Hinweise zur Lösung der Aufgaben:

Aufgabe 1
Den Inhalt zusammenfassen
Eine Inhaltszusammenfassung informiert in knapper Form über den Inhalt eines literarischen Textes.
Folgendes sollte beantwortet werden:
- Wer sind die Hauptpersonen?
- Wo und wann spielt die Handlung?
- Was geschieht? (Zusammenfassung der wichtigsten Erzählschritte)

1. Schreiben Sie im Präsens.
2. Vermeiden Sie Satzanfänge wie: *Im ersten Abschnitt … Im zweiten Abschnitt …*
3. Verwenden Sie Überleitungen: *zunächst, darauf, anschließend, obwohl, schließlich, …*

Aufgabe 2
Stichpunktartig herausschreiben
1. Suchen Sie im Text Stellen, die etwas über die politische Situation aussagen, und unterstreichen Sie diese.
2. Schreiben Sie die wichtigsten Informationen heraus. Bilden Sie keine vollständigen Sätze.

Aufgabe 3
Mit Hilfe des Textes begründen
1. Lesen Sie die Textstelle im Textzusammenhang und vergegenwärtigen Sie sich ihren Sinn.
2. Suchen Sie nach Informationen im Text, mit denen sich Nikolas Gefühl begründen lässt. Stellen Sie diese Gründe ausführlich dar.
3. Greifen Sie zu Beginn die Fragestellung auf: *Aus folgenden Gründen ist Nikolas wütend auf seinen Vater: …*

Aufgabe 4
Sich eine eigene Meinung bilden und diese begründen
Im Arbeitsauftrag wird auf das Verhalten einer Person in der Geschichte Bezug genommen, zu dem Sie einen begründeten Standpunkt beziehen müssen.
1. Lesen Sie die angegebene Textstelle.
2. Bilden Sie sich eine eigene Meinung zu der in der Aufgabenstellung formulierten Frage. Beziehen Sie dabei ein, was Sie über die Situation in Nikolas Land und seiner Familie erfahren haben.
3. Begründen Sie Ihre Meinung, indem Sie sie mit überzeugenden Argumenten belegen. Achtung: Wenn Sie ausführlich begründen sollen, genügen nicht ein bis zwei Sätze.

Aufgabe 5 a)
Einen Wendepunkt erklären
1. Erklären Sie zunächst, inwiefern die Textstelle einen Wendepunkt in der Geschichte darstellt, indem Sie aufführen, was sich verändert und warum es sich verändert.
2. Gehen Sie dann darauf ein, wie das Sprachbild diese Wende im übertragenen Sinn zum Ausdruck bringt. Lesen Sie dazu auch im Tipp auf Seite 112, Aufgabe 5 a) nach.

Aufgabe 5 b) → siehe Seite 112, Aufgabe 5.

Aufgabe 6
Einen Brief verfassen
1. Versuchen Sie sich die Situation, in der die Person den Brief schreibt, genau vorzustellen. Vielleicht hilft es, dabei die Augen zu schließen.
2. Versetzen Sie sich in die Person, deren Brief Sie schreiben sollen, hinein: Wie denkt sie? Was fühlt sie?
3. Überlegen Sie, was die Person dem Empfänger des Briefes wohl mitteilen möchte.
4. Schreiben Sie in der Ich-Form und beachten Sie die äußeren Merkmale eines Briefes.

Aufgabe 7 a)
Eine Textstelle erklären
1. Lesen Sie die Stelle im Textzusammenhang und vergegenwärtigen Sie sich ihren Sinn.
2. Erklären Sie die Textstelle, indem Sie Gründe für Nikolas Haltung am Schluss nennen. Beziehen Sie sich dabei auf den Text.

Aufgabe 7 b) → siehe Seite 111, Aufgabe 1.

Quiz zur Erörterung

1. Was ist eine Erörterung?

a) Ein Aufsatz, in dem man sich argumentativ mit einem Thema auseinandersetzt.
b) Ein Aufsatz, in dem man über ein Thema ausschließlich sachlich informiert.
c) Ein Aufsatz, in dem man mit Hilfe von Überredungsstrategien seinen Standpunkt zu einem Thema verdeutlicht.

2. Aus welchen Teilen besteht ein Argument?

a) Behauptung und Begründung
b) Behauptung ohne Begründung
c) Behauptung oder Begründung

3. Welche Aufgabe hat die Gliederung?

a) Sie ersetzt die Erörterung.
b) Sie hilft dem Schreiber bei der Strukturierung seines Textes.
c) Sie fasst die interessantesten Aspekte noch einmal kurz zusammen.

4. Wann spricht man von einer Erörterung mit Einbeziehung von Gegenargumenten?

a) Wenn sie mindestens zwei Sätze umfasst.
b) Wenn zwei Aspekte zu einem Thema diskutiert werden.
c) Wenn die Themafrage besonders lang ausfällt.

5. Wie endet die Einleitung einer Erörterung?

a) Mit dem Thema in Form eines Frage- oder Aussagesatzes.
b) Mit einer Aufforderung an den Leser/die Leserin.
c) Mit einer Vorhersage.

6. Was sollte man bei der Einleitung vermeiden?

a) Zielstrebig und sachlich zum Thema hinzuführen.
b) Eine Definition oder ein aktuelles Ereignis als Ausgangspunkt aufzugreifen.
c) Bereits für das Thema wichtige Argumente zu benennen.

7. Wie endet eine Erörterung?

a) Mit einer ausführlichen und präzisen Darstellung des wichtigsten Arguments.
b) Mit einer begründeten Stellungnahme zum Thema.
c) Mit einem kurzen Aussagesatz, der die eigene Meinung erahnen lässt.

8. Wann ist eine Erörterung misslungen?

a) Wenn sie nur vier Argumente enthält.
b) Wenn sie die Themafrage nicht beachtet.
c) Wenn die Stellungnahme am Schluss nicht zu vertreten ist.

1 Versuchen Sie, das Quiz zunächst selbstständig zu lösen. Schreiben Sie Ihre Antworten jeweils auf.

2 Vergleichen und diskutieren Sie Ihre Ergebnisse gemeinsam in der Klasse.

Ein Thema erschließen

1 Welche der rechts aufgeführten Erörterungsthemen sind einseitig, welche beziehen Gegenargumente mit ein? Die Info hilft Ihnen dabei.

2 a) Untersuchen Sie die einzelnen Themen in Partnerarbeit genauer. Wählen Sie dazu drei Themen aus und schreiben Sie diese ab. Unterstreichen Sie anschließend die Schlüsselbegriffe, die für das Verständnis des Themas wichtig sind. Berücksichtigen Sie dabei den Tipp auf Seite 119.

b) Machen Sie sich die Bedeutung der Schlüsselbegriffe klar. Was beinhalten Sie, was nicht? Machen Sie sich entsprechende Notizen.

c) Finden Sie bei den Aufgabenstellungen Begriffe, die das Thema inhaltlich einschränken? Markieren Sie diese gesondert.

d) Diskutieren Sie Ihre Ergebnisse in der Klasse.

Erörtern Sie die Vorteile und Gefahren der Werbung für Wirtschaft und Verbraucher.

↓

– Werbung: beinhaltet Werbung im Fernsehen, im Radio, in den Printmedien. …

INFO

Einseitige Erörterung und Erörterung mit Gegenargumenten

Bei einer **einseitigen Erörterung** soll nur eine Seite eines Themas diskutiert werden (z. B. die Vorteile **oder** die Nachteile.

Bei einer **Erörterung mit Gegenargumenten** werden dagegen zwei Seiten einer Thematik dargestellt (z. B. die Vor- **und** die Nachteile).

A Welche Gründe sprechen dafür, dass junge Leute an einem Tanzkurs teilnehmen? Was spricht dagegen?

B Erörtern Sie, warum Flugreisen so beliebt sind.

C Unsere Gesellschaft produziert Unmengen an Müll. Welche verhängnisvollen Folgen hat dies für die Umwelt?

D Welche Vorteile bringt es, wenn Kinder von klein auf Taschengeld bekommen?

E Aus welchen Gründen werden heutzutage Tiere ausgesetzt?

F Was spricht für, was gegen ein Leben in einer festen Partnerschaft?

G Immer mehr Jugendliche entscheiden sich heutzutage dafür, möglichst lange bei ihren Eltern zu wohnen. Erörtern Sie die Vor- und Nachteile.

H Wie könnte in Ihrem Wohnort das Leben für junge Menschen attraktiver gestaltet werden und was könnten Sie selbst dazu beitragen?

I Aus welchen Gründen träumen viele Jugendliche von einer großen Karriere ?

J Erörtern Sie die Vorteile und Gefahren der Werbung für Wirtschaft und Verbraucher.

Die Themafrage formulieren

„Um welches Thema geht es eigentlich?“

Welche Vorteile und welche Gefahren bringt die Werbung für den Konsumenten?

Welche Gefahren sind mit der Werbung für den Konsumenten verbunden?

Welche Vor- und Nachteile hat die Werbung?

Was leistet die Werbung?

Welche Vorteile hat die Werbung für den Konsumenten?

Welche Gefahren bringt die Werbung mit sich?

1 Sprechen Sie über die dargestellte Situation. Welches Problem wird hier aufgezeigt?

2 a) Versuchen Sie, das Thema gemeinsam zu erschließen. Lesen Sie dazu zunächst den Tipp.
b) Welche der Themafragen passen zur Aufgabenstellung? Warum nur diese?

TIPP

So erschließen Sie ein Thema:
Ein Thema zu erschließen, ist wichtig, um die Aufgabenstellung richtig zu verstehen. So gehen Sie dabei vor:
1. Lesen Sie sich die Aufgabenstellung mehrmals durch.
2. Unterstreichen Sie Begriffe, die das Thema inhaltlich festlegen (Schlüsselbegriffe).
3. Achten Sie auf Begriffe, die das Thema inhaltlich einschränken.
4. Überlegen Sie genau, ob es sich um eine einseitige oder um eine Erörterung mit Gegenargumenten handelt.
5. Formulieren Sie schließlich mit Hilfe der Schlüsselbegriffe eine passende Themafrage. Denken Sie daran, bei einer Erörterung mit Gegenargumenten beide Aspekte des Themas anzusprechen.

3 Formulieren Sie zu folgenden Aufgabenstellungen passende Themafragen.

A
Erörtern Sie, warum sich Talkshows im Fernsehen so großer Beliebtheit erfreuen. Was ist aus Ihrer Sicht zu kritisieren?

B
Lärm beeinträchtigt unser Leben. Zeigen Sie Beispiele dafür auf und erörtern Sie, was der Einzelne tun kann, um Lärm zu vermeiden.

C
Für viele Menschen ist Lesen als Freizeitbeschäftigung nebensächlich geworden. Erörtern Sie die Ursachen dafür.

D
Erörtern Sie Vor- und Nachteile der anhaltenden Fitnesswelle.

Eine Stoffsammlung anlegen und ordnen

Themafrage:
Aus welchen Gründen besuchen viele junge Leute einen Tanzkurs? Was spricht dagegen?

1 Erschließen Sie gemeinsam die Themafrage.

2 a) Beide Listen sind unvollständig. Ergänzen Sie in Partnerarbeit die Stoffsammlung durch eigene Gedanken.
b) Ordnen Sie Ihre Stoffsammlung. Lesen Sie dazu zunächst den Tipp.
c) Vergleichen Sie Ihre Ergebnisse.

Gründe für den Besuch eines Tanzkurses:

???

- nette Leute kennen lernen
- sich fit halten
- für offizielle Anlässe gewappnet sein
- sinnvolle Freizeitbeschäftigung
- macht Spaß
- Bekanntenkreis vergrößern
- Tanzstile bestimmter Stars nachahmen
- bereitet Freude

sportlicher Aspekt

- sportliche Gründe
- Stärkung des musikalischen Empfindens und des Rhythmusgefühls
- Sport treiben
- sich bei Tanzveranstaltungen nicht blamieren
- damit man später dem Tanzpartner nicht ständig auf die Füße tritt
- Personen des anderen Geschlechts kennen lernen
- ???

TIPP

So sammeln und ordnen Sie Ihre Gedanken in einer Stoffsammlung:

1. Schreiben Sie alle Gedanken zur Themafrage stichwortartig auf. Legen Sie dazu bei einer Erörterung mit Gegenargumenten zwei Listen oder Mindmaps an.
2. Überlegen Sie sich, welche der aufgeführten Gedanken inhaltlich zusammengehören. Kennzeichnen Sie sie durch farbiges Unterstreichen oder durch Zeichen am Rand.
3. Streichen Sie die Punkte,
   – die sich überschneiden,
   – die nicht zum Thema gehören oder
   – die nur aus Beispielen bestehen.
4. Finden Sie passende Oberpunkte für Aspekte, die zusammengehören.
5. Ordnen Sie Ihre Stichwörter von den weniger wichtigen zu den wichtigsten Gedanken. Der wichtigste Aspekt soll in Ihrer Erörterung am Schluss stehen, um Ihren Überlegungen Nachdruck zu verleihen und den Leser nachhaltig von Ihrer Ansicht zu überzeugen.

Gründe gegen den Besuch eines Tanzkurses:

- zu weite Wege zur Tanzschule
- ???

Eine Gliederung anlegen

A. In meinem Freundeskreis ist das Thema „Tanzkurs" umstritten.

B. Aus welchen Gründen besuchen viele junge Leute einen Tanzkurs? Was spricht dagegen?

I. Gründe für den Besuch eines Tanzkurses
1. ???
   a) Stärkung von Ausdauer und Kondition
   b) Aufbau einer besseren Körperhaltung
2. ???
   a) Kennenlernen neuer Leute
   b) Abbau von Hemmungen dem anderen Geschlecht gegenüber
3. ???

II. Gründe gegen den Besuch eines Tanzkurses
1. ???
???

C. Ich werde mich ebenfalls für einen Tanzkurs anmelden.

1 a) Machen Sie sich den Aufbau der Gliederung klar. Lesen Sie dazu auch den Tipp.
b) Die vorliegende Gliederung ist unvollständig. Finden Sie für den Teil I passende Oberbegriffe.
c) Ergänzen Sie die Gliederung (Teil II) mit Hilfe Ihrer bereits angelegten Stoffsammlung.
d) Vergleichen Sie Ihre Ergebnisse. Begründen Sie die von Ihnen gewählte Abfolge.

TIPP

So legen Sie eine Gliederung an:
Die Gliederung dient dazu, Ihre Gedanken in eine geordnete Reihenfolge zu bringen. Sie muss für Sie und den Leser verständlich sein. Eine Gliederung besteht stets aus drei Teilen: Einleitung (A), Hauptteil (B), Schluss (C).
Der Hauptteil B ist noch weiter unterteilt. Beachten Sie die folgenden Hinweise:
1. Fassen Sie Einleitung und Schluss jeweils in einem vollständigen Satz zusammen.
2. In der Stoffsammlung haben Sie schon die Abfolge der Gedanken geklärt. Schreiben Sie sie in der vorgesehenen Reihenfolge auf.
   Wenn dies große Schwierigkeiten bereitet, dürfen Sie auch ganze Sätze verwenden.
3. Beachten Sie die richtige Verwendung der Buchstaben und Ziffern.
4. Bei jedem Gliederungspunkt wird das erste Wort großgeschrieben.

Eine Gliederung überarbeiten

Themafrage:
Warum träumen so viele Jugendliche von einem eigenen Auto?
Was veranlasst sie, gelegentlich darauf zu verzichten?

- leichtere und einfachere Beförderung von Lasten
- starkes Lärmaufkommen
- Zeitverlust für Pflege und Wartung
- unnötiger Rohstoffverbrauch
- schnelle Fortbewegung
- höheres Unfallrisiko
- hohe Schadstoffabgabe
- Schutz bei schlechtem Wetter
- Unabhängigkeit von öffentlichen Verkehrsmitteln
- zu hohe Anschaffungskosten
- keine Bereitschaft zum Verzicht auf Alkohol
- geringere Abhängigkeit von Eltern
- berufliche Flexibilität
- bequeme Ausstattung und Fortbewegung
- Zerstörung der Landschaft
- zu hohe Unterhaltskosten

1 a) Mit Hilfe der oben aufgeführten Notizen muss die Stoffsammlung noch geordnet werden. Sortieren Sie die einzelnen Punkte zunächst in „Gründe für den Besitz eines eigenen Autos" und in „Gründe für den Verzicht".

b) Ordnen Sie die Gründe für den Besitz eines eigenen Autos folgenden Oberpunkten zu:
- größere Mobilität
- Verstärkung der persönlichen Unabhängigkeit
- höhere Bequemlichkeit

c) Ordnen Sie nun auch die Gründe für den Verzicht. Finden Sie dazu Oberbegriffe für Aspekte, die zusammengehören.

d) Legen Sie mit Hilfe Ihrer geordneten Stoffsammlung eine vollständige Gliederung an.

e) Vergleichen Sie Ihre Ergebnisse.

2 a) Hier ist ein weiterer Ausschnitt der Gliederung abgedruckt. Warum sind die aufgeführten Unterpunkte nicht aussagekräftig genug bzw. sprachlich nicht eindeutig genug formuliert?

b) Finden Sie für die Unterpunkte sinnvollere Formulierungen.

<u>Keine Notwendigkeit für ein eigenes Auto</u>

a) Wohnlage
b) Geschwister/Freunde mit Autos
c) Öffentliche Verkehrsmittel

Die Einleitung einer Erörterung

1 Um welche Art von Einleitung handelt es sich bei den beiden Texten? Lesen Sie dazu die Info.

2 Welche der folgenden Themafragen gehört zur Einleitung A, welche zur Einleitung B? Woran ist dies zu erkennen?

Aufgabenstellung 1:
Aus welchen Gründen besuchen viele junge Leute einen Tanzkurs? Was spricht dagegen?

Aufgabenstellung 2:
Warum sind Tanzkurse bei jungen Leuten so beliebt?

3 Schreiben Sie selbst eine Einleitung zur Themafrage 2 der Aufgabe 2 oder zur Themafrage auf Seite 122. Der Tipp kann Ihnen dabei helfen.

A
Im letzten Sommer hat in unserer Stadt eine Tanzschule eröffnet. Von Anfang an waren die Tanzkurse für junge Leute gut besucht. Auch aus meiner Klasse waren viele Mitschülerinnen und Mitschüler über dieses neue Freizeitangebot sehr begeistert und meldeten sich sofort für einen Tanzkurs an. Angesichts dieser Begeisterungswelle möchte ich im Folgenden der Frage nachgehen, ...

B
Vor einigen Monaten hat in unserer Stadt eine Tanzschule eröffnet, die auch in unserer Schule für ihre Tanzkurse warb. Von Anfang an war die Meinung hierzu unter meinen Mitschülerinnen und Mitschülern zweigeteilt.
Im Folgenden soll daher erörtert werden, ...

INFO

Die Einleitung einer Erörterung
Die Einleitung einer Erörterung kann sehr unterschiedlich aussehen. Ausgangspunkt können sein:
- ein aktuelles Ereignis,
- ein Zitat,
- eine Begriffserklärung,
- ein historischer Rückblick,
- statistisches Zahlenmaterial,
- ein persönliches Erlebnis.

Die Einleitung führt zielstrebig und sachlich zum Thema hin. Bei einer Erörterung mit Gegenargumenten werden möglichst beide Seiten des Themas angesprochen. Argumente aus dem Hauptteil werden noch nicht aufgeführt.
Am Schluss der Einleitung steht die Themafrage oder ein entsprechender Aussagesatz.

TIPP

So leiten Sie von der Einleitung zur Themafrage über:
- *Im Folgenden soll (daher) erörtert/ der Frage nachgegangen werden, ...*
- *Daher möchte ich erörtern, ...*
- *Angesichts dieser Tatsache/ Beobachtung/Entwicklung stellt sich für mich die Frage ...*
- *Aufgrund dieser Beobachtung/Erkenntnis/ Feststellung muss man sich überlegen/fragen, ...*
- *Es gibt sehr unterschiedliche Gründe (dafür), warum ...*
- *Dabei ist vor allem folgende Frage von Bedeutung: ...*
- *Aus dem Vorangegangenen drängt sich die Frage auf: ...*
- *In diesem Zusammenhang stellt sich (mir) die Frage: ...*

Der Hauptteil einer Erörterung

1 a) Hier wurde der erste Teil des Erörterungsthemas „Aus welchen Gründen besuchen Jugendliche einen Tanzkurs? Was spricht dagegen?“ ausformuliert. Vergleichen Sie die Ausarbeitungen mit der Gliederung von Seite 121. Welche Punkte in der Gliederung müssen Sie ändern, damit Aufsatz und Gliederung übereinstimmen?

b) Untersuchen Sie die einzelnen Argumente genauer. Lesen Sie dazu zunächst die Info. Legen Sie anschließend eine Folie über den Text und unterstreichen Sie Behauptungen und Begründungen mit unterschiedlichen Farben.

c) Vergleichen Sie Ihre Ergebnisse.

d) Welche Argumente sind Ihrer Meinung nach unlogisch bzw. unzureichend? Diskutieren Sie in der Klasse Verbesserungsvorschläge.

INFO

Aufbau eines Arguments
Ein Argument besteht aus einer Behauptung und einer ausführlichen Begründung, die logisch und nachvollziehbar aufgebaut sein sollte.
Die Begründung kann unterschiedlich aussehen:
Behauptung:
Das Erlernen von Standardtänzen spielt in Tanzschulen heutzutage nur noch eine Nebenrolle.
A: Begründung mit konkretem Beispiel
Das hat auch der Allgemeine Deutsche Tanzlehrer Verband schnell erkannt, der bereits 1997 mit seiner „Dance 4 Fans“-Idee eine neue Richtung einschlug. In Kursen werden Jugendlichen zwischen sieben und 17 Jahren die Choreografien bekannter Stars beigebracht. Die Nachfrage nach solchen Kursen steigt derart, dass auch Nachbarländer dieses Konzept übernehmen.
B: Begründung ohne konkretes Beispiel
Vielmehr sind Jugendliche daran interessiert, in Tanzkursen die Tanzstile bestimmter Stars vermittelt zu bekommen. Anstelle traditioneller Standardtänze ziehen es junge Leute vor, zu den Beats ihrer Idole passende Bewegungen zu erlernen.

Zunächst möchte ich auf die Gründe eingehen, warum viele Jugendliche sich dazu entschließen, einen Tanzkurs zu absolvieren. Eine entscheidende Rolle spielt hierbei der sportliche Aspekt. Ein Tanzkurs bietet den Jugendlichen eine gute Möglichkeit, sich fit zu halten. Durch regelmäßiges Tanzen lassen sich Ausdauer und Kondition verstärken: Das Bewegen nach Musik über einen längeren Zeitraum hinweg bringt das Herz-Kreislauf-System in Schwung und hält somit den Körper fit. Da gerade bei Jugendlichen der Wunsch nach körperlicher Fitness und sportlichem Aussehen sehr ausgeprägt ist, wird eine solche Freizeitbeschäftigung von vielen gern genutzt.
Weiterhin entscheiden sich Jugendliche mitunter für den Besuch eines Tanzkurses, um ihre eigene Körperhaltung zu verbessern.

Aber auch soziale Gründe führen dazu, dass Jugendliche heutzutage eine Tanzschule aufsuchen. So erhoffen sich viele Jugendliche, dort neue Freunde kennen zu lernen. Da die Personen, die einen solchen Kurs absolvieren, meistens im gleichen Alter sind und durch das Tanzen ein gemeinsames Gesprächsthema haben, ist es leicht, neue Kontakte zu knüpfen. Schnell kommen die Kursteilnehmer über bestimmte Schrittfolgen, Musikarten oder Choreografien ins Gespräch, sodass man sich auf unkomplizierte und ungezwungene Weise kennen lernen kann. Auch in meinem Bekanntenkreis sind auf diese Weise schnell neue Freundschaften entstanden.
Zudem bieten Tanzkurse gerade für schüchterne Personen eine gute Gelegenheit, die Hemmungen dem anderen Geschlecht gegenüber abzubauen, denn schließlich wird immer paarweise getanzt. Ich selbst kenne einige Paare, die sich so gefunden haben.

2 Lesen Sie die Behauptungen unten und die Begründungen rechts: Welche Behauptung gehört zu welcher Begründung?
(Achtung: Zu zwei Behauptungen liegen keine Begründungen vor.)
- *Tanzkurse sind für Jugendliche zu teuer.*
- *Für viele Jugendliche ist die Anfahrt zur Tanzschule zu aufwändig.*
- *Tanzkurse können bei weniger selbstbewussten Jugendlichen Minderwertigkeitsgefühle auslösen.*
- *Tanzkurse gelten bei vielen Jugendlichen als veraltet.*

A
Ich selbst habe erst kürzlich wieder feststellen können, dass in Diskotheken oder bei anderen Veranstaltungen junger Leute heutzutage kaum noch paarweise getanzt wird. Selbst bei offiziellen Anlässen wie z.B. Hochzeiten tanzt man überwiegend für sich. Das Erlernen der Standardtänze erscheint daher nicht mehr zeitgemäß.

B
Da sich nicht in jedem Ort eine Tanzschule befindet, müssen manche junge Leute lange Anfahrtswege in Kauf nehmen, um eine Tanzschule zu besuchen. Auch von unserem Wohnort liegt die nächste Tanzschule immerhin 15 km entfernt. Gerade Schüler, die auf dem Land wohnen, müssen daher auf solche Kurse mitunter verzichten.

3 Untersuchen Sie mit Hilfe der Info auf Seite 124 den Aufbau der Begründungen.
Wie viele Beispiele werden in den einzelnen Argumenten jeweils angeführt?

4 a) Formulieren Sie nun den zweiten Teil des in Aufgabe 1 a) genannten Erörterungsthemas „Was spricht dagegen, dass Jugendliche einen Tanzkurs absolvieren?“ aus.
Lesen Sie dazu den Tipp.
b) Verwenden Sie auch die Behauptungen, die in Aufgabe 2 übrig geblieben sind, und bauen Sie sie zu vollständigen Argumenten aus.
Nennen Sie mehrere Beispiele.

TIPP

So können Sie die einzelnen Argumente verknüpfen:
Der Text wirkt flüssiger, wenn Sie die einzelnen Argumente durch kurze Überleitungen zueinander in Beziehung setzen.
Sie können hierzu folgende Wörter und Formulierungen benutzen:
- *weiterhin, darüber hinaus, außerdem, überdies, neben, hinzu kommt,*
- *auch, aber auch, zu bedenken ist auch,*
- *sowohl … als auch,*
- *nicht nur, … sondern auch,*
- *ebenso, ferner,*
- *erstens, zweitens …*

So können Sie die beiden Seiten des Hauptteils miteinander verknüpfen:
Formulieren Sie bei einer Erörterung mit Gegenargumenten einen Überleitungssatz, um eine Verbindung von einem Teil des Hauptteils zum anderen herzustellen:
- *Nachdem ich … erörtert habe, wende ich mich im nun … zu.*
- *Im Vorangegangenen wurden … dargelegt. Im Folgenden sollen nun … erörtert werden.*
- *Wurden bisher … aufgezeigt, so sollen im weiteren Verlauf dieser Arbeit auch … zur Sprache kommen.*
- *Nachdem nun auf … hingewiesen worden ist, sollte nun allerdings auch … beachtet werden.*

Der Schluss einer Erörterung

1 Vergleichen Sie die beiden Schlussteile miteinander. Welche Gemeinsamkeiten und Unterschiede stellen Sie fest?

2 Welchen Schluss halten Sie für gelungener? Begründen Sie Ihre Meinung.

3 Entwerfen Sie selbst zu Ihrer Erörterung (zur Themafrage von Seite 122) einen Schluss. Überlegen Sie zuvor genau, welche Möglichkeit der Stellungnahme Sie wählen möchten. Der Tipp hilft Ihnen dabei.

A
Aus dem bisher Erwähnten geht hervor, dass junge Leute vor allem aus sportlichen und sozialen Gründen einen Tanzkurs besuchen. Allerdings gibt es auch finanzielle, geografische oder auch persönliche Aspekte, die einem solchen Vorhaben mitunter im Wege stehen.
Für mich persönlich kommt der Besuch einer Tanzschule nicht in Frage, da ich ihn mir nicht leisten kann. Nur durch einen zusätzlichen Nebenjob könnte ich das dafür nötige Geld aufbringen und dies ist mir das Erlernen der Standardtänze nicht wert. Ich halte es daher für wünschenswert, dass in der Schule auch einmal solche Kurse angeboten werden. Die Nachfrage wäre sicherlich groß.

B
Es gibt verschiedene Gründe, warum junge Leute heutzutage einen Tanzkurs absolvieren und warum andere darauf verzichten.
Meiner Meinung nach sollte jeder einmal eine solche Erfahrung machen. Ich absolviere in diesem Jahr meinen dritten Kurs und es gefällt mir nach wie vor sehr gut. Man lernt immer wieder auf ganz unkomplizierte Weise neue Leute kennen. Auch meinen derzeitigen Freund habe ich während eines Abschlussballs kennen gelernt.
Leute, die einen Tanzkurs aus einem bestimmten Grund nicht besuchen wollen oder können, tun mir leid!

TIPP

So schreiben Sie den Schluss Ihrer Erörterung:

1. Runden Sie Ihre Erörterung mit einem Schluss ab. Fassen Sie hierzu das Vorangegangene zunächst noch einmal knapp und übersichtlich zusammen.
2. Achten Sie darauf, dass Sie einzelne vorangegangene Argumente nicht noch einmal diskutieren oder neue aufführen.
3. Verfassen Sie schließlich eine eigene Stellungnahme zum Thema, indem Sie z. B.
   - den für Sie wichtigsten Aspekt benennen und aus ihrer Sicht erläutern,
   - einen Ausblick auf die Zukunft geben,
   - einen persönlichen Wunsch oder eine persönliche Befürchtung aussprechen,
   - einen einschränkenden Gedanken darstellen.
4. Denken Sie daran, Ihre Stellungnahme ausführlich zu begründen.
5. Folgende Formulierungen können Ihnen beim Ausarbeiten des Schlussteils hilfreich sein:
   Aus dem Vorangegangenen ergibt sich, … / Zusammenfassend stelle ich fest … / Deswegen komme ich zum Schluss, … / Abschließend möchte ich betonen … / Ich persönlich vertrete die Ansicht, … / Aus meiner Sicht, … / Wir wollen hoffen, … / Ich befürchte jedoch, … / Ich nehme an, dass in Zukunft …

Die Sprache überarbeiten

1 Überarbeiten Sie die Erörterung. Achten Sie dabei besonders auf sprachliche Mängel (z. B. falsche Bezüge, Wiederholungsfehler, Ausdrucksfehler, unvollständige Sätze).

Themafrage:
Warum ist Fahrradfahren heutzutage so beliebt?

Im letzten Jahr wurden in unserem Wohnort die Fahrradwege ausgebaut. Auch in den Nachbargemeinden soll in den kommenden Jahren alte Fahrradstrecken erneuert bzw. sogar neue angelegt werden. Begründet wird dies mit dem verstärkten Fahrradaufkommen in den letzten Jahren. Doch warum ist das Fahrradfahren heutzutage so beliebt?

Zunächst ist die hohe Beliebtheit dieser Fortbewegungsart sicherlich darauf zurückzuführen, dass sie nicht kostspielig sein müssen und sich somit fast jeder leisten kann. Fahrräder werden heutzutage in einer großen Fülle angeboten. Neben Fahrradgeschäften werden die Bikes auch in Supermärkten, auf dem Flohmarkt oder durch Privatverkäufer in allen Medien vertrieben. So ist es fast jedem möglich, ein einigermaßen passables Fahrrad zu erstehen. Auf Flohmärkten liegt der Preis für ein noch fahrtüchtiges Fahrrad nicht selten bei weniger als 30 Euro. Ebenso die Unterhaltskosten. Bei regelmäßiger Pflege und Wartung sind Räder heutzutage langlebig, sodass nur in einem überschaubaren Rahmen gelegentlich einmal Ersatzteile wie z. B. neue Reifen oder eine neue Klingel angeschafft werden muss.
Dass viele Menschen heutzutage aufs Rad steigen, hat aber auch gesundheitliche Gründe. Fahrradfahren steigert die Kondition und trainiert somit das Herz-Kreislauf-System. Durch die regelmäßigen Tretbewegungen ist der Körper ständig in Bewegung und wird körperlich fit gehalten. Nicht ohne Grund empfehlen Ärzte vor allem kreislaufschwachen oder auch fetten Menschen immer wieder dazu, das Auto stehen zu lassen und regelmäßig Rad fahren.
Außerdem bietet das Fahrradfahren eine gute Möglichkeit, um zu relaxen und zu erholen. Während man mit dem Auto häufig auf viel befahrenen Straßen, ist es dem Fahrradfahrer auch möglich, einsame Wege durch Feld und Flur zu wählen, wo sie sich nicht ständig stark konzentrieren müssen. Auf diese Weise kann der Radfahrer ähnlich wie ein Spaziergänger abschalten und Stress abbauen. Immer mehr Radwege werden zu diesem Zweck in Erholungsgebieten ausgebaut.
Außerdem ist Fahrradfahren umweltfreundlich. Denn sie verpesten in keinerlei Weise die Umwelt. Im Gegensatz zu Fortbewegungsmitteln, die per Diesel oder Benzin betrieben werden, erzeugen Fahrräder z. B. keine Schadstoffe. Auch alte Fahrräder, die nicht mehr fahrtüchtig sind, können heutzutage umweltgerecht entsorgt werden. Auch die Tatsache, dass Fahrräder kaum Lärm machen, macht sie umweltfreundlich.

Die vorangegangenen Überlegungen haben verschiedene Gründe aufgezeigt, warum das Fahrradfahren heutzutage so beliebt ist. Ich persönlich bin auch ein begeisterter Fahrradfahrer, der sowohl für den Schulweg als auch am Nachmittag für den Weg zu Freunden gern auf sein Fahrrad steigt. Allerdings, meine ich, kann man es mit dem Radfahren auch übertreiben. Wer bei Wind und Wetter das Fahrrad nimmt, riskiert, schnell krank zu werden. Ebenso ist das Fahrrad für besonders lange Strecken einfach nicht geeignet. Wegen der langen Fahrzeit.

Inhalt und Aufbau
überarbeiten

1 a) Lesen Sie die Auszüge der Erörterung kritisch. Überprüfen Sie, ob die abgedruckten Fehlerquellen vermieden wurden.
b) Benutzen Sie eine Folie, um Fehler zu markieren und diskutieren Sie ggf. Verbesserungsvorschläge.

Themafrage:
Aus welchen Gründen üben Jugendliche heutzutage einen Ferienjob aus? Welche Probleme können dabei auftreten?

Achtung: Fehlerquellen!

Einleitung:
- Die Einleitung passt nicht zur Themafrage.
- Die Einleitung nimmt Argumente aus dem Hauptteil vorweg.
- Die Einleitung lässt bereits die eigene Meinung erkennen.
- Es liegt ein Bruch zwischen der Einleitung und der Themafrage vor.
- Die Einleitung fällt zu ausschweifend aus.

Achtung: Fehlerquellen!

Hauptteil:
- Einzelne Argumente sind unlogisch und unverständlich aufgebaut.
- Die Begründungen fallen zu knapp aus.
- Die Begründungen schweifen aus, führen von der Behauptung weg.
- Die Begründungen bzw. Beispiele wirken unglaubwürdig.
- Die Begründungen bestehen nur aus Beispielen.
- Die Übergänge zwischen den Argumenten
  - wirken z.T. holprig,
  - wiederholen sich oder
  - fehlen sogar völlig.
- Es fehlt ein passender Überleitungssatz vom ersten zum zweiten Teil.
- Der Überleitungssatz ist unzureichend.

„Erst die Arbeit, dann das Vergnügen" lautet eine bekannte Redensart, die in letzter Zeit von Jugendlichen leider immer ernster genommen wird. So konnte zumindest in den vergangenen zwei Jahren beobachtet werden, dass zahlreiche Schülerinnen und Schüler zu Beginn ihrer Ferien einen Job ausübten. Allerdings gibt es auch immer mehr Eltern, die sich öffentlich gegen die Jobs ihrer Kinder aussprechen. Angesichts dieser Beobachtungen soll im Folgenden der Frage nachgegangen werden, aus welchen Gründen Jugendliche heutzutage einen Ferienjob ausüben und welche Probleme dabei auftreten können.

Zunächst nehmen manche Jugendliche einen Ferienjob an, um einen ersten Einblick ins Berufsleben zu gewinnen. Gerade im Hinblick auf eine spätere Berufswahl sind viele junge Leute noch sehr unsicher und erhoffen sich auf diese Weise, einen bestimmten Beruf von der praktischen Seite näher kennen zu lernen. Das Ausüben einer bestimmten Tätigkeit, die Umstände eines bestimmten Arbeitsfeldes sowie auch der Umgang mit Kollegen lässt sich auf diese Weise am besten erfahren und beurteilen. Auch beim Arbeitsamt wird immer wieder dazu geraten, einen Ferienjob oder ein Praktikum auszuüben, bevor man sich endgültig für einen Beruf entscheidet.
Darüber hinaus sind es oftmals finanzielle Gründe, die Schülerinnen und Schüler zu einem Ferienjob bewegen. Viele Jugendliche möchten durch einen solchen Job ihr Taschengeld aufbessern. Gerade in den Ferien fallen z.B. durch vermehrte Disko- oder Kinobesuche erhöhte Kosten an, die durch den Verdienst eines Ferienjobs ausgeglichen werden können.
Darüber hinaus sind die Jugendlichen aufgrund ihrer Nebenjobs auch einmal in der

Lage, sich größere Anschaffungen sofort zu erfüllen. Wünsche wie ein neuer Computer, eine Musikanlage oder auch eine teure Sportausrüstung müssen somit nicht auf Weihnachten geschoben werden, sondern können schon in kurzer Zeit von den Schülerinnen und Schülern realisiert werden. Zwei meiner Klassenkameraden konnten sich z. B. durch ihren Ferienjob einen Tanzkurs selbst finanzieren.

Dies waren die Gründe für Ferienjobs, jetzt die dagegen.
Die Ausübung eines Ferienjobs hat nicht selten zur Folge, dass sich die Jugendlichen in ihrer Ferienzeit nicht genügend erholen. Da manche Schülerinnen und Schüler fast während der ganzen Ferien arbeiten, bleibt ihnen nicht genügend Zeit, sich auszuruhen, sodass sie schließlich wieder müde und abgekämpft in der Schule erscheinen.
Mir ging das auch schon einmal so.
Zudem vernachlässigen viele Jugendliche aufgrund ihrer Ferientätigkeit ihre Familie und Freunde. Da die jungen Leute von morgens bis abends arbeiten, bleibt nur noch wenig Zeit für Verwandte und Bekannte. Gemeinsame Unternehmungen oder auch nur ein gemütlicher Abend zu Hause stehen nur noch selten auf dem Programm, was gelegentlich sogar zu Spannungen in der Familie oder zur Vernachlässigung von Freunden führen kann.

Die vorangegangenen Überlegungen machen deutlich, dass sich Jugendliche vor allem aus beruflichen und finanziellen Aspekten für einen Ferienjob entscheiden. Besonders aus gesundheitlicher, aber auch aus sozialer Hinsicht erscheint dies bedenklich zu sein. Ich persönlich interessiere mich nicht für Ferienjobs, weil ich meine Ruhe haben will.

Achtung: Fehlerquellen!

Schluss:
- Argumente aus dem Hauptteil werden ausführlich wiederholt.
- Es werden völlig neue Argumente ergänzt.
- Es fehlt eine knappe Zusammenfassung des Hauptteils.
- Die persönliche Stellungnahme fällt zu kurz aus.
- Die persönliche Stellungnahme wird kaum oder gar nicht begründet.

TIPP

So schreiben Sie eine Erörterung:

1. Sehen Sie sich zunächst die Aufgabenstellung sorgfältig an.
- Suchen Sie nach Schlüsselbegriffen, die das Thema klar umfassen.
- Überlegen Sie, ob das Thema durch bestimmte Begriffe inhaltlich eingeschränkt wird.
- Finden Sie heraus, ob es sich um eine Erörterung handelt, die nur eine Seite anspricht oder um eine Erörterung mit Einbeziehung von Gegenargumenten.

2. Legen Sie nun eine Stoffsammlung an.
Notieren Sie hierzu alle Stichpunkte, die Ihnen spontan zur Aufgabenstellung einfallen.

3. Ordnen Sie Ihre Stoffsammlung.
- Überlegen Sie hierzu, welche der notierten Gedanken zusammengehören. Kennzeichnen Sie diese durch gleiche Farben oder Zeichen.
- Streichen Sie Überflüssiges weg (z. B. Wiederholungen, Überschneidungen).
- Finden Sie eventuell für zusammengehörende Aspekte Oberbegriffe. Achtung: Nicht jeder Aspekt muss immer Unterpunkte haben.
- Bringen Sie Ihre Argumente in eine sinnvolle Reihenfolge vom weniger Wichtigen zum Wichtigsten. Die Anzahl der Argumente hängt vom Thema ab.
  Es sollten insgesamt ca. acht Argumente aufgeführt werden. Bei einer Erörterung mit Gegenargumenten muss die Anzahl der Argumente für beide Seiten (Pro/Kontra) nicht gleich sein.

4. Legen Sie nun eine Gliederung an.
- Denken Sie daran, dass diese aus drei Teilen besteht: Einleitung, Hauptteil und Schluss. Einleitung und Schluss werden in je einem Satz bzw. einem Stichpunkt wiedergegeben.
  Sie können dies auch noch zu einem späteren Zeitpunkt einfügen.
- Beachten Sie beim Hauptteil die richtige Nummerierung.
- Denken Sie daran, dass Sie jeden Gliederungspunkt mit einem Großbuchstaben beginnen.

5. Entwerfen Sie die Einleitung.
- Überlegen Sie genau, welche Form Sie wählen möchten (aktuelles Ereignis, Zitat, Begriffserklärung, historischer Rückblick, statistisches Zahlenmaterial, persönliches Erlebnis).
- Führen Sie zielstrebig und sachlich zum Thema hin.
- Achten Sie bei einer Erörterung mit Gegenargumenten darauf, beide Teilbereiche der Aufgabenstellung aufzugreifen.
- Nennen Sie noch keine Argumente des Hauptteils.
- Beenden Sie die Einleitung mit der Themafrage oder einem entsprechenden Aussagesatz.

6. Formulieren Sie anschließend den Hauptteil.
- Denken Sie daran, dass ein Argument immer aus Behauptung und Begründung besteht.
- Versuchen Sie, die einzelnen Argumente sinnvoll miteinander zu verknüpfen (z. B. durch folgende Wörter oder Formulierungen: *weiterhin, darüber hinaus, auch, aber auch, sowohl ... als auch, nicht nur ..., sondern auch, ebenso, ferner, hinzu kommt, zu bedenken ist auch, außerdem, neben ...*).
- Beginnen Sie mit jedem Argument eine neue Zeile.
- Denken Sie daran, bei Erörterungen mit Gegenargumenten jeweils einen überleitenden Satz zu formulieren.

7. Formulieren Sie nun den Schluss.
- Fassen Sie das Vorangegangene zunächst zusammen, ohne einzelne Argumente erneut zu diskutieren oder gar neue zu benennen.
- Geben Sie schließlich ihre eigene Stellungnahme zum Thema wieder (z. B. durch:
  - Benennung des für Sie wichtigsten Aspektes,
  - einen Ausblick auf die Zukunft oder
  - die Darstellung der Gegenseite).
- Begründen Sie Ihre Meinung ausführlich.

8. Überarbeiten Sie Ihre Erörterung.
- Lesen Sie hierzu Ihre Arbeit gründlich durch und nehmen Sie ggf. inhaltliche und sprachliche Korrekturen vor.
- Prüfen Sie Rechtschreibung und Zeichensetzung.

Sind Sie sicher? Kreuz und quer durch die Grammatik

Achtung, Fehler!

... Auffallend ist im ersten Teil des Textes die große Anzahl an Akkusativen, die mitunter einfach aufgezählt wurden (z. B. Sie war schön, elegant, sportlich, ehrgeizig, nett, reich.). Auf diese Weise kann sich der Leser die handelnden Personen gut vorstellen. Etwas ungewöhnlich erscheinen die vielen Nominative wie z. B. das Hinsehen, das Stehenbleiben, das Ernstnehmen, die in einer solchen großen Anzahl eigentlich nur in Gesetzestexten oder Verordnungen zu finden sind. Eine weitere Besonderheit sind die zahlreichen Infinitive (beispielsweise iss, sieh, wirf, schweig), die vermutlich deshalb in so vielfacher Weise auftauchen, weil es sich bei der Hauptfigur um eine sehr dominante Person handelt, die gewohnt ist, Befehle zu erteilen.
Der Text ist überwiegend im Pronomen verfasst worden (z. B. er ging, er traf).
Nur bei den Verben in der indirekten Rede, also beim wörtlich Gesprochenen, ist dies anders. Vielfach wird allerdings die direkte Rede verwendet.
Daher kommt der Kasus besonders häufig vor, wie z. B. in er sehe, sie sei gegangen. Insgesamt ist der Text, was den Satzbau betrifft, sehr leicht verständlich. Er besteht fast nur aus einfachen Satzgliedern, die durch Konjunktive wie und, doch oder oder miteinander verknüpft werden. Komplizierte Satzreihen, die aus mehreren Nebensätzen bestehen, sind kaum vorhanden. Einige Sätze stehen zudem im Plural, um das Geschehen aus der Sicht des Betroffenen darzustellen. (Er wurde gedemütigt. Er ist bestohlen worden.)
Auffallend sind schließlich auch die zwei Grammatikfehler, die der handelnden Figur unterlaufen sind. In beiden Fällen (mit meine Tochter, bei ihre Kinder) hat die Hauptperson einen falschen Konsonanten gewählt.
Dabei weiß doch jeder, dass in diesen Fällen der Genitiv verwendet werden muss.
Sicherlich hat der Autor diese Fehler bewusst eingebaut, um die Hauptfigur nicht ganz so perfekt wirken zu lassen.

1 **a)** Sicherlich ist Ihnen beim Lesen des Textes aufgefallen, dass er in Bezug auf die grammatischen Begriffe einige Fehler aufweist.
Finden Sie gemeinsam die richtigen Fachbegriffe. Greifen Sie ggf. auf das „Grundwissen Grammatik" (Seite 169–172) zurück.
b) Erklären Sie die Bedeutung der falsch eingesetzten Begriffe mit Ihren eigenen Worten.

2 **a)** Kennen Sie die wichtigsten grammatischen Fachbegriffe? Überprüfen Sie Ihre Kenntnisse selbstständig, indem Sie das Rätsel auf der folgenden Seite lösen. Am besten legen Sie dazu eine Folie über die Seite.
Die markierten Felder ergeben, von oben nach unten gelesen, einen Lösungssatz.
Umlaute werden nicht ersetzt (ä = ein Buchstabe).
(Achtung: Gesucht wird nicht immer die lateinische Bezeichnung!)
b) Vergleichen Sie Ihre Ergebnisse mit einem Partner.

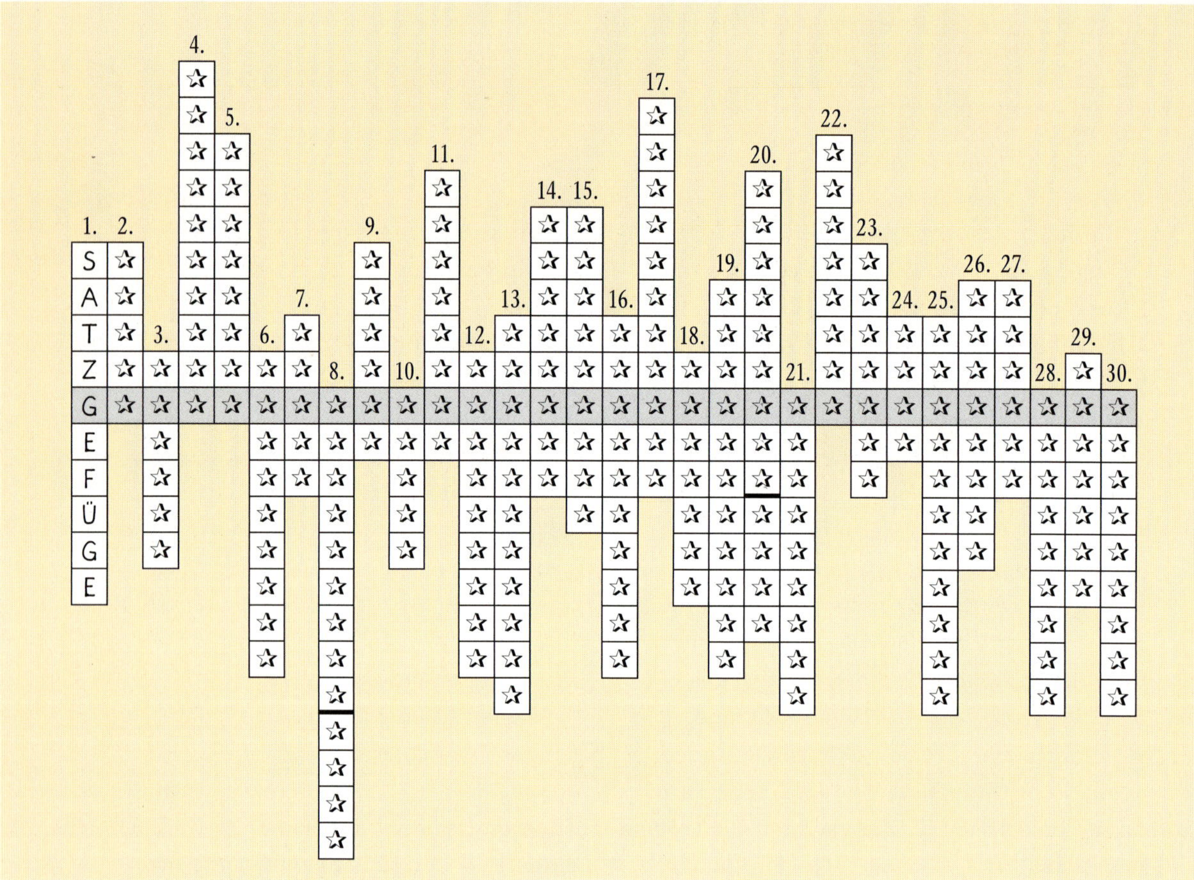

1. Verbindung aus Haupt- und Nebensatz
2. Zeitform: Zukunft
3. Steht ein Satz im ?, so wird etwas aus der Sicht des Betroffenen dargestellt.
4. Zeitform: 1. Vergangenheit
5. Oberbegriff für Präsens, Präteritum, Perfekt, Futur, ...
6. Verbindung aus Hauptsätzen
7. 3. Fall
8. Hier wird wiedergegeben, was eine andere Person gesagt hat.
9. Satzglied, steht im Genitiv, Dativ oder Akkusativ
10. Fall
11. Einzahl
12. Grundform des Verbs
13. Bindewort
14. Fürwort
15. Befehlsform des Verbs
16. wird in der indirekten Rede oder als Ausdruck des Irrealen verwendet
17. Dazu gehören Wörter, die einen gemeinsamen Wortstamm haben.
18. Zeitform: 2. Vergangenheit
19. Stilart, bei der in einem Text auffallend viele Nomen und Nominalisierungen verwendet werden
20. das wörtlich Gesprochene in einem Satz
21. Satz, der allein stehen kann und mindestens aus einem Subjekt und einem Prädikat besteht
22. Satzglied: das Verb im Satz
23. Zeitform: Gegenwart
24. Tätigkeitswort
25. besondere Form des Nebensatzes, der ein vorangegangenes Nomen näher beschreibt
26. Eigenschafts- bzw. Wiewort
27. Mehrzahl
28. 1. Fall
29. 2. Fall
30. Satz, der nicht allein stehen kann und meistens mit einer Konjunktion eingeleitet wird

Sätze verknüpfen

Sehr geehrte Damen und Herren,

am letzten Wochenende kaufte ich mir das Haarfärbemittel „Vita Winter Hair". Das Mittel wird von Ihrer Firma hergestellt. Ich war auf das Produkt durch einen Werbespot im Fernsehen aufmerksam geworden. Sie stellten das Produkt als besonders pflegeintensiv und hautfreundlich dar. Ich konnte mich vom Gegenteil überzeugen. Gleich nach dem Kauf habe ich das Mittel angewandt. Ich beachtete die Bedienungsanleitung sorgfältig. Meine Freundin kann dies bezeugen. Es kam jedoch ein furchtbares Ergebnis zum Vorschein. Meine blonden Haare hatten die gewünschte dunkle Farbe leider nicht angenommen. Sie leuchteten in einem rosa- bis orangefarbigen Farbton. Wir konnten diesen auch nach mehrmaligem Waschen nicht mehr verändern. Es kam noch schlimmer: Meine schulterlangen Haare fühlten sich immer struppiger an. Inzwischen sind sie größtenteils abgebrochen. Ich trage nun eine fransige Kurzhaarfrisur. Offensichtlich hat Ihr Mittel nun auch meine Kopfhaut angegriffen. Die Kopfhaut ist inzwischen feuerrot und juckt. Morgen werde ich aus diesem Grund einen Arzt aufsuchen.
Mit diesem Schreiben möchte ich Sie über die Folgen Ihres Haarfärbemittels in Kenntnis setzen. Ich erwarte als Betroffene bis Ende des Monats eine Entschuldigung bzw. Entschädigung von Ihrer Seite. Ich werde sonst rechtliche Schritte in die Wege leiten. Solche Vorfälle dürfen sich nicht bei anderen Kunden wiederholen. Ihr Verständnis setze ich voraus. Ich hoffe auf eine gütliche Beilegung dieser Angelegenheit.

Mit freundlichem Gruß
Alena Lösel

1 a) Lesen Sie den Brief oben.
Was ist das Anliegen der Verfasserin?
b) Sprechen Sie darüber, ob der Brief im Hinblick auf das Anliegen Ihrer Meinung nach angemessen formuliert wurde: Ist hier genügend bzw. zu wenig Höflichkeit gewahrt worden? Hätte der Brief in einem schärferen bzw. freundlicheren Umgangston verfasst werden sollen?

2 a) Untersuchen Sie die Satzstrukturen.
Was stellen Sie fest?
b) Überarbeiten Sie den Brief. Achten Sie dabei besonders auf die Verknüpfung einzelner Sätze. Nehmen Sie den Tipp zu Hilfe.
c) Vergleichen Sie Ihre Ergebnisse anschließend mit dem Ausgangstext. Welche Variante klingt Ihrer Meinung nach besser? Warum?

TIPP

Sätze verknüpfen:
Um einen Text abwechslungsreich zu gestalten und eindeutige inhaltliche Zusammenhänge herzustellen, ist es sinnvoll, Sätze miteinander zu verknüpfen. Folgende Verknüpfungswörter können Ihnen dabei helfen:
- *als, nachdem, während, seit,*
- *da, weil,*
- *dass, sodass, um (zu), damit,*
- *obwohl, obgleich,*
- *und, oder, aber,*
- *der, die, das, welcher, welche, welches,*
- *deshalb, deswegen, darum, dadurch,*
- *zunächst, dann, danach, schließlich, zuletzt,*
- *nicht nur – sondern auch,*
- *einerseits – andererseits,*
- *denn, nämlich,*
- *doch, dennoch, trotzdem,*
- *allerdings, folglich.*

Schachtelsätze auflösen

Sehr geehrtes Idee-Team,

bereits seit einigen Wochen beteilige ich mich regelmäßig an Ihren Internet-Versteigerungsaktionen, bei denen bisher immer alles reibungslos funktioniert hat. Nun allerdings habe ich ein Problem, mit dem ich mich an Sie wenden möchte, da ich hoffe, dass Sie, als autorisiertes Team, mir weiterhelfen können oder, falls nicht, dass Sie mir zumindest ein paar nützliche Ratschläge geben können.
Es geht um Folgendes: Am 23. Mai dieses Jahres bot ich über Idee einen Hosenanzug an, der zuvor kaum getragen worden war, da er meiner Mutter zu groß geworden war. In den nächsten sieben Versteigerungstagen wurden insgesamt 17 Gebote abgegeben, wobei das letzte, das am 30. Mai um 14.23 Uhr von einem Bieter mit dem Namen „Gauner“ abgegeben wurde, bei 28 Euro lag. Gleich nach Auktionsende meldete ich mich bei dem Höchstbietenden und teilte ihm meine Bankdaten mit. Nachdem das Geld schnell überwiesen worden war, schickte ich der Person den Hosenanzug zu, wobei ich etwas irritiert war, dass die Ware nicht an eine normale Adresse, sondern an eine Postfach-Anschrift übermittelt werden sollte. Zwei Tage später erhielt ich von dem Käufer eine Mail, in der er mich beschimpfte, da sich auf der Jacke angeblich ein großer Fleck befand, weswegen er der Meinung war, dass der Anzug sein Geld nicht wert sei. Er forderte mich daraufhin auf, ihm 12 Euro zurückzuüberweisen. Da ich den Anzug sorgfältig überprüft hatte, kam mir die Sache merkwürdig vor, zumal auch auf dem Bild, das ich über Internet veröffentlicht hatte, nichts zu sehen war. Also bat ich den Herrn, mir den Anzug komplett zurückzuschicken, und versprach sogleich, ihm den Bietpreis zuzüglich der neu anfallenden Portogebühren, also die 28 Euro plus 6 Euro Porto, umgehend zurückzuüberweisen. Diesem Versprechen kam ich sogleich am nächsten Tag nach, doch mein Hosenanzug ist seither noch nicht wieder bei mir eingetroffen, sodass der Höchstbieter nun also nicht nur über das Bekleidungsstück, sondern auch wieder über sein Geld verfügt. Da sich der Herr leider auf meine Mails nicht mehr meldet, hoffe ich nun, dass Sie mir weiterhelfen können. Vielen Dank im Voraus.

Mit freundlichem Gruß

Lena Richter

TIPP

Schachtelsätze auflösen:
Wenn Sätze zu lang, unübersichtlich und verschachtelt werden, versteht der Leser häufig den Text nicht mehr. Zudem unterlaufen dem Verfasser bei sehr komplizierten Satzstrukturen schneller Fehler, da er selbst den Überblick verliert. Es ist daher sinnvoll, sehr lange, verschachtelte Sätze zu überarbeiten, indem man sie in mehrere Sätze auflöst.

1 **a)** Lesen Sie den Brief. Worum geht es? Kennen Sie ähnliche Fälle?
b) Welche Sätze sind besonders schwer verständlich? Woran liegt das?
c) Lösen Sie besonders lange Sätze aus dem Text auf. Lesen Sie dazu den Tipp.
d) Vergleichen Sie Ihre Ergebnisse.

Der Ton macht die Musik: Takt- und Stilgefühl

Känsterle

Rainer Brambach

Wallfried Känsterle, der einfache Schlosser, sitzt nach Feierabend vor dem Fernsehschirm. Wo denn sonst? Tagesschau, Wetterkarte, die Meisterschaft der Gewichtheber interessieren Känsterle.

„Mach den Ton leiser, die Buben schlafen!", ruft Rosa, die in der Küche Geschirr gespült hat und nun hereinkommt.

Känsterle gehorcht.

„Es ist kalt draußen", plaudert sie, „wie gut, dass wir Winterfenster[1] haben. Nur frisch anstreichen sollte man sie wieder einmal. Wallfried, im Frühjahr musst du unbedingt die Winterfenster streichen. Und kitten muss man sie! Überall bröckelt der Kitt! Niemand im Haus hat so schäbige Winterfenster wie wir. Ich ärgere mich jedes Mal, wenn ich die Winterfenster putze. Hast du gehört?"

„Ja, ja", sagt Känsterle abwesend.

„Was macht denn der da?", fragt Rosa und deutet auf den Fernsehschirm. „Der könnte seine Kraft auch für was Besseres gebrauchen! Stell das doch ab, ich hab mit dir zu reden!"

„Gleich, gleich!", sagt Känsterle und beugt sich etwas näher zum Schirm.

„Herr Hansmann im Parterre hat im letzten Sommer seine Winterfenster neu gekittet und gestrichen, obwohl es gar nicht nötig war. Nimm dir mal ein Beispiel an Herrn Hansmann! Seine ganzen Ferien hat er drangegeben. So ein ordentlicher Mann... Übermorgen ist Sankt Nikolaus. Erinnerst du dich an Herrn Weckhammer? Ich hab heut im Konsum[2] seine Frau getroffen, ganz in Schwarz. Der alte Weckhammer ist umgefallen, beim Treppensteigen, Herzschlag."

Känsterle drückt auf die Taste „Aus".

„Ein Trost", fängt Rosa wieder an, „dass die Weckhammerschen Kinder aus dem Gröbsten raus sind. Die Witwe fragt, ob wir den Nikolaus gebrauchen könnten. Eine Kutte mit Kaninchenfell am Kragen, schöner weißer Bart, Stiefel, Sack und Krummstab, alles gut erhalten. Nur vierzig Mark will sie dafür, hat sie gesagt. Mein Mann wird kommen und ihn holen, hab ich da gesagt. Nicht wahr, Wallfried, du wirst doch Paul und Konradle die Freude machen?"

Känsterle schaut auf die matte Scheibe.

„Wallfried!", ruft Rosa.

„Aber Rosa", murmelt Känsterle hilflos, „du weißt doch, dass ich nicht zu so was tauge. Was soll ich denn den Buben sagen? Ein Nikolaus muss ein geübter Redner sein! Muss gut und viel sprechen ..."

Rosa glättet mit der Hand das Tischtuch und schüttelt den Kopf, wobei der Haarknoten, trotz des Kamms, der ihn wie ein braunes Gebiss festhält, eigensinnig wackelt.

„Vermaledeiter Stockfisch!", zischt sie. „Nicht einmal den eignen Buben willst du diese Freude machen! Dabei hab ich schon im Konsum Nüsse, Datteln, Feigen, ein paar Apfelsinen und alles eingekauft!"

Känsterles Gemüt verdüstert sich. Er denkt an das schwere, ihm aufgezwungene Amt.

[1] *Früher nach Bedarf einsetzbare Zusatzscheiben, die durch eine isolierende Luftschicht getrennt waren und unabhängig voneinander geöffnet und geschlossen werden konnten.*

[2] *Supermarkt, Laden*

1 **a)** Lesen Sie den Textanfang. Welches Bild gewinnen Sie von Wallfried Känsterle?
b) Wie würden Sie an seiner Stelle reagieren?

2 **a)** Wie könnte die Geschichte weitergehen? Machen Sie sich Stichpunkte.
b) Vergleichen Sie Ihre Ergebnisse.

3 Im Folgenden sind drei inhaltlich gleiche Schülertexte zum Ausgang der Geschichte abgedruckt. Lesen Sie die Beispieltexte.

4 **a)** Wodurch unterscheiden sich die Texte voneinander? Achten Sie besonders auf die verschiedenen Satzstrukturen.
b) Welche unterschiedlichen Wirkungen werden durch die verschiedenen Satzstrukturen erzielt? Finden Sie für die einzelnen Texte jeweils passende Adjektive (z.B. ruhig, schnell, gehetzt, langweilig, spannend, aufwühlend, lebendig). Die Info hilft Ihnen dabei.

5 Welcher der Texte passt am besten zum Original? Begründen Sie Ihre Entscheidung.

6 Arbeiten Sie Ihre Stichpunkte von Seite 135 aus. Überlegen Sie sich, welche Wirkung Sie erzielen wollen und formulieren Sie entsprechend.

INFO

Satzstrukturen und ihre Wirkung
Die häufige Verwendung von Satzreihen, Satzgefügen oder auch unvollständigen Sätzen beeinflusst die Wirkung eines Textes.
Besteht ein Text überwiegend aus **Satzreihen,** erhält jede Einzelaussage besonderes Gewicht. Dies kann in einem Text zu einer Steigerung führen oder in manchen Fällen monoton wirken.
Dagegen werden umfangreiche **Satzgefüge** eingesetzt, um komplexe Zusammenhänge darzustellen oder um inhaltliche Verbindungen aufzuzeigen. Bei stark verschachtelten Sätzen sind die Texte meistens schwerer verständlich.
Unvollständige Sätze werden eingesetzt, wenn alles Unwichtige weggelassen und nur das Wesentliche wiedergegeben werden soll. Auf diese Weise wird eine Raffung erzielt. Bei wörtlicher Rede sind unvollständige Sätze außerdem oft ein Kennzeichen für Aufregung oder Umgangssprache. Die **wörtliche Rede** selbst macht einen Text lebendig.

A
Mit schweren Schritten betritt Känsterle den Dachboden, wo er sich grimmig in einen Weihnachtsmann verwandelt. Nachdem er zögernd in Weckhammers riesiger Kutte versunken ist, bindet er sich lustlos den alten, verstaubten Bart um und schlüpft in die ebenfalls viel zu großen Stiefel, in denen er nur schwerlich Halt findet. Schließlich schwingt er den Sack über die Schultern, greift zum Stock und verlässt den Dachboden. Als er auf dem Weg nach unten über seinen Mantel stolpert, rutscht ihm die Kapuze über die Augen und im nächsten Augenblick stürzt er mit großem Gepolter die Treppe hinab. „Oh, jetzt kommt sicher der Nikolaus!“, hört er Rosa von innen rufen, die wenig später die Tür öffnet. Entsetzt starrt Rosa ihren Mann an, den sie sogleich mit wütender Stimme auffordert, schnell aufzustehen, da die Kinder kämen. Nachdem sich Känsterle langsam am Geländer hochgezogen hat, reißt er seinen Bart vom Kopf und stürmt unsanft an Rosa vorbei. Im Wohnzimmer greift er Rosas Lieblingsstück, eine Porzellantaube, aus dem Regal und wirft diese wütend zu Boden, anschließend fliegt mit großem Krach der Gummibaum aus dem Fenster, was auch den Nachbarn nicht verborgen bleibt. Als Erster wagt sich Herr Hansmann in die Stube und betrachtet die Zerstörungen. Nachdem ein Flackern in seinen Augen aufgeblitzt ist, fragt er: „Mein lieber Wallfried, ist das alles?“

B

Schwere Schritte: Känsterle betritt den Dachboden. Um ihn herum Stille. Er verwandelt sich grimmig in einen Weihnachtsmann. Versinkt zögernd in Weckhammers riesiger Kutte. Er bindet sich den alten, verstaubten Bart um. Völlig lustlos. Schließlich schlüpft er in die ebenfalls viel zu großen Stiefel. Findet nur schwerlich Halt. Den Sack über den Schultern, greift er zum Stock, verlässt den Dachboden. Strauchelt. Stolpern auf dem Weg nach unten. Die Kapuze rutscht ihm über die Augen. Mit großem Gepolter stürzt er die Treppe hinab. „Oh, der Nikolaus!“, hört er Rosa von innen rufen und wenig später öffnet sich die Tür. Entsetzen. Rosa zischt wütend: „Schnell aufstehen, die Kinder!“ Langsam zieht sich Känsterle am Geländer hoch, reißt seinen Bart vom Kopf. Er stürmt an Rosa unsanft vorbei. Rosas Lieblingsstück, eine Porzellantaube. Wütend wirft er diese zu Boden. Anschließend fliegt mit großem Krach der Gummibaum aus dem Fenster. Dies bleibt auch den Nachbarn nicht verborgen. Als Erster wagt sich Herr Hansmann vor, betrachtet die Zerstörungen. Flackern in seinen Augen. „Mein lieber Wallfried, ist das alles?“

C

Mit schweren Schritten betritt Känsterle den Dachboden. Er verwandelt sich grimmig in einen Weihnachtsmann. Er versinkt zögernd in Weckhammers riesiger Kutte. Dann bindet er sich den alten, verstaubten Bart um. Dann schlüpft er in die ebenfalls viel zu großen Stiefel. Nur schwerlich findet er Halt. Schließlich schwingt er den Sack über die Schultern. Er greift zum Stock und verlässt den Dachboden. Auf dem Weg nach unten stolpert er über seinen Mantel. Die Kapuze rutscht ihm über die Augen. Dann stürzt er mit großem Gepolter die Treppe hinab. „Oh, jetzt kommt sicher der Nikolaus!“, hört er Rosa von innen rufen. Wenig später öffnet sich die Tür. Entsetzt starrt Rosa ihren Mann an. Sie fordert ihn mit wütender Stimme auf, schnell aufzustehen, da die Kinder kämen. Känsterle zieht sich langsam am Geländer hoch. Er reißt seinen Bart vom Kopf und stürmt unsanft an Rosa vorbei. Im Wohnzimmer greift er Rosas Lieblingsstück, eine Porzellantaube aus dem Regal. Er wirft diese wütend zu Boden. Dann fliegt mit großem Krach der Gummibaum aus dem Fenster. Dies bleibt auch den Nachbarn nicht verborgen. Als Erster wagt sich Herr Hansmann in die Stube. Er betrachtet die Zerstörungen. Ein Flackern blitzt in seinen Augen auf. Schließlich fragt er: „Mein lieber Wallfried, ist das alles?“

Was für ein Stil ...

1 **a)** Hier sind verschiedene Textauszüge abgedruckt. Um welche Art von Text handelt es sich jeweils?
b) In jedem Text kommt eine Wortart besonders häufig vor. Um welche Wortart geht es jeweils?
c) Sprechen Sie darüber, was die Häufung dieser Wortarten in den einzelnen Texten bewirkt. Beziehen Sie auch die Info in Ihre Überlegungen mit ein.

2 **a)** Suchen Sie in Zeitungen, Zeitschriften und anderen Medien nach weiteren Beispieltexten, in denen eine bestimmte Wortart gehäuft vorkommt.
b) Überprüfen Sie, ob dort eine ähnliche Wirkung wie bei den Ausgangstexten erzielt wird.

3 Prüfen Sie Ihre eigenen Texte stets unter dem Gesichtspunkt, ob Sie einen der Textart angemessenen Stil verwendet haben (z. B. Verbalstil in Aufsätzen, privaten Briefen usw.).

INFO

Häufung von Wortarten
In manchen Texten/Textabschnitten werden bestimmte Wortarten besonders häufig eingesetzt, um eine besondere Wirkung zu erzielen:
In beschreibenden Texten finden wir oft viele **Adjektive**, damit sich der Leser das zu beschreibende Objekt gut vorstellen kann.
In Gesetzestexten, Verordnungen, Berichten sowie auch in Gliederungen fällt meistens eine große Anzahl von **Nomen und Nominalisierungen** auf (Nominalstil). Hierdurch wird eine kürzere und präzisere Darstellung erreicht. Zugleich schaffen Wendungen mit Nomen bzw. Nominalisierungen Distanz und wirken unpersönlicher.
In erzählenden Texten dominiert dagegen der Verbalstil, bei dem Formulierungen mit **Verben** bevorzugt werden. In der Regel wirkt der Verbalstil leichter verständlich und lebendiger. Im Aufsatz sollte daher diese Stilform vorherrschen.

A
Der Rottweiler ist ein übermittelgroßer, stämmiger Hund, der weder plump noch leicht, auch nicht hochläufig oder windig wirkt. Seine im richtigen Verhältnis stehende gedrungene und kräftige Gestalt lässt auf große Kraft, Wendigkeit und Ausdauer schließen. Der Kopf ist mittellang, der Schädel zwischen den Ohren breit, in der Stirnlinie mäßig gewölbt. Die Ohren sind recht klein, ziemlich weit voneinander stehend und hoch angesetzt. Das Haarkleid des Rottweilers ist überwiegend schwarz mit gut abgegrenzten Abzeichen von satter, rotbrauner Färbung an Backen, Schnauze, Brust und Läufen sowie über den Augen.

B
Ein eingefriedetes Besitztum, auf dem ein Hund gehalten wird, muss gegen unbeabsichtigtes Entweichen des Hundes gesichert sein. Außerhalb des eingefriedeten Besitztums sind beim Führen gefährlicher Hunde besondere Sicherheitsmaßnahmen zu beachten:
- Das Führen solcher Hunde ist ausschließlich sachkundigen Personen gestattet.
- Mit Ausnahme von Hundeauslaufgehegen herrscht ständige Anleinpflicht.
- Das Tragen eines beißsicheren Maulkorbs ist unerlässlich. Zuwiderhandlungen werden mit Bußgeld belegt ...

C
Ich überlegte, trottete dann zurück zum Strand, wo inzwischen kaum noch jemand anzutreffen war. Die Lichter, die sich im Wasser spiegelten, überstrahlten das Mondlicht. Aus den Diskotheken ertönte das stupide Gehämmer der lauten Musik. Ziellos betrat ich die Promenade. Unter meinen Schuhen knirschte der Sand. Plötzlich stand er da, zögerte einen Augenblick und knurrte: ein überaus gefährlich wirkender Hund mit fletschenden Zähnen.

Manchmal wird guter Rat teuer!

1 **a)** Hier werden zwei ähnliche Situationen dargestellt. Worin bestehen die wesentlichen Unterschiede?
b) Welche der Begriffe gehören einer Fremd- oder Fachsprache an? Klären Sie die Bedeutung dieser Begriffe mit Hilfe von Nachschlagewerken.

2 Versuchen Sie, die Anweisungen und Tipps des Fachmanns so umzuformulieren, dass die ältere Dame diese verstanden hätte. Was stellen Sie fest?

3 **a)** In welchen Situationen greifen Sie selbst auf Fachbegriffe bzw. bestimmte Fremdwörter zurück? Lesen Sie dazu auch die Info auf Seite 140.
b) Setzen Sie sich mit einem Partner zusammen und einigen Sie sich auf ein bestimmtes Gebiet, z. B. Sport, Musik, Politik usw. Notieren Sie gemeinsam alle Fremdwörter und Fachbegriffe, die Ihnen dazu einfallen.
c) Erklären Sie sich ggf. die Bedeutung der Begriffe. Nutzen Sie dazu auch die im Tipp auf Seite 141 genannten Nachschlagemöglichkeiten.
d) Suchen Sie nach weiteren passenden Fremdwörtern und Fachbegriffen zu Ihrem Bereich.

Über Fachchinesisch, Jägerlatein …

Sehr geehrte Damen und Herren,

seit einiger Zeit abonniere ich Ihre Fachzeitschrift, die mir im Großen und Ganzen gut gefällt. Allerdings fällt mir auf, dass die einzelnen Beiträge immer schwieriger zu verstehen sind, was auf die große Anzahl von Fachbegriffen und speziellen Fremdwörtern zurückzuführen ist. Ich meine, das muss nicht sein. Denn schließlich möchten sich doch auch Nicht-Fachleute über moderne Kommunikationsgeräte und -systeme informieren. Im Folgenden möchte ich daher zeigen, dass man auf eine derartige Fachsprache auch verzichten kann:
In der letzten Woche habe ich mir ein akkubetriebenes Handtelefon der Marke Megacall gekauft, das in der letzten Ausgabe dieser Zeitschrift vorgestellt wurde. Nun möchte ich zu diesem Gerät meine Begeisterung zum Ausdruck bringen. Zunächst war ich etwas irritiert, da sowohl die kleinen Knöpfe zum Wählen als auch die Glasscheibe, auf der die verschiedenen Ziffern, Buchstaben und Zeichen zu sehen sind, im Vergleich zu meinem vorherigen Modell völlig anders aussahen. Doch schon bald war ich überrascht, was dieses Gerät alles kann. Neben dem Verschicken von kleinsten Nachrichten bis 160 Zeichen kann ich auch eine Verbindung zum großen weltweiten Kommunikationsnetz aufbauen. So kann ich bestimmte Informationen abfragen sowie auch mit fremden Leuten schriftliche Nachrichten hin- und herschicken. Dieses akkubetriebene Handtelefon ersetzt praktisch jeden Rechner bzw. die kleineren tragbaren Rechnergeräte. Äußerst unkompliziert ist es auch, meinen elektronischen Briefkasten zu entleeren. Zu loben ist schließlich auch eine überaus kompetente Auskunft, bei der ich zu jedem Problem anrufen kann. Seit gestern verfüge ich nun übrigens auch über tolle Handtelefon-Bildchen, die ich mir auf einfache Weise vom weltweiten Kommunikationsnetz holen konnte. Kurzum: Das Megacall ist einfach super und ich bin überaus zufrieden. Vielen Dank für den tollen Tipp!

Natalie Metzler, Nürnberg

P.S.: Sie sehen, es geht auch ohne Fachbegriffe und Fremdwörter oder war irgendetwas unklar?

1 **a)** Lesen Sie den Leserbrief.
Was wird im ersten Teil des Briefes kritisiert?
b) Tragen Sie gemeinsam zusammen, welche Fachbegriffe die Leserin im zweiten Teil des Briefes zu umschreiben versucht.

2 **a)** Wie beurteilen Sie generell den Vorschlag, auf Fachbegriffe und Fremdwörter zu verzichten?
b) In welchen Situationen sollte man den Gebrauch von Fachbegriffen bzw. bestimmten Fremdwörtern eher reduzieren? Bei welchen Gelegenheiten ist es sinnvoll, Fachbegriffe zu verwenden?
c) Überlegen Sie gemeinsam, welche Vorteile die Verwendung von Fachbegriffen und Fremdwörtern bringt.

3 Verfassen Sie zum Gebrauch von Fachbegriffen und Fremdwörtern einen Leserbrief, in dem Sie Ihre Meinung darlegen, oder eine Erörterung, in der Sie das Für und Wider berücksichtigen.

INFO

Fachbegriffe/Fremdwörter und ihre Bedeutung
Fachbegriffe sowie bestimmte Fremdwörter sind spezielle Bezeichnungen für Dinge und Vorgänge, die man benutzt, wenn man sich in dem jeweiligen Fachgebiet auskennt. Solchen Experten hilft der Gebrauch von Fachbegriffen, um sich mit wenig Aufwand präzise auszudrücken. Für Laien sind Fachbegriffe oft unverständlich. Fachbegriffe können Fremdwörter, aber auch deutsche Begriffe sein.

... und andere delikate Raffinessen

Stilvolles Ambiente für erfolgreiche Tagungen

Das topmoderne Conference-Center im Nürnberger Turm bietet Ihnen hervorragenden Service, flexibel einsetzbare Tagungslocations mit erstklassiger Ausstattung. Die acht Räume sind für jede Art von Workshop geeignet. Ob für interne Besprechungen, für Meetings mit Geschäftspartnern oder Brainstormings, das edle Ambiente passt sich Ihren Wünschen an. Technisches Equipment und ein erstklassiger Catering-Service – am besten gleich in unserer Event-Lounge oder in der Panorama-Etage – runden ein gelungenes Treffen ab.

Menü

Entenleberparfait
mit Cassisgelee an Rapunzelsalat

Blumenkohl-Broccoli-Terrine
mit Tomatenchutney

Saltimbocca à la Romana
an sautiertem Paprikagemüse
auf Tagliatelle

Erdbeerparfait auf Mango-Kiwi-Ragout
mit Grand Marnier verfeinert

Nach Eliminierung der feindlichen Truppen sind selbst auf Seiten der ausführenden Organe Ressentiments gegenüber den Befehlsgebern und Hintermännern geblieben.

Gut situierter **ER** im besten Alter, unkonventionell, selbstständig in jeder Beziehung, von Beruf ehemals Raumpfleger, sucht feminine, brünette, vollschlanke **SIE** für ein charmantes Rendezvous. Hundertprozentige Diskretion garantiert.

TIPP

So werden Sie sicher im Umgang mit Fremdwörtern/Fachbegriffen:

1. Schlagen Sie unbekannte Fremdwörter oder Fachbegriffe stets nach. Nutzen Sie dafür ein Fremdwörterlexikon oder das Internet (z. B. www.wissen.de/fremdwoerter_lexikon.html).
2. Viele Deutsch-Lernsoftware-Programme bieten Übungen zu Fremdwörtern an.
3. Stellen Sie ein Fremdwörter-Memory her. Schreiben Sie dazu je ein Fremd- oder Fachwort auf eine Karteikarte und notieren Sie die zugehörige Bedeutung auf einer zweiten Karte.
4. Üben Sie mit einer Kartei: Schreiben Sie Fremd- und Fachwörter auf Karteikarten und ergänzen Sie die zugehörige Bedeutung jeweils auf die Rückseite. Wörter, die Sie bei der Selbst- oder Fremdabfrage beherrschen, wandern im Kasten ein Fach weiter.

Fremd- und Fachwortmaterial finden Sie in Texten aus Zeitungen und Zeitschriften oder in Ihren PCB- bzw. GSE-Büchern.

Am kommenden Montag eröffnen wir endlich unser

☞ Fitness-Studio! ☜

Besuchen Sie unsere Kurse für Workaholics: z. B. Step-Aerobic, Bodystyling, Fatburner, Total Body Condition oder auch Spinning – schon bald sind Sie wieder absolut fit.
Natürlich können Sie sich auch in unserem Wellness-Bereich entspannen oder in unserem Mental Balance-Kurs Körper und Geist wieder in Einklang bringen.

1 a) Stellen Sie Vermutungen an, um welche Art von Texten es sich bei den Ausschnitten handelt.
b) Bei welchen Begriffen handelt es sich um Fachbegriffe oder Fremdwörter?
c) Klären Sie jeweils die Bedeutung dieser Wörter.

Wie spricht Sie – wie spricht Er?

1
Sag mal, findest du nicht, dass das ein bisschen unfair …
Jajajaja, das hat der Quatschkopf doch mehr als verdient!!!

2
Der Chef war nicht da, ich habe gerade mit seiner Tippse gesprochen.
Ist das nicht die mit den blonden Haaren?

3
Das sieht ja süß aus!! Irgendwie steht mir das Teil auch, stimmts?
Jetzt nimm den Fummel und lass uns gehen.

4
Na, Sie beide können ja beste Schulnoten vorweisen!
Schule war richtig easy.
Ach, ich hatte irgendwie auch Glück mit den Lehrern.

5
Was meinst du genau mit „Ich bin überhaupt nicht dafür“?
Ach, ich hab nur gerade mal ein bisschen überlegt …

6
Gibst du mir mal endlich das Heft rüber – **bitte??**
Klar, gerne. Sei doch mal ein wenig freundlicher!

7
Verdammt, muss ich wirklich immer alles alleine machen?!
War doch nur ein Vorschlag, kein Auftrag.

1 a) Lesen Sie die Dialoge. Worum geht es in den kurzen Unterhaltungen?
b) Entscheiden Sie spontan: Spricht jeweils ein Mann/ein Junge oder eine Frau/ein Mädchen? Machen Sie sich dazu Notizen.
c) Überlegen Sie: Worauf beruhen Ihre Annahmen?

2 a) Lesen Sie den Text auf der nächsten Seite.
b) Schreiben Sie in Stichworten die wichtigsten Merkmale von Frauen- bzw. Männersprache heraus.
c) Entsprechen die Erkenntnisse der Sprachwissenschaftler Ihren Erfahrungen? An welchen Stellen stimmen Sie zu, an welchen nicht?
d) Untersuchen Sie die Dialoge oben: Welche Stilmerkmale der Frauen- bzw. Männersprache kommen in den einzelnen Äußerungen jeweils zum Ausdruck? Notieren Sie sich Stichpunkte.
e) Vergleichen Sie nun mit Ihren Notizen zu Aufgabe 1 b). Stimmen Ihre Ergebnisse mit Ihrer ersten Einschätzung überein?

Weiblicher und männlicher Sprachstil

Sprachwissenschaftler haben in Untersuchungen herausgefunden, dass Frauen und Männer bzw. Mädchen und Jungen beim Sprechen unterschiedliche Sprachstile verwenden, denen man bestimmte Merkmale zuordnen kann.

Wie sprechen Frauen?

- Frauen verwenden oft Verniedlichungen wie z. B. „das ist ja reizend", „das ist ja süß". Sie setzen sie ein, um ihrem Gegenüber ein positives Gefühl zu vermitteln sowie um Dinge zu verschönern und sie dadurch akzeptabel zu machen. Auf der einen Seite lassen Frauen durch solche Verniedlichungen ihre Sprache emotional und liebenswürdig erscheinen, auf der anderen Seite verharmlosen sie aber auch ihre Aussagen und schwächen sie ab.
- In der Sprache von Frauen finden sich häufig so genannte Unschärfemarkierer wie z. B. „irgendwie", „irgendwas", „oder so", „finde ich", „weißt du?" usw. Das sind abschwächende Mechanismen, mit denen die Aussage in ihrer Gültigkeit eingeschränkt wird. Zu diesen abschwächenden Mechanismen zählen u. a. auch folgende Äußerungen:
  „Ist es nicht so, dass ...?" (Aussage wird in die Frageform umformuliert.)
  „Das ist nur so eine Idee von mir." (Die Sprecherin wertet sich selbst bzw. die Wichtigkeit ihrer Aussage ab.)
  „... siehst du das nicht genauso?" (Die Sprecherin versucht, durch Rückversicherungsfragen Zustimmung zu erhalten.)
- Frauen benutzen beim Sprechen eindringliche Adverbien und Intensivierungsmittel wie „so", „wirklich", „ehrlich", „Das ist ja so wahr."
- Frauen gebrauchen verglichen mit Männern andere, abgeschwächte und bedeutend weniger Vulgärausdrücke, Flüche, Zweideutigkeiten oder Derbheiten. Sie vermeiden starke Ausdrücke und sind eher bemüht, schön und höflich zu sprechen.
- Frauen verwenden oft Übertreibungen und Wiederholungen, um sich im Gespräch die Aufmerksamkeit ihres Gegenübers zu sichern, z. B. „Das ist toll", „... so sehr ...".

Wie sprechen Männer?

- Männern geht es im Gespräch zunächst um Informationen. Ihre Ausdrucksweise ist meist emotionslos und auf die Sache gerichtet, um die es in der Unterhaltung geht. Sie ist außerdem einfach gehalten und enthält kaum schmückende Wort- oder Satzzusätze.
- Die Sprache von Männern ist sehr statusorientiert. Oft versuchen sich Männer, in Gesprächen zu profilieren und ihre Machtposition zu festigen bzw. auszubauen. In einer Unterhaltung geht es ihnen darum, nicht als Verlierer dazustehen, sondern sich zu behaupten – auch wenn sie sich ihrer Aussage nicht sicher sind. Dies schlägt sich oft in einer aggressiveren Sprechweise nieder, als Frauen sie üblicherweise wählen. Dazu gehört, dass Männer ihre Gesprächspartner häufig unterbrechen, um ihre persönliche Sicht der Dinge darzustellen.
- Männer sprechen oft lauter als Frauen. Die Lautstärke und ihre tiefe Stimmlage werden von ihnen bewusst eingesetzt, sozusagen, um das Gegenüber zu „übertönen".
- Männer sprechen oft sexistisch. Dazu gehört, dass Frauen nicht ausdrücklich genannt werden oder die jeweils männliche Form von Begriffen verwendet wird („Schüler" statt „Schülerinnen und Schüler"). Sexistische Ausdrücke („Weibergeschwätz"; „du Weib", „du Mädchen" als Schimpfwort) und Sprüche („Ein Mann, ein Wort"; „Herren sind herrlich, Damen sind dämlich") zählen ebenfalls dazu.

3 Wozu kann Ihnen das Wissen über die unterschiedlichen Sprachstile von Frauen und Männern von Nutzen sein? Nennen Sie mögliche Situationen (z. B. Bewerbungsgespräch usw.).

4 Sehen Sie sich Aufzeichnungen von TV-Talkshows an. Können Sie bei den Teilnehmern ein bestimmtes Rollenverhalten und typische Sprachstile feststellen?

Wörter im Wandel der Zeit

Im Laufe der Sprachgeschichte verändern sich nicht nur die Schreibweise und die Aussprache mancher Wörter, sondern auch ihre Bedeutung wandelt sich. Im Folgenden lernen Sie einige Wörter kennen, die einen solchen Bedeutungswandel durchgemacht haben.

1 Um welche Wörter geht es hier? Lesen Sie die Texte und ordnen Sie die folgenden Wörter den Leerstellen zu:
Gewehr – Ampel – erfahren – Bett – Horn – schildern

A
Das germanische Wort für ☆ bedeutete „in die Erde eingewühlte Lagerstatt“. Die Germanen schliefen nämlich auf dem Boden in einem Lager aus Fellen und Stroh, das sie auf ihren Reisen immer neu aufschlugen. Allerdings gab es auf diesen Strohlagern auch schon sehr früh Tücher, sodass lange Zeit die „☆wäsche“ als ☆ bezeichnet wurde.

B
„Das kann ich genau ☆“ Wenn Sie etwas ☆, beschreiben Sie einen Gegenstand oder Sachverhalt mit Worten. Früher bezeichnete ☆ das Bemalen von Schildern mit Wappen und Symbolen. Weil diese Tätigkeit heutzutage nicht mehr üblich ist, hat das Wort ☆, das sie bezeichnet, eine Bedeutungsverschiebung durchgemacht.

C
Sie würden sicherlich nicht schlecht staunen, wenn ein Gast Ihren Deckenleuchter als ☆ bezeichnen würde. Heute kennen wir die ☆ als Verkehrs- und eventuell noch als Blumen ☆. Seit dem Mittelalter war die ☆ das ewige Licht in der Kirche. Im späten Mittelalter (ca. 14. Jahrhundert) wurde aus der ☆ die (von der Decke hängende) Wohnbeleuchtung.

D
Das althochdeutsche „giwer“ bedeutete noch Kampf, das mittelhochdeutsche „gewer“ dann schon blanke Waffe. Die Bedeutung von ☆ wurde immer weiter verengt, bis zu unserem heutigen ☆ als Bezeichnung für eine Schusswaffe.

E
Ein Mensch, der ☆ ist, war früher jemand, der viel gereist ist. ☆ hieß ursprünglich durchreisen, dann ein Land kennen lernen und später allgemein kennen lernen. Erst seit dem 15. Jahrhundert benützt man den Begriff ☆ für „klug“, „bewandert“.

F
☆ hat eine umfassende Bedeutungserweiterung durchgemacht. Früher war mit ☆ nur das ☆ der Tiere gemeint. Heute kann man außerdem noch Blasinstrumente und Trinkgefäße als ☆ bezeichnen.

2 **a)** Klären Sie in Partnerarbeit die Bedeutungsveränderungen eines dieser Wörter:
albern – aufziehen – Bernstein – Eisbein – Fräulein
Dabei können Ihnen ein ethymologisches Wörterbuch oder das Internet helfen.
b) Stellen Sie die Ergebnisse der Klasse vor.

Texte aus verschiedenen Epochen

1 II. Âventiure [VON SÎFRIDE] (um 1200)
Dô wuohs in Niderlanden /eins edelen küneges kint,
des vater der hiez Sigemunt, / sîn muoter Sigelint,
in einer rîchen bürge, / wîten wol bekant,
nidene bî dem Rîne: / diu was ze Sántén genant.

2 Heinrich Wittenweiler: Der Ring (um 1410)
Der obresten trivaltichait,
Marien, muoter, rainen mait,
Dar zuo allem himelschen her
Ze lob, ze dienst und auch ze er,
Den guoten zlieb, ze fröden schein,
den bösen zlaid, ze hertzen pein
Schült es hörren so zehant
Ein puoch, daz ist DER RING genant
(Mit einem edeln stain bechlait),
Wan es ze ring umb uns beschait
Der welte lauff und lert auch wol,
Was man tuon und lassen schol.

Es wuchs in Niederlanden / eines edeln Königs Kind
den Bösen zuleide, zur Herzenspein,
was man tun und lassen soll.
Drunten am Niederrheine; / die war Xanthen genannt.
Maria, Mutter, reine Maid,
In einer stolzen Feste / weitberühmt im Land,
Zum Lob, zum Dienst und auch zur Ehr,
der obersten Dreifaltigkeit,
dazu allem himmlischen Heer,
ein Buch, das ist der Ring genannt
denn das Buch stellt vor uns hin
den Guten zuliebe, zum Freudenschein,
sollt es hören sogleich
(mit einem edlen Stein versehen),
den Lauf der Welt und lehrt auch wohl,
Siegmund hieß sein Vater / seine Mutter Siegelint,

1 Versuchen Sie, die Texte oben links laut vorzulesen. Verstehen Sie, worum es jeweils geht?

2 Welche Stellen lassen sich leicht in unser heutiges Deutsch übertrage, welche nicht?

3 Ordnen Sie die vermischten Sätze der Übersetzung oben rechts den zugehörigen Originalsätzen zu.

4 Lesen Sie in der Info über die Epochen nach, aus denen die beiden Texte stammen. Informieren Sie sich auch im Anhang in der Epochenübersicht.

5 a) Erkundigen Sie sich in der Bibliothek oder im Internet über die Entstehung beider Texte.
b) Finden Sie weitere Texte aus den Epochen und stellen Sie kleine Ausschnitte der Klasse vor – werden sie verstanden?

INFO

Epochen deutscher Sprachgeschichte

750–1350: Alt- und Mittelhochdeutsch
Beim **Althochdeutschen** handelt es sich um eine Gruppe nahe verwandter Dialekte; es gab im frühen Mittelalter noch keine einheitliche Schriftsprache. Im Zusammenhang mit der politischen Situation ging die Schriftlichkeit – und damit auch die Produktion deutschsprachiger Texte – im 10. Jahrhundert stark zurück. Erst ab 1050 fand wieder ein Neufang in der deutschsprachigen Schriftlichkeit und Literatur statt. Da sich die Texte des 11. Jahrhunderts in lautlicher Hinsicht deutlich von älteren Überlieferungen unterscheiden, bezeichnet man die Sprache ab etwa 1050 als **Mittelhochdeutsch**.

2. 1350–1600 Frühneuhochdeutsch
Das bekannteste Textzeugnis dieser Sprachstufe ist die Bibelübersetzung Martin Luthers von 1545. Luthers Sprache basierte auf hochdeutschen Dialekten aus dem damaligen Ostdeutschland. Mit seinem Werk verbreitete sie sich rasch und begründete die erste einheitliche deutsche Schriftsprache.

Sprachliche Bilder in der Werbung

Ⓐ Wir ziehen mit Ihnen an einem Strang

Ⓑ Mit uns rechnen besonders die Großcomputer

Ⓒ Die Solarenergie tritt aus dem Schatten

Ⓓ Wir stecken alle Marken in die Tasche

Ⓔ *Wir lieben langes Haar! Darum kommt es bei uns nicht zu kurz!*

Ⓕ Viele Helme sind einfach nicht gut drauf.

Ⓖ Dichtung und Wahrheit

Ⓗ Wir möchten Sie auf die Palme bringen

1 Ordnen Sie die Werbeslogans oben diesen Firmen und Produkten zu:

1. Motoren	**5.** PC-Ventilatoren
2. Energieversorgung	**6.** Fototaschen
3. Friseur	**7.** Motorradzubehör
4. Sanitärhandwerk	**8.** Reisebüro

2 **a)** Die Slogans enthalten sprachliche Bilder. Lesen Sie dazu die Info.
b) Erklären Sie die Werbebotschaften mit eigenen Worten. Welche Vorstellung wird durch das sprachliche Bild jeweils erzeugt?

3 **a)** In welchen Werbeslogans können die sprachlichen Bilder nicht nur im übertragenen Sinn, sondern auch in ihrer wortwörtlichen Bedeutung verstanden werden?
b) Wie wirkt das auf Sie?

4 Worin könnte eine Gefahr dieser Art von Werbung bestehen?

INFO

Sprachliche Bilder
Sprachliche Bilder sind Vergleiche. Mit ihnen können wir Gegenstände, Vorgänge und Empfindungen anschaulich ausdrücken.
Häufig sind sie nicht im wörtlichen, sondern in einem übertragenen Sinn zu verstehen. Da sie in der Vorstellung des Lesers oder Zuhörers regelrecht Bilder erzeugen, können sie als Mittel zur Gestaltung von Texten eingesetzt werden.
Redensarten und Sprichwörter enthalten sprachliche Bilder, z. B.:
Geld zum Fenster hinauswerfen.
Neue Besen kehren gut.

5 Bilden Sie Werbeagenturen mit jeweils zwei Textern und schreiben Sie selbst einen Werbetext, in den Sie sprachliche Bilder, Redensarten und Sprichwörter einbauen.
a) Überlegen Sie sich, für welchen möglichst echten Anlass Sie werben wollen:
- *für das Schülercafé oder einzelne Produkte dort (Sandwich, Fruchtdrink usw.)*
- *für die Schülerbibliothek*
- *für die nächste Schulparty*
- …

b) Suchen Sie sich geeignete sprachliche Bilder Redensarten oder Sprichwörter aus.
In den Deutschbüchern der Klassen 7–9 finden Sie solche, oder Sie verwenden z. B. folgende:
- *den wilden Mann spielen*
- *seinem Affen Zucker geben*
- *jemand könnte im Erdboden versinken*
- *jemand ist so breit wie lang*
- *mit dem Feuer spielen*
- *jemandem eine Suppe einbrocken*

6 Stellen Sie Ihre Werbetexte der Klasse vor.

7 Stellen Sie die gelungensten Werbetexte im Schulhaus in Postergröße aus oder verwenden Sie sie für die jeweiligen Anlässe.

Welche Strategien gibt es?

1 Lesen Sie den folgenden Tipp und wenden Sie die Strategien bei den Aufgaben auf Seite 148 an.

TIPP

Rechtschreibstrategien:

Strategien sind Überprüfungsmöglichkeiten, mit deren Hilfe Sie selbstständig herausbekommen können, wie Wörter geschrieben werden.

1. **Wörter in Silben sprechen und genau abhören**
   Sprechen Sie beim Schreiben schwierige Wörter leise in Silben. Sie können dann die einzelnen Laute besser erkennen: *ab-sol-vie-ren.*
2. **Wörter verlängern**
   Wenn Sie nicht sicher sind, ob ein Wort am Wortende mit *b* oder *p*, mit *d* oder *t*, mit *g* oder *k* geschrieben wird, bilden Sie eine Langform. In den meisten Fällen wird dann beim deutlichen Sprechen hörbar, wie das Wort geschrieben wird:
   der Abend – die Abende,
   lieb – lieber,
   fliegt – fliegen.
3. **Wörter ableiten**
   Wenn Sie nicht wissen, wie ein Wort geschrieben wird, denken Sie nach, ob Sie ein anderes Wort aus der gleichen Wortfamilie kennen und sicher schreiben können.
   Wörter mit *h*: *ich fuhr → fahren, die Fahrt.*
   Wörter mit *ie*: *spielen → das Spiel.*
   Wörter mit kurz gesprochenem Vokal:
   der Kummer → kümmerlich, kümmern.
   Wörter mit *ä* und *äu*:
   Überlegen Sie, ob ein Wort der gleichen Wortfamilie mit *a* oder *au* geschrieben wird:
   säubern – sauber/ängstlich – die Angst.
4. **Prüfen, ob ein kurzer oder langer Vokal vorliegt**
   Bei vielen Wörtern richtet sich danach die Schreibweise des folgenden Konsonanten.
   Schreibung nach einem lang gesprochenen Vokal:
   – Viele Wörter mit einem lang gesprochenen Vokal werden geschrieben, wie man sie spricht: *die Hose, ich war, nämlich.*
   – Wörter mit *ie: die, sie, wie, Liebe.*
   – Wörter mit *h: das Mehl, zäh-len.*
   Schreibung nach einem kurz gesprochenen Vokal:
   – Häufig folgen nach einem kurz gesprochenen Vokal zwei Konsonanten: *der Most, die Welt.*
   – Wörter mit doppeltem Konsonanten (*bb, dd, ff, gg, ll, mm, nn, pp, rr, tt*): *erklim-men, hof-fen, rol-len, ken-nen, die Sup-pe.*
   – Wörter mit *ck* (*k* verdoppelt) und *tz* (*z* verdoppelt): *die Müt-ze, zu-cken.*
5. **Die Ersatzprobe bei *das/dass* anwenden**
   Wenn Sie im Satz das Wort durch *dies, dieses* oder *welches* ersetzen können, dann schreiben Sie *das*:
   Das Zeugnis, das/dass (?) ich bekomme ...
   Ersatzprobe: *Das Zeugnis, welches ich bekomme ...*
   Das Zeugnis, das ich bekomme ...
   Aber: *Ich hoffe, das/dass (?) du morgen kommst.*
   Ersatzprobe nicht möglich, daher:
   Ich hoffe, dass du morgen kommst.
6. **Prüfen, ob ein Signalwort auf die Großschreibung hinweist**
   Wörter wie *der, die, das, ein, eine, vom, zum, ins* zeigen an, dass das folgende Wort ein Nomen ist und daher großgeschrieben wird: *die Idee, ins Reine, zum Weinen.*
7. **Artikelprobe durchführen**
   Wenn Sie vor ein Wort den Artikel setzen können, ist es ein Nomen und wird großgeschrieben:
   Bringe bitte z/Z(?)ucker mit. (den Zucker)
   Ich möchte f/F(?)olgendes sagen. (das Folgende)

Rechtschreibstrategien **anwenden**

1. *Kommst du zum* ***E/e(?)ssen?***
A Ich bestimme die Wortart.
B Ich beachte das Signalwort.
C Ich prüfe, ob der Vokal kurz oder lang ist.

2. *Seine häufigen Anrufe sind wirklich* ***le/ä(?)stig.***
A Ich leite das Wort von der Wortfamilie ab.
B Ich merke mir das Wort auswendig.
C Ich kann hören, wie man das Wort schreibt.

3. *Ich werde mich nie wieder* ***lii/i(?)eren.***
A Ich merke mir das Wort auswendig.
B Ich leite das Wort von der Wortfamilie ab.
C Ich spreche das Wort in Silben.

4. *Das* ***Mä/a(?)nage/ädsch(?)ment*** *war nicht gut.*
A Ich muss das Wort auswendig lernen.
B Ich setzte das Wort in den Plural.
C Ich suche ein verwandtes Wort.

5. *Wir verwenden kein Pestizi****d/t(?).***
A Ich verlängere das Wort.
B Ich prüfe, ob ein kurzer oder langer Vokal vorliegt.
C Ich merke mir das Wort auswendig.

6. *An Schulen ist* ***R/r(?)auchen*** *verboten.*
A Ich leite das Wort von der Wortfamilie ab.
B Ich setze den Artikel davor.
C Ich kann hören, wie man das Wort schreibt.

Diebstahl mit Folgen
Andere bringen sich aus dem Urlaup ein Souvenir mit. Der Engländer Basil Matthews dagegen verlor etwas wichtiges: Er kehrte ohne Zehne heim. Der 78-jährige hatte sein Gebiß gereinigt und zum trocknen auf die Fensterbank eines Hotels in Nordwales gelegt. Als er es wider einsetzen wollte, war es weg. Eine Möwe war ihm zuvorgekommen und hatte sich die dritten – ruck, zuck – im Tiefflug geschnapt. Für Matthews war der Urlaub gelaufen: zu Essen gab es nur noch Suppe und Eis.

|
|||
||
|
|||
|

Achtung, Fehler!

1 Welche Rechtschreibstrategie hilft, um in den Sätzen oben (1.–6.) zu entscheiden, wie die Wörter geschrieben werden? Ziehen Sie auch die Übersicht auf Seite 147 zu Rate.

2 **a)** Unterstreichen Sie im Text „Diebstahl mit Folgen" die Fehler (Folie).
b) Schreiben Sie die Wörter richtig auf und notieren Sie jeweils, welche Rechtschreibstrategie Sie angewendet haben.
c) Entwerfen Sie für Ihre Mitschüler zum Üben einen solchen Fehlertext mit Lösungsblatt, das auch jeweils die Strategie angibt, die weiterhilft.
d) Prüfen Sie stets auch selbstgeschriebene Texte und beheben Sie Fehler durch das Anwenden der erlernten Strategien.
e) Trainieren Sie die Schreibung Ihrer individuellen Fehlerwörter. Lesen Sie dazu den Tipp.

TIPP

So können Sie mit Fehlerwörtern individuell üben:
1. Legen Sie einen Ordner oder eine Rechtschreibkartei an und notieren Sie darin Wörter, die Sie falsch geschrieben haben. Ordnen Sie nach Fehlerschwerpunkten. Unterstreichen Sie jeweils die schwierige Stelle im Wort und ergänzen Sie die Strategie, die weiterhilft.
2. Sammeln Sie Fach- und Fremdwörter nach Themengebieten und schreiben Sie sie mit ihrer Bedeutung auf. Unterstreichen Sie schwierige Stellen.
3. Prägen Sie sich die gesammelten Wörter immer wieder ein und schreiben Sie sie aus dem Gedächtnis auf. Lassen Sie sie sich von einem Partner diktieren.

Schon gewusst?

1 a) Lesen Sie den Text „Geschmackssache". Überlegen Sie jeweils, ob die Wörter in Großbuchstaben groß- oder kleingeschrieben werden müssen. Nehmen Sie dazu die Regeln auf den Seiten 150–151 zur Hilfe.

b) Schreiben Sie die richtigen Schreibweisen ggf. mit ihren Signalwörtern auf.

2 a) Begründen Sie die Schreibweise der Beispielwörter unten jeweils mit den entsprechenden Regeln.

b) Übertragen Sie die Beispiele in Ihr Heft.

ETWAS HÜBSCHES

KEIN WENN UND ABER

DAS KAP DER GUTEN HOFFNUNG

IM RECHNEN

SCHULD SEIN

EINE DREI SCHREIBEN

MEIN ENGLISCH

ACHTUNG

DER DEUTSCHE SCHÄFERHUND

VON VORNHEREIN

IM AUS

AM SONNTAGABEND

LAUTES SCHREIEN

VON KLEIN AUF

EINE SCHÖNE BESCHERUNG

Geschmackssache

Über Geschmack lässt sich bekanntlich streiten. Während die **EINEN** nur mit gestyltem **ÄUßEREN** das Haus verlassen und sowohl **ROT** lackierte Fingernägel als auch gegelte Haare als ein absolutes **MUSS** ansehen, bevorzugen die **ANDEREN** eher ein natürliches **AUSSEHEN**. Nicht selten lassen wir uns in unseren Schönheitsvorstellungen von der Mode- und Werbebranche beeinflussen. Dies ist im **ALLGEMEINEN** nichts **NEUES**. In anderen Kulturen herrschen wiederum ganz andere Schönheitsvorstellungen. Dass z. B. bei manchen Stämmen Narbenmuster als besonders hübsch gelten, mag uns vielleicht **SPANISCH** vorkommen. Dennoch hat dieser Kult eine lange Tradition. Bei Naturvölkern erfüllen Narbenmuster, Tätowierungen oder auch Stäbe in Nasen und Ohren im **WESENTLICHEN** drei Funktionen:

Einerseits dienen sie als Körperschmuck. Unter größten **SCHMERZEN** werden Muster an Schulter, Brust, Bauch und Rücken angebracht, da unverzierte Körper im **GROßEN UND GANZEN** als hässlich empfunden werden.

Andererseits zeigt das Muster die Zugehörigkeit zu einem bestimmten Stamm an. Jeder Clan hat sein **BESTIMMTES**, das im Gesicht oder auch auf Rücken und Bauch angebracht wird.

Im **ÜBRIGEN** dient ein Narbenmuster bei jungen Mädchen vielfach auch dazu, sie als heiratsfähig zu kennzeichnen. Nicht selten wird ein besonderes Ereignis auch durch **HINZUFÜGEN** einer neuen Narbe oder einer weiteren Tätowierung als **ERINNERUNG** festgehalten. Auch bei uns werden Tattoos bei Jugendlichen als gewisses **ETWAS** immer beliebter. Allerdings sollte man sich von **VORNHEREIN** darüber im **KLAREN** sein, dass sich so mancher kleine Schmetterling nach einigen Jahren zu einem hässlichen Nachtfalter entwickeln kann. Außerdem sollte man das Tattoo von einem Fachmann stechen lassen, sonst besteht die Gefahr der Verletzung und Verunstaltung. Es kommt also nicht nur auf das **DASS**, sondern auch auf das **WIE** an und man sollte das **FÜR** und **WIDER** abwägen.

3 Begründen Sie die Groß- bzw. Kleinschreibung der markierten Wörter.
Die Regeln auf dieser Doppelseite helfen Ihnen.

Der größte Mensch war bisher 2,72 m groß. Aber war er auch der **glücklichste**?

Die **schmalste** aller Taillen befindet sich in den USA. Nach sorgfältigem **Messen** kam man auf einen **Umfang** von 38,1 cm.

Und noch etwas **Kurioses:** In zwei Jahren schmerzvollen **Arbeitens** hat ein Schotte 99,9 % seines Körpers mit einem Leopardenmuster tätowiert.

Da wird es einem **angst** und **bange:** Das bekannte Fotomodell Gina Denver nimmt zu jedem Fotoshooting ihre Spinnensammlung mit. Bei ihrer Lieblingsspinne handelt es sich um eine **Schwarze** Witwe namens Blacky.

Nun etwas **anderes:** Haben Sie schon einmal darüber nachgedacht, wie Sie wohl mit **fünfzig** aussehen? Noch nicht? Dann lassen Sie es am **besten** auch weiterhin bleiben!

Nach Aussagen einer **Münchner** Journalistin hat zurzeit ein Mann aus Thailand die längsten Haare der Welt (über 5 m). Im **Allgemeinen** wäscht er sie nur einmal im Monat.

Weil ein Familienvater es bis Geschäftsschluss nicht geschafft hatte, Geschenke für die **Seinen** zu kaufen, beging er am **Heiligen Abend** einen Einbruch. Das **neue Jahr** wird er nun im Gefängnis beginnen.

Datei Bearbeiten Ansicht Einfügen Format

G1

G1. Satzanfänge werden stets großgeschrieben.

G2

G2. Nomen werden großgeschrieben.

a) Sie erkennen Nomen mitunter an folgenden Endungen: -heit, -keit, -ung, -tum, -schaft, -nis
Schönheit, Achtung, Bewunderung

b) Oft sind Nomen an folgenden Signalwörtern erkennbar:
- der, die, das, ein, eine (Artikel)
  die Schönheit, ein Mädchen
- am, beim, im, ums, vom, zum (Präposition mit verstecktem Artikel)
  am Abend, beim Sonnenuntergang
- mein, dein, unser, euer, jeder, dieser (Pronomen)
  meine Freundin, diese Schönheit

G3

G3. Nominalisierungen werden großgeschrieben.

a) Wörter anderer Wortarten, z. B. Verben, Adjektive, Konjunktionen, Pronomen oder Präpositionen, die als Nomen gebraucht werden, schreibt man groß:
das Laufen, etwas Schönes, ohne Wenn und Aber, das Meine, das Für und Wider.

b) Sie erkennen nominalisierte Wörter oft an folgenden Signalwörtern:
- *der, die, das, ein, eine,*
- *beim, im, ins, am, vom, zum,*
- *etwas, viel, wenig, manches, nichts, alles,*
- *mein, dein, sein, ihr, unser, dieser, diese, dieses.*

G4

G4. Grundzahlen (*eins, zwei, ...*) werden nur dann großgeschrieben, wenn die Ziffer gemeint ist
(z. B. bei Zensuren, die Augenzahl beim Würfeln, Bus- oder Straßenbahnverbindungen):
eine Drei schreiben, eine Vier würfeln, in die Fünf einsteigen;
aber: *alle viere von sich strecken.*

Extras Tabelle Fenster Arbeit Hilfe

G5

G5. Farb- oder Sprachbezeichnungen werden großgeschrieben, wenn man sie mit „was?" erfragen kann. Erfragen Sie sie mit „wie?", müssen Sie sie kleinschreiben.
Die Ampel zeigte Grün. Sie zeigte was?
Aber: *Die Ampel war grün. Sie war wie?*
Mein Englisch ist nicht gut. Mein was ist nicht gut?
Aber: *Es kommt mir spanisch vor. Es kommt mir wie vor?*

G6

G6. Eigennamen werden großgeschrieben.
Zu den Eigennamen gehören:

1. Personennamen (*Klein Erna*),
2. geografische Bezeichnungen (*Der Schiefe Turm von Pisa*),
3. Namen von Institutionen, Organisationen (*Deutscher Bundestag, Vereinte Nationen*),
4. Titel oder Ehrenbezeichnungen (*der Erste Bürgermeister, der Heilige Vater*),
5. Fachbezeichnungen aus der Tier- und Pflanzenwelt (*die Schwarze Witwe, der Schwarze Holunder*),
6. besondere Kalendertage (*der Heilige Abend, der Erste Mai*),
7. historische Ereignisse (*die Französische Revolution, der Zweite Weltkrieg*).

Auch fachsprachliche Begriffe wie *Gelbe Karte, Erste Hilfe, Kleine Anfrage* kann man großschreiben.

G7

G7. Von geografischen Namen abgeleitete Wörter auf *-er* schreibt man groß; die von geografischen Namen abgeleiteten Wörter auf ***-isch*** schreibt man jedoch klein.
eine Kölner Firma, die chinesische Seide

G8

G8. Höflichkeitsanreden werden stets großgeschrieben.
Wie geht es Ihnen? Ich habe Sie und Ihre Familie lange nicht mehr gesehen.
In Briefen sind bei der Du-Anrede beide Schreibweisen möglich: *Fährst Du/du mit Deiner/deiner Freundin weg?*

K1

K1. Die Wörter *viel, wenig, eine, andere, beide* können groß- oder kleingeschrieben werden.
Die einen sagen es, die anderen denken es nur.
Die Einen sagen es, die Anderen denken es nur.

K2

K2. Wenn sich Adjektive und Zahlwörter auf ein vorangegangenes oder ein nachgestelltes Nomen beziehen, werden sie kleingeschrieben.
Sie war die netteste meiner Kundinnen. / Mir gefallen die Bilder, besonders die alten.

K3

K3. Superlative mit „am", nach denen man mit „wie?" fragen kann, werden kleingeschrieben.
In solchen Fällen kann „am" nämlich nicht in „an dem" aufgelöst werden.
Das gefällt mir am besten.

K4

K4. Wörter in Verbindung mit „sein", „bleiben" oder „werden" werden immer kleingeschrieben.
Mir wird angst und bange. / Du bist schuld daran.

K5

K5. Folgende Verbindungen aus Präposition und nicht gebeugtem Adjektiv ohne vorangegangenen Artikel schreibt man stets klein.
von fern, gegen bar, durch dick und dünn, über kurz oder lang, von klein auf, schwarz auf weiß, von vornherein.

K6

K6. In festen Verbindungen aus Adjektiv und Nomen, die keine Eigennamen sind, schreibt man das Adjektiv klein.
das autogene Training, das neue Jahr, die graue Maus.

Was zusammengehört, soll man nicht trennen

1 **a)** Lesen Sie die Info zur Getrennt- und Zusammenschreibung auf Seite 153 gründlich durch.
b) Begründen Sie die Schreibung der markierten Wörter in dem Text „Wirklich wahr?“ mit Hilfe der Regeln. Beachten Sie auch die Groß- und Kleinschreibung.

2 **a)** Lesen Sie den Text „Einfach unglaublich!“ und überlegen Sie gemeinsam, welche Schreibweise jeweils die richtige ist.
b) Schreiben Sie den Text in korrekter Zusammen- und Getrenntschreibung ab.
c) Notieren Sie von Fall zu Fall in Klammern, welche Regel gilt.

3 Setzen Sie die Liste von Begriffen unten auf der Seite fort, indem Sie zu jedem Anfangsbuchstaben des Wortes „GETRENNTSCHREIBUNG“ bzw. „ZUSAMMENSCHREIBUNG“ ein passendes Beispiel aufschreiben.

G etrennt schreiben
E is essen
T anzen gehen
R uhig bleiben
E inander zuhören
N ☆ ☆ ☆
N ☆ ☆ ☆
T ☆ ☆ ☆
S ☆ ☆ ☆
C ☆ ☆ ☆
H ☆ ☆ ☆
R ☆ ☆ ☆
E ☆ ☆ ☆
I ☆ ☆ ☆
B ☆ ☆ ☆
U ☆ ☆ ☆
N ☆ ☆ ☆
G ☆ ☆ ☆

Wirklich wahr?

1. Die kleinste Gemeinde Europas befindet sich irgendwo in Frankreich. Sie besteht aus einem Bürger, der zugleich das Amt des Gemeindebürgermeisters wahrnimmt.
2. Den Rekord im Dauerduschen hält nach wie vor ein Amerikaner, der vor einiger Zeit an einem Wettbewerb teilgenommen hatte. Der Mann stand 27 Tage ununterbrochen unter einer Dusche. Damit sein Arzt ihn hinterher nicht krankschreiben musste, rieb er sich zuvor mit Bratenfett ein. Die meisten würden sich bei einem solchen Wettbewerb wohl langweilen.
3. Keinen anderen Fisch gibt es so oft wie den Hering. Wissenschaftliche Untersuchungen schlussfolgern, dass im Atlantik ca. 1 Billion dieser Pflanzen fressenden Fischart herumschwimmen.

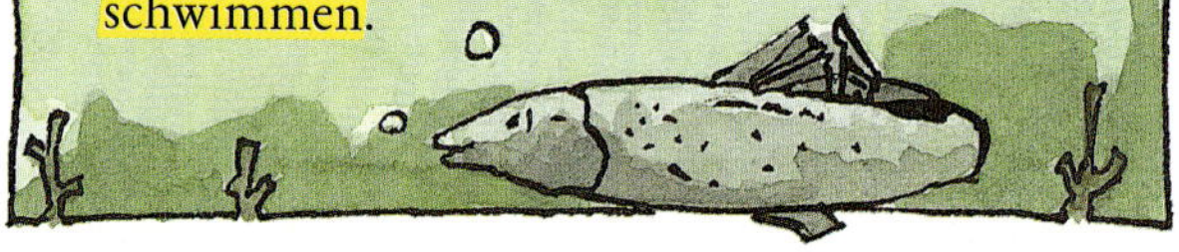

Einfach unglaublich!

Dem Küster einer kleinen Kirche im Süden Deutschlands kam eines Tages beim (spazieren + gehen) eine außergewöhnliche Idee: Er wollte nicht länger mit dem altmodischen Klingelbeutel in der Kirche (herum + hantieren) und über die Einnahmen (Buch + führen). Das nahm viel (zu + viel) Zeit in Anspruch und war seiner Auffassung nach auch ein zu altmodisches Verfahren. Aus diesem Grunde schaffte er sich (irgend + wann) im letzten Jahr einen Buchungsautomaten an. Als nun kürzlich nach der Predigt für (Not + leidende) Menschen gesammelt werden sollte, holte er sein Gerät hervor und ging damit (Freude + strahlend) durch die Reihen. Auf diese Weise konnten die Kirchgänger ihre Kollekte nämlich gleich von ihrer Kreditkarte (ab + buchen) lassen.

INFO

Getrennt- und Zusammenschreibung

1. Nomen und Verb I
Die meisten Ausdrücke, die aus einem Nomen und einem Verb bestehen, werden getrennt geschrieben: *Rad fahren, Maschine schreiben, Not leiden.* Nur wenn diese Verbindungen als Nomen gebraucht werden, schreibt man sie groß und zusammen: *Das Radfahren macht mir Spaß.*

2. Nomen und Verb II
Werden die Wörter *heim-, irre-, kund, preis-, stand-, statt-, teil-* und *wett-* mit einem Verb verbunden, so wird immer zusammengeschrieben: *heimgehen.*

3. Nomen und Partizip
Getrennt geschriebene Ausdrücke aus Nomen und Verb (*Rad fahren*) können in der Partizipform getrennt- oder zusammengeschrieben werden: *das Rad fahrende/radfahrende Kind.*
Einige Ausdrücke werden nur zusammengeschrieben: *freudestrahlend.* Wenden Sie im Zweifelsfall die Umformprobe an, indem Sie den Ausdruck in einen Satz verwandeln: *Sie strahlt vor Freude.* Muss bei der Umformprobe ein Wort (Artikel, Präposition) ergänzt werden, schreibt man zusammen. Aber: *Rad fahrend – Das Kind fährt Rad.*

4. Verb und Verb/Partizip
Folgen zwei Verben aufeinander, so schreibt man sie getrennt (*spazieren gehen, lesen lernen*). Dies ist auch dann der Fall, wenn es sich bei einem der Verben um ein Partizip handelt (*verloren gehen*). Bilden Ausdrücke mit *lassen* und *bleiben* eine neue Gesamtbedeutung, kann man sie zusammenschreiben: *sitzenlassen* (im Stich lassen). Als Nomen gebraucht, werden diese Ausdrücke zusammengeschrieben: *das Lesenlernen.*

5. Adjektiv und Verb
Ausdrücke aus Adjektiv und Verb werden getrennt geschrieben, wenn beide Teile wortwörtlich verwendet werden: *Der Maler hat alles blau gestrichen.* Ausdrücke aus Adjektiv und Verb mit neuer Gesamtbedeutung werden zusammengeschrieben:
Er wird blaumachen. (= nicht zur Arbeit gehen)

6. Kleine Wörter und Verb
Kleine Wörter (*dabei-, zu-, wieder-, zusammen-, an-, vorher- ...*) und Verben werden meistens zusammengeschrieben. Die Betonung liegt dann auf dem kleinen Wort.
Die Zukunft vorhersagen (im Sinne von: *wahrsagen*).
In den seltenen Fällen, bei denen beide Wörter betont werden, schreibt man getrennt:
Das hättest du mir vorher sagen müssen!
(Gemeint ist hier: *eher/zuvor sagen.*)

7. Untrennbare Zusammensetzungen mit Verben
Nomen, Adjektive und kleine Wörter können mit Verben untrennbare Zusammensetzungen bilden, d. h. sie werden auch bei Umstellung des Satzes zusammengeschrieben, z. B.:
lobpreisen – Er lobpreiste ihn.
frohlocken – Da frohlockte sie.
durchbrechen – Er durchbricht die Regel.

8. *-ander* und Verb/Partizip
Wörter auf *-ander* und Verben werden zusammengeschrieben, wenn die Betonung auf dem *ander*-Wort liegt: *aufeinanderfolgen, durcheinanderreden.*
Die Ausdrücke werden getrennt geschrieben, wenn die Betonung auf dem Verb liegt: *miteinander reden.*
Diese Regel gilt auch für die Partizipform: *aufeinanderfolgend,* aber: *miteinander redend.*

9. *selbst* und Verb/Partizip
Das Wort *selbst* wird immer vom Verb getrennt geschrieben: *selbst machen.* In der Partizipform sind beide Schreibweisen möglich: *selbst gemachte Marmelade/selbstgemachte Marmelade.*

10. Verbindungen mit *zu*
Verbindungen von *zu* mit Wörtern wie *oft, viel, wenig* werden getrennt geschrieben: *zu viel ...*

11. irgend-
Verbindungen mit *irgend-* werden zusammengeschrieben: *irgendjemand, irgendetwas, irgendwo ...*

Die Zeichen richtig setzen

1 Erklären Sie in den Sätzen rechts die Kommasetzung. Nehmen Sie dazu die Übersicht auf Seite 155 zur Hilfe.

2 a) Schreiben Sie die Sätze unten ab und setzen Sie dabei die fehlenden Zeichen.
b) Notieren Sie hinter jedem Zeichen jeweils die Regelnummer aus der Übersicht.

(A) An vielen Ferienorten herrscht in der Hauptsaison so ein Gedränge dass man viele Sehenswürdigkeiten gar nicht zu sehen bekommt.

(B) Auch auf der Ferieninsel Capri die nach wie vor sehr beliebt ist ist dies gelegentlich der Fall.

(C) Vor einigen Jahren dachte sich daher der damalige Bürgermeister ein einfallsreicher Mensch etwas ganz Besonderes aus.

(D) Der Mann erließ nämlich ohne lange darüber nachzudenken ein Stehverbot für Touristen und Einheimische.

(E) Personen die länger als zwei Minuten auf der Straße stehen blieben mussten mit einer Strafe rechnen.

(F) Sein Ziel war es auf diese Weise die Verstopfung in Capris Straßen einzudämmen.

(G) Angesichts dieses Erlasses könnte man folgenden Grundsatz des Philosophen Kant zitieren
Was du nicht willst das man dir tu das füg auch keinem andern zu.

(1) Freut ihr euch jedes Jahr wieder auf den gemeinsamen Familienurlaub, auch wenn die Verwandten zuvor noch so genervt haben?

(2) Oder gehört ihr eher zu denjenigen, die lieber mit Freunden in die Ferien fahren?

(3) Dass Familienurlaub anstrengend sein kann, zeigt das folgende Beispiel, aus einem Reisemagazin entnommen, recht deutlich.

(4) Eine englische Familie entschloss sich dazu, den Urlaub mit sämtlichen Verwandten zu verbringen.

(5) Gemeinsam wollten alle 103 Familienmitglieder nach Amrum, einer Insel in der Nordsee, fahren.

(6) Die Reisebüroleiterin staunte nicht schlecht, als der Familienälteste, ein 92-Jähriger, die Reise buchte, denn so etwas hatte sie bisher noch nie erlebt.

(7) Übers ganze Gesicht schmunzelnd, erklärte der Mann, dass er Vater von elf Kindern sei, die zahlreichen Nachwuchs hätten.

Alles bestens geregelt!

1. Das Komma bei Aufzählungen
Aufzählungen werden durch Komma voneinander getrennt: *In den nächsten Ferien fahren wir nach Italien, nach Frankreich oder in die Schweiz.*

2. Das Komma in Satzreihen
a) Hauptsätze können zu einer Satzreihe verbunden werden. Zwischen zwei Hauptsätzen steht ein Komma. Das gilt auch, wenn sie durch Konjunktionen wie *aber, denn, doch, dennoch, sondern, daher* verbunden sind:
Den letzten Urlaub konnte ich nicht genießen, denn ich war sehr krank.
b) Bei *und/oder* muss kein Komma stehen:
Unsere Familie unternimmt einen Campingurlaub(,) und meine Freundin kommt mit.

3. Das Komma im Satzgefüge I
Der Nebensatz wird vom Hauptsatz durch Komma(s) abgetrennt. Ein Nebensatz beginnt oft mit einer Konjunktion (*als, da, dass, damit, obwohl, ...*) und endet mit dem finiten Teil des Prädikats; manchmal ist er eingeschoben: *Ich bedauerte, dass die Ferien zu Ende gingen, sehr.*

4. Das Komma im Satzgefüge II
Relativsätze sind eine Sonderform der Nebensätze. Sie beginnen mit einem Relativpronomen (*der, die, das, welche, welches ...*), das sich auf ein vorangegangenes Nomen bezieht. Wie jeder Nebensatz wird auch der Relativsatz stets vom Hauptsatz abgetrennt: *Das Ferienhaus, in dem wir wohnten, war leider sehr heruntergekommen.*

5. Das Komma bei Appositionen
Eine Apposition ist eine nachgestellte Beifügung, die ein einzelnes Wort genauer erläutert:
Frau Stasch, unsere Englischlehrerin, träumt von den Winterferien.
Die Apposition steht immer im gleichen Kasus wie das Bezugswort und ist mit diesem austauschbar.

6. Das Komma bei Infinitivgruppen I
Ein **einfacher Infinitiv mit *zu*** kann ohne Komma stehen:
Er beschloss(,) zu gehen.
Wird ein Infinitiv mit *zu* durch ein oder mehrere Wörter erweitert, spricht man von einer **Infinitivgruppe**.
Diese wird durch ein Komma vom Hauptsatz abgetrennt:
Er beschloss, schnell nach Hause zu gehen.
Oft steht nach *um, ohne, statt, anstatt, außer, als* eine Infinitivgruppe: *Er ging nach Hause, um sich auszuruhen. Um sich auszuruhen, ging er nach Hause.*

7. Das Komma bei Infinitivgruppen II
Achtung bei Infinitivgruppen! Die Stellung der Kommas kann die Bedeutung des Satzes ändern:
Sie bat ihn nie wieder, in den Urlaub zu fahren.
Sie bat ihn, nie wieder in den Urlaub zu fahren.

8. Das Komma bei Partizipgruppen
Eine Partizipgruppe kann vom Hauptsatz durch ein Komma abgetrennt werden. Nur bei nachgestellten Partizipgruppen muss ein Komma stehen:
Aus vollem Halse lachend(,) kam er auf Lisa zu.
Sie blieb stehen, vor Entsetzen erstarrt.

9. Zeichensetzung bei der wörtlichen Rede
Der Redebegleitsatz (*er sagt, sie meint ...*) wird stets von der wörtlichen Rede abgetrennt.
– vorangestellter Begleitsatz:
Kaya fragte: „Fährst du in diesem Jahr auch weg?“
– eingeschobener Begleitsatz:
„Ich weiß nicht“, meinte Tom, „ich muss sparen.“
– nachgestellter Begleitsatz:
„Kann ich nicht bei euch mitfahren?“, fragte Tom.

10. Zeichensetzung beim Zitieren
Am Anfang und Ende der zitierten Stelle werden Anführungszeichen gesetzt. Werden im Zitat Teile weggelassen, müssen sie durch Auslassungspunkte in Klammern kenntlich gemacht werden.
Im Katalog steht: „Wir (...) bieten Komfort“.

Mit dem Übungszirkel üben

Sind genmanipulierte Lebensmittel gefährlich?

Viele Menschen in Deutschland haben Angst vor „gentechnischen“ Nahrungsmitteln. Sie halten diese für unnatürlich und gefährlich und befürchten tief greifende, unkontrollierbare Veränderungen der Natur. Seit Jahren können wir das Debattieren von Befürwortern und Gegnern in den Medien verfolgen. Damit wir stets über den aktuellen Stand der Forschung orientiert sind, sollten wir uns qualifiziert informieren, z.B anhand der Äußerungen kompetenter Wissenschaftler.

Für gentechnische Manipulation spricht beispielsweise, dass sich die Inhaltsstoffe von Obst, Gemüse und Getreide effektiv verbessern lassen. Auch neue Getreidesorten mit lebenswichtigen Aminosäuren, die in der Natur selten vorkommen, können gezüchtet werden. Vom genetischen Verändern der Mikroorganismen kann schließlich auch der Konsument profitieren, weil die Vermehrung krankheitserregender Keime verhindert wird. Diese Vorteile werden jedoch von den Gegnern in Frage gestellt, weil sie Sorge haben, dass die Verträglichkeit solchermaßen veränderter Produkte herabgesetzt wird. Sie glauben, dass in genetisch veränderten Pflanzen neue Stoffe entstehen, die für den Menschen giftig sein könnten. Auch das Fördern von Allergien wird nicht ausgeschlossen. Außerdem wird befürchtet, dass wir über genmanipulierte Nahrung neue Erbsubstanz aufnehmen.

In jedem Falle sollte das Ablehnen oder Annehmen genmanipulierter Nahrungsmittel dem Verbraucher überlassen werden. Auf den Verpackungen müssten deshalb detaillierte Angaben über die Zusammensetzung der Lebensmittel zu finden sein – und dies nicht nur beschränkt auf nationaler Ebene.

1 Die Arbeitsaufträge zu den Stationen beziehen sich auf den Text oben. In welcher Abfolge Sie die Stationen bearbeiten, bleibt Ihnen überlassen.

Station 1 — Groß- und Kleinschreibung

Im Text werden fünf Verben als Nomen gebraucht.

1. Schreiben Sie diese mit Artikel heraus.
2. Verwenden Sie jedes Nomen in einem Satz und schreiben Sie ihn auf.

Station 2 — Groß- und Kleinschreibung

1. Suchen Sie aus dem Text fünf Verben und fünf Adjektive, zu denen es auch Nomen gibt.
2. Tragen Sie das Verb bzw. das Adjektiv und das dazugehörige Nomen in zwei Tabellen ein.

Verb	Nomen
aufnehmen	Aufnahme

Adjektiv	Nomen
gesund	Gesundheit

Station 3 — Präfixe

Durch die Verwendung von Wortbausteinen wie z. B. Präfixen verändert sich die Bedeutung von Wörtern.

Suchen Sie aus dem Text acht Adjektive heraus, die um die Präfixe unten ergänzt werden können. Zum Teil sind mehrere Lösungen möglich, probieren Sie verschiedene Zusammensetzungen aus. Verwenden Sie jedes neu gebildete Adjektiv in einem Satz und schreiben Sie ihn auf.

brand-, des-, dis-, extra-, hoch-, in-, inter-, multi-, pseudo-, über-, un-

Station 4 — Fremdwörter

Ordnen Sie den Wörtern die passenden Fremdwörter aus dem Text zu.

1. absichtliche Verfälschung
2. Erörtern
3. Überempfindlichkeit
4. Erzeugnis
5. Einzelheiten betreffend
6. Nutzen haben
7. Verbraucher
8. Kleinstlebewesen

Übertragen Sie die Fremdwörter mit den Bedeutungen in Ihre Wörtersammlung.

Station 5 — Fremdwörter und Fachbegriffe

Bilden Sie zu den folgenden Wörtern jeweils eine Wortfamilie mit mindestens fünf Wörtern:

Nahrung: *Nahrungskette, …*
Produkt
Gen
Medien

Station 6 — Worttrennung bei Fremdwörtern und Fachbegriffen

Schreiben Sie folgende Fremdwörter und Fachbegriffe mit Silbentrennstrichen auf:

unkontrollierbar, Medien, Manipulation, genmanipuliert, krankheitserregend, Allergien, Erbsubstanz, Mikroorganismen

Station 7 — Getrennt- und Zusammenschreibung

Bilden Sie aus den Wörtern der beiden Felder zusammengesetze Adjektive.

Leben, Gen, Gesundheit, Krankheit

wichtig, erregend, technisch, manipuliert, schädlich

Station 8 — Wörter mit s-Lauten

Im Text finden Sie viermal das Wort *dass*.

1. Schreiben Sie stichwortartig auf, warum in diesen Sätzen *dass* stehen muss.
2. Bilden Sie drei weitere Sätze, in denen Sie *dass* verwenden.

Station 9 — Wörter mit s-Lauten

1. Legen Sie eine zweispaltige Tabelle an.
2. Schreiben Sie alle Wörter mit *ss* bzw. *ß* aus dem Text in die richtige Spalte. Kennzeichnen Sie den kurzgesprochenen Vokal mit einem Punkt und den langgesprochenen Vokal mit einem Strich: *Pass, Spaß.*
3. Ergänzen Sie bei folgenden Wörtern den richtigen s-Laut

bla?, hä?lich, Fü?e, sie schlo?, Flei?, er lä?t, verdrie?en, Ku?, Ha?, Ro?, Verdru?, er grü?te, Gru?, Ri?,. zerrei?en, sie schlo?, schlie?en

Rechtschreiben verändert sich

1 Seit dem 1. August 2006 gilt die reformierte deutsche Rechtschreibung. Gegenüber der alten Orthografie hat sich einiges verändert.
Testen Sie sich: Welches ist die neue, welches könnte die alte Schreibung gewesen sein?

A
1. nummerieren
2. numerieren
3. nummerrieren
4. numerrieren

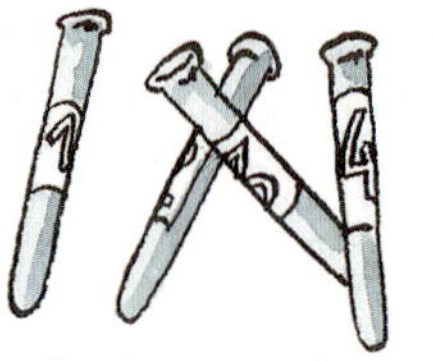

___☆ ☆ ☆___ Sie bitte die Reagenzgläser!

B
1. belämert
2. belämmert
3. belemert
4. belemmert

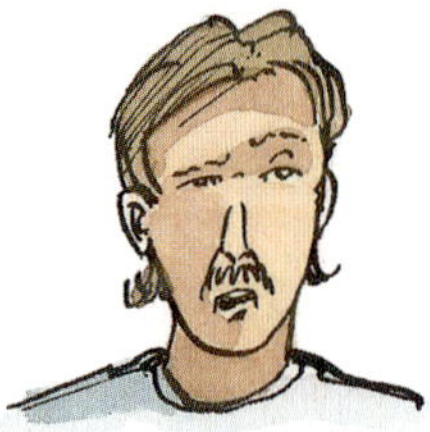

Warum schauen Sie denn so ___☆ ☆ ☆___ ?

C
1. plazieren
2. platziren
3. platzieren
4. plaziren

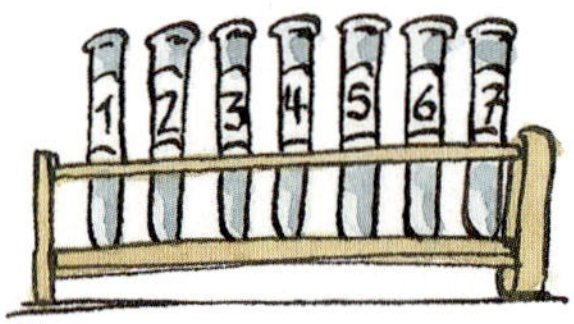

___☆ ☆ ☆___ Sie die Reagenzgläser der Reihe nach im Regal.

D
1. behente
2. behände
3. behende
4. behänte

Etwas schneller, bitte!
Ihre Arbeitsweise ist nicht gerade ___☆ ☆ ☆___ .

alt: A=2, B=4, C=1, D=3; neu: A=1, B=2, C=3, D=2.

2 **a)** Lesen Sie die Info.
b) Auf welche Änderung im Rahmen der Rechtschreibreform ist die neue Schreibweise der Wörter aus Aufgabe 1 zurückzuführen?

3 Entscheiden Sie: Welche der markierten Formen sind falsch oder gelten als veraltet?
Beziehen Sie sich stets auf eine der in der Info genannten Regeländerungen.

A **Fen-ster/Fens-ter**
B Bei dieser Kälte ist Joggen ein **Greuel/Gräuel**.
C Bringst du mir bitte die **Stall-Laterne/Stalllaterne/Stallaterne**?
D **Geografie/Geographie** war nie meine Stärke.
E Der Campingplatz liegt an einem **Fluß/Fluss**.

INFO

Rechtschreibreform
Sprache verändert sich, dies gilt auch für die Rechtschreibung. Im Jahr 1996 beschlossen die Kultusminister eine grundlegende Reform der deutschen Rechtschreibung. Ziel war die Vereinfachung und eine größere Einheitlichkeit der Schreibung. Der Rat der deutschen Rechtschreibung erarbeitet ein neues Regelwerk, das zum 1. August 2006 endgültig in Kraft trat. Wichtige Änderungen betreffen z. B. die Zuordnung von Laut und Buchstabe sowie die Worttrennung:

1. Wörter und Wortformen, die der gleichen Wortfamilie zugeordnet werden können, werden gleich geschrieben (Stammprinzip): *Stängel* wegen *Stange* (früher: *Stengel*).
2. Treffen in Zusammensetzungen drei gleiche Buchstaben aufeinander, bleiben alle erhalten: *Schifffahrt* (früher: *Schiffahrt*). Zur besseren Lesbarkeit kann man diese Wörter auch mit Bindestrich schreiben: *Schiff-Fahrt*.
3. Nach kurzem Vokal folgt *ss* statt *ß*: *dass* (früher: *daß*).
4. Die Schreibweise von Fremdwörtern, die in den alltäglichen Sprachgebrauch eingegangen sind, kann eingedeutscht werden: *Mikrofon* (alte Form auch möglich: *Mikrophon*).
5. Geschrieben wird fast immer, wie gesprochen wird. Das gilt auch für die Trennung nach Sprechsilben: *Wes-te* (früher: *We-ste*).

Akt: Ein Akt umfasst eine größere Handlungseinheit in einem Drama und ist durch das Öffnen und Schließen des Vorhangs gekennzeichnet. Er kann aus mehreren Auftritten und Szenen bestehen. Häufig bedeutet ein neuer Akt auch einen Wechsel des Handlungsortes.

Aufklärung: Der Philosoph Immanuel Kant prägt den Leitgedanken dieser Epoche (1720–1790): „Habe Mut, dich deines eigenen Verstandes zu bedienen!“ Er richtet sich gegen die mittelalterlich geprägte Weltanschauung, gegen die Glaubenslehren der Kirche, aber auch gegen die absolut regierende, weltliche Obrigkeit. Die Vernunft des Menschen soll sein Handeln und Denken lenken, Menschlichkeit und Toleranz sollen das Zusammenleben bestimmen. Ein Ziel der Literatur dieser Zeit ist es, die Menschen zu belehren und aufzuklären. Daher stammen aus dieser Zeit viele → *Fabeln.*

Ballade: In der Ballade mischen sich die drei Formen der Dichtung: Der Form nach ist die Ballade ein Gedicht und ist daher der → *Lyrik* zuzuordnen; wie in der → *Epik* wird eine Handlung dargestellt; an das → *Drama* erinnern die häufig verwendeten Dialoge.

Barock: Unter Barock versteht man eine Kunst- und Literaturepoche im 17. Jahrhundert. Viele Schlösser der absoluten Fürsten und viele Kirchen aus dieser Zeit sind heute noch erhalten. Auch die Musik wird heute oft aufgeführt. Die Epoche ist aber auch geprägt vom Dreißigjährigen Krieg (1618–1648), der Tod und Verderben bringt. Diese Erfahrungen wirken sich auf das Denken und Handeln der Menschen aus. Für viele ist der Glaube das Einzige, was ewig besteht. Dies spiegelt sich auch in vielen Texten aus dieser Zeit wider.

Bericht: → *Journalistische Textsorten.*

Drama: Das Drama ist neben der → *Lyrik* und → *Epik* eine der drei Grundgattungen der Dichtung.
Die Handlung wird durch Dialoge (Gespräche zwischen Personen) und durch Monologe (Selbstgespräche) entwickelt, die auf der Bühne zur Darstellung gebracht werden. Das Drama umfasst meist mehrere → *Akte,* die in mehrere Szenen aufgeteilt sein können.

Biedermeier: So wird die Epoche von ca. 1815 bis 1850 genannt. Aus Enttäuschung über die gescheiterte Französische Revolution ziehen sich die Menschen ganz in ihre bürgerliche Welt zurück. In der Literatur finden sich dementsprechend Schilderungen des alltäglichen Lebens; Themen wie Familie, Natur, Heimat und Religion werden häufig aufgegriffen.

Epik: Unter diesem Begriff fasst man alle Arten der erzählenden Dichtung zusammen. Es gibt viele epische Kleinformen (→ *Erzählung,* → *Fabel,* → *Kurzgeschichte,* → *Märchen,* → *Sage,* → *Schwank*). Zu den umfangreicheren epischen Texten gehört der Roman.

Episches Theater: → *siehe Info Seite 66.*

Erzählperspektive: → *siehe Info Seite 55.*

Erzählung: In der Literatur versteht man unter einer Erzählung alle kurzen erzählenden Texte, die nicht eindeutig einer anderen Kurzform (→ *Fabel,* → *Märchen,* → *Sage,* → *Schwank*) zugeordnet werden können.

Erzählte Zeit: → *siehe Info Seite 91.*

Erzählzeit: → *siehe Info Seite 91.*

Expressionismus: Damit bezeichnet man eine künstlerische Bewegung des frühen 20. Jahrhunderts (ca. 1910–1925), die in der Literatur, Architektur, Malerei und Musik ihren Ausdruck fand. Die Dichter gestalten Themen, die bisher kaum vorstellbar waren: Krankheit, Verfall und Tod werden provozierend genau dargestellt. Krieg, Zerstörung und sogar Weltuntergang sind ebenso zentrale → *Motive* wie die Großstadt als Ort der Bedrohung und Vereinsamung. Viele Texte thematisieren die Sehnsucht nach Veränderung oder einer besseren Welt.

Fabel: Dies ist eine zumeist kurze Erzählung, in der Tiere oder Pflanzen sich wie Menschen verhalten. Häufig stehen sich zwei Tiere mit gegensätzlichen Eigenschaften gegenüber. Meistens wird nach einer kurzen Einführung die Handlung durch die Rede und Gegenrede fortgeführt und endet mit einem überraschenden Schluss. Am Beispiel des erzählten Geschehens wird eine Lehre gezogen oder Kritik an bestimmten Verhaltensweisen geäußert.

Figurenrede: → *siehe Info Seite 92.*

Gebrauchstexte: Tagtäglich werden Texte verfasst, um etwas mitzuteilen, darzustellen oder zu regeln: z. B. Anleitungen, Informationstexte, Gesetze, Zeitungstexte, Anzeigen oder Schulbücher.

Groteske: → *siehe Info Seite 56.*

Ironie: Ironische Äußerungen meinen das Gegenteil von dem, was man eigentlich sagen will:
Erika sagt: „Paul hat heute aber eine Bombenlaune!" Sie meint aber, dass Paul heute sehr schlecht gelaunt ist. Ironische Aussagen werden durch Übertreibungen und vor allem durch den Tonfall deutlich. Mimik und Gestik können dabei die Aussage unterstützen.
Die Ironie wird verwendet, um eine Person oder eine Sache lächerlich zu machen oder um Kritik zu üben. Sie ist daher ein wichtiges Stilmittel der → *Satire.*

Journalistische Textsorten: Jeder Zeitungsmeldung liegt eine **Nachricht** zugrunde, d. h. eine Information, die für den Leser neu und wichtig ist. Wie sie in der Zeitung zum Abdruck kommt, kann unterschiedlich sein:
Der **Bericht** enthält eine ausführliche, sachliche Darstellung der Nachricht. Merkmale:

1. Die Überschrift (häufig mit Unterüberschrift) informiert meistens sachlich über den Inhalt.
2. Ein halbfett gedruckter Vorspann (Lead) fasst die wichtigsten Informationen zusammen.
3. Im Hauptteil werden die Nachricht, Zusammenhänge und Hintergründe ausführlich dargestellt.
4. Die Darstellung ist sachlich, wertende Äußerungen durch den Berichterstatter fehlen.
5. Aussagen von Personen werden in direkter und in indirekter Rede wiedergegeben.
6. Häufig steht zum Text ein erklärendes Bild.

Die **Reportage** ist das Ergebnis vieler Nachforschungen (Recherchen). Die Reportage will durch die lebendige Darstellung den Leser ansprechen. Merkmale:

1. Die Überschrift ist auffällig und macht neugierig.
2. Oft fasst ein halbfett gedruckter Vorspann den Inhalt der Reportage zusammen.
3. Der Anfang bezieht den Leser in das Geschehen ein.
4. Sachlich-informierende und persönlich-schildernde Textstellen wechseln.
5. Die Zeitstufen können wechseln.
6. Häufig wird wörtliche Rede verwendet.
7. Der Autor gibt seine Meinung wieder.
8. Bilder illustrieren und erklären den Text.
9. Der Autor wird genannt.

Der **Kommentar** liefert eine Meinung zu einem Sachverhalt (zustimmend oder ablehnend). Merkmale:

1. Häufig wird er in Verbindung mit einem Bericht oder einer Meldung geschrieben.
2. In vielen Zeitungen erscheinen die Kommentare an einer bestimmten Stelle (z. B. Politikteil).
3. Der Autor wird genannt.
4. In der Regel haben Kommentare keine Bilder.

Junges Deutschland/Vormärz: Die Bezeichnung dieser Epoche (1830–1850) geht auf die Gruppe staats- und gesellschaftskritischer Schriftsteller „Junges Deutschland" zurück, „Vormärz" wird die Zeit vor der Märzrevolution 1848 genannt. Dieser Aufstand der Bürger gegen staatliche Bevormundung scheitert jedoch. Entsprechend der politischen Hintergründe ist die Literatur dieser Epoche geprägt vom Kampf um Freiheit und politische Erneuerung.

Klassik: Die Epoche der deutschen Klassik rechnet man von 1786 (Italienreise Goethes) bis 1805 (Tod Schillers). Sie umfasst vor allem die Werke, die diese beiden Dichter in jenen Jahren verfasst haben. In dieser Zeit orientiert man sich in starkem Maße an der Antike. Aus der antiken Dichtung und Philosophie leitet die Klassik Tugenden für menschliches Zusammenleben ab, die antike Kunst wird zum Vorbild für die Vorstellung vom Schönen. Literatur soll die Menschen auf diese Werte hinweisen und sie damit zu einer vorbildlichen Lebensführung anregen.

Kommentar: → *Journalistische Textsorten.*

Kurzgeschichte: Es handelt sich um einen kürzeren erzählenden Text. Folgende Merkmale sind typisch, aber nicht immer treffen alle in gleicher Weise zu:

1. Die Handlung setzt unvermittelt ein (keine einleitenden Angaben zu Ort, Zeit und Personen).
2. Gegenstand sind Personen in Alltagssituationen.
3. Die Hauptperson ist einem Problem oder einer kritischen Situation ausgesetzt.
4. Die Darstellung der Handlung ist kurz gefasst und auf das Wesentliche beschränkt.
5. Oft nimmt die Handlung eine unerwartete Wendung.
6. Der Schluss ist offen. Der Leser soll über den

Fortgang der Handlung selbst nachdenken.
7. Häufige sprachliche Mittel:
   - Wiederholungen, Aufzählungen,
   - Umgangssprache, Jugendsprache,
   - mehrere kurze Sätze, die aufeinanderfolgen,
   - unvollständige Sätze (Ellipsen).

Literatur der Jahrhundertwende: Diese Epoche von etwa 1890 bis 1920 ist eine Gegenströmung zum → *Realismus* und → *Naturalismus*. Die Literatur ist geprägt von einer pessimistischen Weltsicht. Schilderungen von Empfindungen und Träumen stehen im Mittelpunkt, häufige Themen sind Liebe und Tod.

Lyrik: Lyrik bezeichnet Dichtung in Versform (Gedichte). Im Gedicht drückt das → *lyrische Ich* seine Gefühle, Stimmungen, Erlebnisse, Einstellungen, Gedanken aus. Viele Gedichte sind in **Strophen** gegliedert. Mindestens zwei Verszeilen werden in einer Strophe zusammengefasst. Oft beginnt mit einer Strophe ein neuer Gedanke. Es gibt Gedichte, die zwar einem bestimmten Rhythmus folgen, aber nicht am Wort- und Versende gereimt sind. Durch **Reime** erhalten Gedichte eine bestimmte Klangwirkung. Durch den Gleichklang der Reimwörter (z. B. *küssen – müssen*) werden oft zwei oder mehr Verszeilen miteinander verbunden.
Drei Reimformen werden besonders oft verwendet:

Paarreim	**umschließender Reim**	**Kreuzreim**
a Sonne	a Sonne	a Sonne
a Wonne	b Eis	b Eis
b Eis	b heiß	a Wonne
b heiß	a Wonne	b heiß

Lyrisches Ich: Das lyrische Ich ist die oder der Sprechende im Gedicht. Das lyrische Ich kann, muss aber nicht die Einstellung oder Stimmung der Dichterin/des Dichters wiedergeben.

Märchen: Märchen erzählen Geschichten, die sich in Wirklichkeit nicht ereignen könnten. Oft handeln sie von Zauberern, Hexen, Feen und sprechenden Tieren. In einer räumlich und zeitlich nicht festgelegten Welt steht die Hauptfigur vor großen Gefahren und kaum lösbaren Aufgaben. Die Zahlen 3, 6, 7, 12 spielen eine besondere Rolle. Auch formelhafte Sprüche sind typisch für Märchen. Am Ende siegt meist das Gute.

Metapher: → *Sprachliches Bild.*

Motiv: Der Begriff bezeichnet in der Literatur einen zentralen und bedeutungsvollen Aspekt des Inhalts eines Textes, z. B. das „Reisen" als eine innere und äußere Situation, in der Menschen sich befinden können. Solche Motive werden oft im Verlauf der Literaturgeschichte wieder aufgegriffen und der jeweiligen Zeit entsprechend neu gestaltet.

Naturalismus: Die jungen Schriftsteller dieser Epoche (1880–1900) versuchen in ihren Werken, gesellschaftliche Missstände aufzuzeigen, z. B. die Not der Weber um 1840 oder das Elend der Arbeiter zur Zeit der Industrialisierung. Dazu informierten sie sich genau über die Lebensbedingungen der in ihren Werken beschriebenen Menschen und versuchten dann, diese möglichst genau („naturalistisch") wiederzugeben. Das spiegelt sich z. B. in der wirklichkeitsgetreuen Wiedergabe der Sprache der Personen (Dialekt bzw. Umgangssprache, unvollständige Sätze, Ausrufe) wider.

Personifikation: Unter einer Personifikation versteht man die Übertragung von menschlichen Eigenschaften auf Naturerscheinungen, Gegenstände und abstrakte Begriffe: Sie denken, fühlen oder handeln wie Menschen, z. B.: *Es pocht eine Sehnsucht an die Welt …*

Realismus: In dieser Epoche (zweite Hälfte des 19. Jahrhunderts) waren die Schriftsteller bestrebt, die Wirklichkeit genau darzustellen. Ihr Hauptaugenmerk liegt dabei auf dem Bürgertum und seinen gesellschaftlichen Verhältnissen. Landschaften und Personen werden anschaulich und wirklichkeitsnah dargestellt. Motive und Schreibanlässe beruhen oft auf tatsächlichen Ereignissen und Begebenheiten.

Reportage: → *Journalistische Textsorten.*

Romantik: Die Zeit der Romantik erstreckt sich von 1798 bis 1835. Die Schriftsteller dieser Zeit stellen in ihren Werken die Frage nach dem Sinn des Lebens. Dieser ist nach ihrer Meinung mit dem Verstand nur schwer zu erfassen und geht über das Sichtbare hinaus. Die Dichter verspotten jede angepasste Lebensweise und stellen Menschen dar (oft als Wanderer), die die Sicherheit einer bürgerlichen Existenz bewusst aufgeben, um auf einem selbstbestimmten, aber auch unsicheren Lebensweg dem tieferen Sinn des Lebens näherzukommen. Die Texte handeln von Gefühlen, Träumen, Geheimnisvollem, Zauberhaftem. Sie beschreiben die Wirkung der Natur auf den Menschen. Realität und Fantasie sind häufig untrennbar.

Rückblick: Vor allem in der → *Epik* (Erzählung, Roman) gibt es solche Einschübe, die vor der Zeit der eigentlichen Handlung spielen. Sie dienen dazu, die jetzige Situation oder das Handeln einer Figur zu erklären.

Sachtext: Ein Sachtext informiert über Tatsachen, Vorgänge und Sachverhalte. Sachtexte findet man in Zeitungen, Zeitschriften oder in Sachbüchern.

Sage: Schon in früheren Zeiten haben Menschen nach Erklärungen für erstaunliche Ereignisse und auffällige örtliche Gegebenheiten und Gegenstände gesucht. Diese Erklärungsversuche sind uns heute in Form von Sagen überliefert. Im Unterschied zum → *Märchen* knüpfen Sagen daher häufig an wirkliche Begebenheiten oder an bestimmte Orte an. Sie wurden mündlich weitererzählt und dabei auch oft verändert.

Satire: Eine satirische Darstellung zeigt menschliche Schwächen oder Fehler stark übertriebenen auf. Sie will diese lächerlich machen, zum Nachdenken anregen, kritisieren und häufig auch eine Änderung von Verhaltensweisen bewirken. Satire kann in den verschiedensten Textsorten auftreten.

Schwank: Der Schwank ist eine witzige, meist kurze Erzählung über ein lustiges Ereignis oder einen Streich. Menschliche Schwächen werden oft übertrieben dargestellt und damit lächerlich gemacht. Der Schwank weist immer eine überraschende Wendung (Pointe) auf, in der oft eine wohlhabende, aber überhebliche Person von einer schlauen überlistet wird.

Sprachliches Bild: Mit sprachlichen Bildern lassen sich Sachverhalte, Personen, Stimmungen anschaulich darstellen. Sie finden sich in der Alltagssprache, in literarischen Texten und vor allem in Gedichten. Werden sie eingeleitet mit *wie*, spricht man von einem **Vergleich:** *Es regnet <u>wie aus Kübeln</u>.* Fehlt das *wie*, spricht man von **Metapher** (Übertragung): *<u>Helle Länder</u> sind deine Augen.* Das Wort oder der Ausdruck wird im übertragenen Sinn gebraucht.

Sprachliche Mittel: Autoren setzen sie in Texten bewusst ein, um eine bestimmte Wirkung zu erzielen, z. B.:
- Aneinanderreihung kurzer Sätze oder Wörter,
- gleiche Satzanfänge (Anapher)
- unvollständige Sätze (Ellipse)
- Wiederholung von Wörtern, Satzteilen
- → *Figurenrede*
- → *Erzählperspektive*
- → *Zeitdehnung*/ → *Zeitraffung*
- Zeitblende (Voraus-, → *Rückblick*)
- Alltags-, Umgangssprache, gehobene Sprache
- → *Ironie*
- → *Personifikation*
- rhetorische Frage
- Wort-Neuschöpfung (Neologismus)
- → *sprachliches Bild:* Vergleich, Metapher

Strophe: → *Lyrik.*

Sturm und Drang: Von 1770 bis etwa 1785 entwickelt sich in Deutschland diese künstlerische Bewegung – benannt nach einem Drama dieser Zeit. Der Satz „Gefühl ist mehr als Denken“ wird zum Leitbild der jungen Generation von Schriftstellern. Damit wenden sie sich gegen das nüchtern kühle Denken der → *Aufklärung.* Zugleich richtet sich ihre Kritik gegen die damalige Gesellschaftsordnung, gegen die Ständeschranken und die Willkür der absoluten Monarchen.

Vergleich: → *Sprachliches Bild.*

Zeitdehnung: Ein in der Wirklichkeit kurzer Moment wird in einem Text durch das Einfügen von Gedanken, Gefühlen oder durch die Beschreibung von Einzelheiten in die Länge gezogen. Dadurch gewinnt der Leser einen vertieften Einblick in die Situation und das Denken und Fühlen der Personen. Häufig wird durch diese Verzögerung auch die Spannung erhöht.

Zeitraffung: Ein in der Wirklichkeit lang andauernder Zeitraum wird in einem Text in wenigen Worten zusammengefasst. Man erkennt eine Zeitraffung an Zeitangaben wie *nach Jahren, in drei Tagen ...*

Lit. Epochen	Schriftsteller, ausgewählte Werke, Genres	Historische Ereignisse	Musik, (Bau-)Kunst, Technik, Philosophie
Alt- und mittelhochdeutsche Literatur 750–1350	schreibende Mönche *Wessobrunner Gebet*, 770/90 **Walter von der Vogelweide** (1170–1230) Minnesang, Spruchdichtung **Wolfram von Eschenbach** (ca. 1200) *Parzival*	768–814 Kaiser Karl der Große 955 Schlacht auf dem Lechfeld gegen Ungarn ca. 1000 Leif Eriksson (normannischer Seefahrer) erreicht Amerika	ca. 800 schriftliche Aufzeichnung der Musik ab 950 Baukunst: Romanik Dom zu Speyer (1025) ca. 1140–1420 Baukunst: Gotik Kölner Dom (1248–1322)
Frühneuhochdeutsche Literatur 1350–1600	**Hans Sachs** (1494–1576) Meistersang **Martin Luther** (1483–1523) Bibelübersetzung, Sendbriefe **Hermann Bothe** (1469–1536) *Till Eulenspiegel*	1096–1270 Kreuzzüge 1492 Entdeckung Amerikas durch Christoph Kolumbus 1517 Beginn Reformation 1524/25 Bauernkriege	1450 Johannes Gutenberg Buchdruck Albrecht Dürer (1471–1528) Kupferstiche, Radierungen Michelangelo (1475–1564) Sixtinische Kapelle Rom
Barock 1600–1720	**Andreas Gryphius** (1616–1664) Lyrik, Dramen; *Horrobilicribifax* **Abraham A. Santa Clara** (1644–1709) volkstümliche Predigten **Jakob Christoph von Grimmelshausen** (1622–1676) *Der Abenteuerliche Simplicissimus Teutsch*, 1669	1618–1648 Dreißigjähriger Krieg 1648 Westfälischer Friede 1638–1715 König Ludwig XIV. von Frankreich 1683 Türken belagern Wien 1689 Bill of Rights in Großbritannien	Malerei: Peter Paul Rubens (1567–1649), flämischer Maler Baukunst: Barock Theatinerkirche München Philosophie: René Decartes (1596–1650) Physik (Mechanik): Isaak Newton (1643–1727) Musik: Willibald Gluck (1714–1787) Opernkomponist Johann Sebastian Bach (1685–1750), Kirchenmusik
Aufklärung 1720–1790	**Gotthold Ephraim Lessing** (1729–1871) *Emilia Galotti*, 1772 *Nathan der Weise*, 1779 **Sophie v. La Roche** (1731–1807) erster Frauenroman *Die Geschichte des Fräulein von Sternheim*, 1771 **Immanuel Kant** (1724–1804) Philosoph **Jakob M. R. Lenz** (1751–1792) *Der Hofmeister*, 1774 *Die Soldaten*, 1776	1740–1786 Friedrich der Große 1756–1763 Siebenjähriger Krieg 1775–1783 Nordamerikanischer Unabhängigkeitskrieg 1776 Amerikanische Unabhängigkeitserklärung	Baukunst: Rokoko Schloss Sanssouci, Potsdam 1728–1779 James Cook, Weltumsegelung Musik: Wolfgang Amadeus Mozart (1756–1791) *Die Zauberflöte*, 1791 Technik: 1765 James Watt: Erfindung der Dampfmaschine

Lit. Epochen	Schriftsteller, ausgewählte Werke, Genres	Historische Ereignisse	Musik, (Bau-)Kunst, Technik, Philosophie
Sturm und Drang 1770–1785	**Johann Wolfgang von Goethe** (1749–1832) *Götz von Berlichingen*, 1773 *Die Leiden des jungen Werther*, 1774 **Friedrich Schiller** (1759–1805) *Die Räuber*, 1781 *Kabale und Liebe*, 1784	1780 Österreichische Kaiserin Maria Theresia stirbt, ihr Nachfolger Kaiser Joseph II. reformiert das Habsburgerreich	Malerei: Giovanni Battisto Tiepolo (1696–1770) Technik: 1767 erste Wagenspinnmaschine Baukunst: Rokoko 1772 Wallfahrtskirche Vierzehnheiligen
Klassik 1786–1805	**Johann Wolfgang von Goethe** (1749–1832) *Iphigenie auf Tauris*, 1787 *Wilhelm Meisters Lehrjahre*, 1821 *Faust I*, 1808; *Faust II*, 1831/32 **Friedrich Schiller** (1759–1805) *Don Carlos*, 1787 *Über die ästhetische Erziehung des Menschen*, 1794/95 *Wallenstein*, 1798/99 *Wilhelm Tell*, 1804 **Heinrich von Kleist** (1777–1811) *Michael Kohlhaas*, 1810 *Der zerbrochene Krug*, 1811	1789 Sturm auf die Bastille (Beginn der Französischen Revolution) ab 1792 Revolutionskriege in Europa 1789 Amerikanische Verfassung 1803 Säkularisation und Mediatisierung (Aufhebung geistlicher Landesherrschaften und der Unabhängigkeit der Reichsstädte) 1804 Kaiserkrönung Napoleons	Philosophie: Johann Gottfried Herder (1744–1805) Denkschriften Musik: Ludwig van Beethoven (1770–1827) *Eroica*, 1804 *Fidelio*, 1805/1814 Malerei: Francis Goya (1746–1828) Baukunst: Klassizismus Schloss Wörlitz Wilhelm von Humboldt (1767–1835) Sprachforscher, Bildungsreformer
Romantik 1798–1835	**Novalis** (1772–1801) *Hymnen an die Nacht*, ersch. 1800 *Heinrich von Ofterdingen*, ersch. 1802 **Wilhelm Hauff** (1825–1828) *Hans Christian Andersen* (1835–1884) *Volksmärchen* **Jakob** (1785–1863) und **Wilhelm** (1786–1859) **Grimm** *Deutsches Wörterbuch* **Achim von Arnim** (1781–1831) und **Clemens Brentano** (1778–1842) *Des Knaben Wunderhorn*, 1806/08 **Joseph von Eichendorff** (1788–1857) *Aus dem Leben eines Taugenichts*, 1826 **Eduard Mörike** (1804–1875) *Septembermorgen* *Mozart auf der Reise nach Prag*, 1855	1813 Völkerschlacht von Leipzig Niederlage Napoleons 1814/15 Wiener Kongress Beginn des Zeitalters der Restauration (bis 1848) 1830 Juli-Revolution in Frankreich	Alexander von Humboldt (1769–1859) Naturforscher, Geograf, Reisender Malerei: Caspar David Friedrich (1774–1824) romantische Landschaften Philosophie: Friedrich Hegel (1770–1831) neue Staatslehre Musik: Franz Schubert (1797–1828) Liedkomponist

Lit. Epochen	Schriftsteller, ausgewählte Werke, Genres	Historische Ereignisse	Musik, (Bau-)Kunst, Technik, Philosophie
Biedermeier **1815–1850**	**Annette von Droste-Hülshoff** (1797–1848) *Die Judenbuche*, 1842 *Der Knabe im Moor, Am Turme* **Adalbert Stifter** (1805–1868) *Bunte Steine*, 1853 *Nachsommer*, 1867	1844 Weberaufstand in Schlesien	Technik: 1835 erste Eisenbahnfahrt von Nürnberg nach Fürth Baukunst: Leo von Klenze (1784–1864) Stadtbild von München
Junges Deutschland und Vormärz **1830–1850**	**Heinrich Heine** (1797–1856) *Buch der Lieder*, 1827 *Deutschland, ein Wintermärchen*, 1844 **Georg Büchner** (1813–1837) *Der Hessische Landbote*, 1834 *Woyzeck*, 1836 *Leonce und Lena*, 1836 **Gottfried Keller** (1819–1890) *Kleider machen Leute*, 1874 *Züricher Novellen*, 1876/78	1848 Märzrevolution in Deutschland 1848/49 Paulskirche Frankfurt, Verfassungsgebende Nationalversammlung 1849 Scheitern der Revolution	Musik: Richard Wagner (1813–1883), Opernkomponist *Tannhäuser*, 1842/45 *Die Walküre*, 1851/56 Marie Curie (1867–1898) Entdeckung des Poloniums Technik: 1837 Erfindung des Telegrafenapparates durch S. Morse 1876 Erfindung des Telefons durch A. Graham Bell
Realismus **1840–1897**	**Theodor Storm** (1817–1888) *Immensee*, 1850 *Pole Poppenspäler*, 1874 *Der Schimmelreiter*, 1888 **Theodor Fontane** (1819–1898) *Irrungen, Wirrungen*, 1887 *Effi Briest*, 1894/85 *John Maynard, Die Brück' am Tay* **Conrad Ferdinand Meyer** (1825–1898) *Das Amulett*, 1873 *Der römische Brunnen*, 1882 **Wilhelm Busch** (1832–1908) *Max und Moritz*, 1865 *Die fromme Helene*, 1872	1870/71 Deutsch-Französischer Krieg 1871 Proklamation Deutsches Kaiserreich	Malerei: Paul Cezanne (1839–1906), Stillleben Vincent Van Gogh (1853–1890) *Sonnenblumen, Weizenfeld* Malerei: Impressionismus Édouard Manet (1832–1883) Kunst: Käthe Kollwitz (1867–1945) Zeichnungen, Radierungen
Naturalismus **1880–1900**	**Gerhart Hauptmann** (1862–1946) *Bahnwärter Thiel*, 1887/88 *Die Weber*, 1892 *Die Ratten*, 1911 **Arno Holz** (1863–1929) Gedichte, Dramen, Novellen	ab 1888 Kaiser Wilhelm II. 1890 Bismarck wird als Reichskanzler entlassen	Technik: 1885: C. F. Benz: Kraftwagen mit Benzinmotor Musik: Guiseppe Verdi (1813–1901) *Aida*, 1871 *Don Carlos*, 1884

Lit. Epochen	Schriftsteller, ausgewählte Werke, Genres	Historische Ereignisse	Musik, (Bau-)Kunst, Technik, Philosophie
Literatur der Jahrhundertwende 1890–1920	**Hugo von Hofmannsthal** (1874–1929) *Jedermann*, 1911 *Der Schwierige*, 1921 **Rainer Maria Rilke** (1875–1926) *Neue Gedichte*, 1907 *Die Aufzeichnungen des Malte Laurids Brigge*, 1910 *Duineser Elegien*, 1923 **Stefan Zweig** (1881–1942) *Sternstunden der Menschheit*, 1922 *Verwirrung der Gefühle*, 1926 **Robert Musil** (1880–1942) *Die Verwirrungen des Zöglings Törless*, 1906 *Der Mann ohne Eigenschaften*, ersch. 1930–52	1914–1918 Erster Weltkrieg 1917 Oktoberrevolution in Russland Kriegseintritt der USA 1918 Ausrufung der Republik	Malerei: Paula Modersohn-Becker (1876–1907) Naturwissenschaft: Charles Darwin (1809–1882) Begründer der Evolutionstheorie Malerei: Ernst Ludwig Kirchner (1880–1938) expressionistische Bilder, Holzschnitte 1914 Eröffnung des Panamakanals Naturwissenschaft: 1915 Entdeckung der Röntgenstrahlen
Expressionismus 1910–1925	**Franz Kafka** (1883–1924) *Die Verwandlung*, 1895 *Das Urteil*, 1912 *Der Prozess*, 1914/15 *Das Schloss*, 1922 **Gottfried Benn** (1886–1956) Gedicht-Zyklen, Prosa **Alfred Döblin** (1878–1957) *Berlin Alexanderplatz*, 1929	1919 Vertrag von Versailles Verfassungsgebende Versammlung in Weimar 1919–1923 Inflation	Musik: Arnold Schönberg (1875–1951) neue Kompositionen: Zwölftontechnik Architektur: ab 1919 Bauhaus in Weimar/Dessau: berühmte Kunst- und Architekturschule (Gründer: Walter Gropius)
Literatur der Weimarer Republik bis zur Nachkriegszeit 1949	**Else Lasker-Schüler** (1869–1945) Gedichtzyklen *Hebräische Balladen* **Heinrich Mann** (1871–1950) *Professor Unrat*, 1905 *Der Untertan*, 1918 **Bertolt Brecht** (1898–1956) *Die Hauspostille*, 1927 *Die Dreigroschenoper*, 1928 *Mutter Courage und ihre Kinder*, 1939 **Thomas Mann** (1875–1955) *Die Buddenbrooks*, 1901 *Tonio Kröger*, 1903 *Der Tod in Venedig*, 1912 *Der Zauberberg*, 1924	1925 Hindenburg wird Reichspräsident 1929 Beginn der Weltwirtschaftskrise 1933 Machtergreifung Hitlers 1933 Bücherverbrennung	Physik: Albert Einstein (1871–1955) Relativitätstheorie Psychologie: Sigmund Freud (1856–1939) Begründer der Psychoanalyse

Lit. Epochen	Schriftsteller, ausgewählte Werke, Genres	Historische Ereignisse	Musik, (Bau-)Kunst, Technik, Philosophie
Literatur der Weimarer Republik bis zur Nachkriegszeit 1949	**Hermann Hesse** (1877–1962) *Der Steppenwolf*, 1927 *Das Glasperlenspiel*, 1943 **Anna Seghers** (1900–1983) *Das siebte Kreuz*, 1942 *Transit*, 1948 **Erich Kästner** (1899–1974) *Emil und die Detektive*, 1929 *Bei der Durchsicht meiner Bücher*, 1946 *Das doppelte Lottchen*, 1949 **Wolfgang Borchert** (1921–1947) *Das Brot*, 1946 *Draußen vor der Tür*, 1947	1939–1945 Zweiter Weltkrieg 1935 Nürnberger Rassegesetze 1942 Wannsee-Konferenz (Beschluss zur Vernichtung der Juden) 1936–1939 Spanischer Bürgerkrieg 1945 Kapitulation Deutschlands 1945 Atombomben auf Japan 1945 Gründung der UNO 1948 Gründung Israels	Technik und Luftfahrt: 1929 Luftschiff Graf Zeppelin, Weltumrundung 1929 erste Fernsehsendung in Berlin Malerei: Pablo Picasso (1881–1973) Musik: Carl Orff (1895–1982) *Carmina Burana*
Deutschsprachige Literatur ab 1949	**Peter Huchel** (1903–1981) *Chausseen, Chausseen*, 1963 *Gezählte Tage*, 1972 **Peter Weiss** (1916–1982) *Die Ästhetik des Widerstands*, 3 Bde., 1975–1981 **Marie Luise Kaschnitz** (1901–1974) *Das dicke Kind*, 1952 *Hiroshima* **Max Frisch** (1911–1991) *Stiller*, 1954 *Biedermann und die Brandstifter*, 1956 *Homo Faber*, 1957 **Ingeborg Bachmann** (1926–1973) *Die gestundete Zeit*, 1953 *Der gute Gott von Manhattan*, 1957 **Friedrich Dürrenmatt** (1921–1990) *Der Tunnel*, 1952 *Der Besuch der alten Dame*, 1956 *Die Physiker*, 1962 **Siegfried Lenz** (*1926) *So zärtlich war Suleyken*, 1955 *Die Deutschstunde*, 1966	ab 1948 Dekolonialisierung (Indien, Nigeria) Mai 1949 Gründung der Bundesrepublik Deutschland Oktober 1949 Gründung der DDR 1950–1953 Koreakrieg 1953 Aufstand in der DDR 1955 BRD: Eintritt in die Nato 1956 DDR: Eintritt in den Warschauer Pakt	Musik: Dimitrij Schostakowitsch (1906–1975) russischer Komponist Martin Luther King (1929–1968) Führer der afroamerikanischen Bürgerrechtsbewegung

Lit. Epochen	Schriftsteller, ausgewählte Werke, Genres	Historische Ereignisse	Musik, (Bau-)Kunst, Technik, Philosophie
Deutschsprachige Literatur ab 1949	**Heinrich Böll** (1917–1985) *Billard um halb zehn*, 1959 *Ansichten eines Clowns*, 1963 *Gruppenbild mit Dame*, 1971 **Günther Grass** (*1927) *Die Blechtrommel*, 1953 *Die Rättin*, 1986 **Ernst Jandl** (1925–2000) *Laut und Luise*, 1966 *Der gelbe Hund*, 1980 **Heiner Müller** (1929–1995) *Der Lohndrücker*, 1958 *Die Hamletmaschine*, 1977 *Germania Tod in Berlin*, 1978 **Hans Magnus Enzensberger** (*1929) *Das Verhör von Habana*, 1970 *Ach Europa*, 1987 **Peter Handke** (*1942) *Der kurze Brief zum langen Abschied*, 1972 *Die linkshändige Frau*, 1976 *Versuch über den geglückten Tag*, 1991 **Christoph Hein** (*1944) *Horns Ende*, 1985 *Der Tangospieler*, 1989 **Christa Wolf** (*1929) *Der geteilte Himmel*, 1963 *Kassandra*, 1984 *Medea. Stimmen*, 1996 **Uwe Johnson** (1934–1984) *Jahrestage*, 4 Bde., 1970–1983 **Christoph Ransmayr** (*1954) *Die Schrecken des Eises und der Finsternis*, 1984 *Die letzte Welt*, 1989	60er-Jahre: Vietnam-Krieg 1961 Bau der Berliner Mauer 1968 „Prager Frühling“ in der Tschechoslowakei 1968 Studentenunruhen 1972 Grundlagen vertrag zwischen der BRD und der DDR 70er-Jahre „Rote Armee Fraktion“ Terrorgruppe 1989 Protestdemonstrationen in Leipzig 1990 Golf-Krieg gegen den Irak 3.10.1990 Wiedervereinigung der beiden deutschen Staaten ab 1991 Zerfall Jugoslawiens 25.12.1991 Auflösung der Sowjetunion 1992 Vertrag von Maastricht: Gemeinsame Währung „Euro“	Musik: Mitte der 60er-Jahre: The Beatles Religion: 1962–1965 Zweites Vatikanisches Konzil Technik: 1969 erste bemannte Mondlandung (USA) Philosophie: Jean Paul Sartre (1905–1980) Existenzialismus Kunst: Joseph Beuys (1921–1986), Andy Warhol (1928–1987) Pop Art Physik: 60er-Jahre Entwicklung des Mikrochips Kunst: 1995 amerikanisches Künstlerehepaar Christo und Jeanne-Claude: Verhüllung des Berliner Reichstags

Adjektiv: Wortart, mit der man Eigenschaften von Lebewesen, Dingen und Tätigkeiten genau beschreiben kann: *groß, langsam, eckig.*
Die meisten Adjektive können gesteigert werden: *groß, größer, am größten.*

Adverb: Adverbien beschreiben, *wann, wo, wie* und *warum* etwas geschieht.
Sie lassen sich im Satz umstellen.
Morgen gehe ich nicht in die Schule.
In die Schule gehe ich morgen nicht.

Adverbiale (adverbiale Bestimmung): Satzglied, das über die näheren Umstände eines Geschehens Auskunft gibt.
Temporaladverbiale (adverbiale Bestimmung der Zeit), Frage: Wann? Wie lange? Seit wann?
Wegen des Regens gehe ich jetzt schnell nach Hause.
Lokaladverbiale (adverbiale Bestimmung des Ortes), Frage: Wo? Wohin?
Wegen des Regens gehe ich jetzt schnell nach Hause.
Modaladverbiale (adverbiale Bestimmung der Art und Weise), Frage: Wie? Auf welche Art und Weise?
Wegen des Regens gehe ich jetzt schnell nach Hause.
Kausaladverbiale (adverbiale Bestimmung des Grundes), Frage: Warum? Wieso? Weshalb?
Wegen des Regens gehe ich jetzt schnell nach Hause.

Adverbialsatz: Wenn man ein Adverbiale in einen Nebensatz umformt, entsteht ein Adverbialsatz.
Wegen einer Grippe musste ich zu Hause bleiben.
Weil ich eine Grippe hatte, musste ich zu Hause bleiben.

Akkusativ: → *Kasus.*

Akkusativobjekt: → *Objekt.*

Aktiv: Steht in einem Satz das Verb im Aktiv, so wird das Geschehen aus der Sicht des Handelnden gesehen. Man betont, wer etwas tut.
Der Detektiv überlistete den Dieb. → *Passiv.*

Artikel (Begleiter): Wortart, die das Geschlecht (→ *Genus*) eines Nomens angibt.
Bestimmter Artikel: *der, die, das*
Unbestimmter Artikel: *ein, eine, ein*

Attribut: Beifügungen zu einem Satzglied, um ein Bezugswort näher zu bestimmen.
Vorangestellte Attribute stehen vor dem Bezugswort (*das alte Haus*), **nachgestellte Attribute** stehen hinter dem Bezugswort (*das Haus meiner Mutter, das Haus am See*).

Attributsatz: auch Relativsatz genannt; Sonderform des Nebensatzes, der mit einem → *Relativpronomen* eingeleitet wird und ein vorangegangenes Nomen näher beschreibt.
Das Haus, das dort im Wald steht, gehört meinen Eltern.

Begleitsatz: Hauptsatz, der die → *wörtliche Rede* begleitet. Der Begleitsatz kann vor, nach oder zwischen der wörtlichen Rede stehen.
Vorangestellter Begleitsatz:
Pia erklärt: „Leider bin ich krank."
Nachgestellter Begleitsatz:
„Leider bin ich krank", erklärt Pia.
Eingeschobener Begleitsatz:
„Leider", erklärt Pia, „bin ich krank."

Dativ: → *Kasus.*

Dativobjekt: → *Objekt.*

Deklination (Beugung): Veränderung des Nomens, des Adjektivs, des Artikels und des Pronomens, wenn sie in die verschiedenen Fälle gesetzt werden.

Demonstrativpronomen: → *Pronomen.*

Direkte Rede: → *Wörtliche Rede.*

Ellipse: Darunter versteht man unvollständige Sätze.
Fenster auf. Alles ruhig. Keine Musik mehr. Regen.
Nur die für die Aussage wichtigsten Wörter bleiben stehen. Auf diese Weise wird eine Raffung erzielt.
Bei wörtlicher Rede sind Ellipsen häufig auch Kennzeichen für Aufregung oder Umgangssprache.

Finite Verbform (gebeugte Verbform, → *Personalform des Verbs*): Die finite Verbform richtet sich nach der Person, die etwas tut: *Er lacht und wir lachen mit.*
Die ungebeugte Verbform nennt man **infinite Verbform** oder → ***Infinitiv:*** *lachen.*

Fragesatz: → *Satzart.*

Futur: → *Zeitform.*

Genitiv: → *Kasus.*

Genitivobjekt: → *Objekt.*

Genus (grammatisches Geschlecht des Nomens):
- **maskulinum** (männlich) *der Hund*
- **femininum** (weiblich) *die Katze*
- **neutrum** (sächlich) *das Tier*

Hauptsatz: Satz, der allein stehen kann. Er besteht mindestens aus einem Subjekt und einem Prädikat. Im Aussagesatz befindet sich das Prädikat stets an zweiter Satzgliedstelle: *Ich gehe in die Schule.*

Imperativ (Befehlsform des Verbs): *Lies! Gib her!*

Indikativ (Wirklickkeitsform): Diese Aussageweise wird in der direkten Rede verwendet
(*Pia sagt: „Morgen bleibe ich daheim."*)
und wenn man eine Aussage macht, von deren Richtigkeit man überzeugt ist (*Morgen ist Montag.*).

Indirekte Rede: Die indirekte Rede gibt wieder, was eine andere Person gesagt hat. Das Verb steht im → *Konjunktiv. Sie sagt, sie komme heute später.*

Infinite Verbform: → *Finite Verbform.*

Infinitiv (Grundform des Verbs): *spielen, lernen.*

Infinitivgruppe: Ein einfacher Infinitiv mit *zu* kann durch ein oder mehrere Wörter erweitert werden. Man spricht dann von einer Infinitivgruppe.
Infinitiv mit *zu*: *Der Jugendliche übt(,) zu tanzen.*
Infinitivgruppe: *Der Jugendliche übt, Breakdance zu tanzen.*
Eine Infinitivgruppe ist kein Nebensatz, da sie kein Subjekt, keine finite Verbform und keine einleitende Konjunktion hat. Ein einfacher Infinitiv mit *zu* kann, eine Infinitivgruppe muss mit Komma vom Hauptsatz abgetrennt werden.

Kasus (Fall, Deklinationsform des Nomens):
- **Nominativ** (1. Fall), Frage: Wer oder was? *der Tisch*
- **Genitiv** (2. Fall), Frage: Wessen? *des Tisches*
- **Dativ** (3. Fall), Frage: Wem? *dem Tisch*
- **Akkusativ** (4. Fall), Frage: Wen oder was? *den Tisch*

Kausaladverbiale: → *Adverbiale.*

Konjunktion (Bindewort): Wortart, die einzelne Wörter, Wortgruppen oder Sätze miteinander verbindet: *und, oder, aber, denn, weil, nachdem, als, dass, obwohl ...*

Konjunktiv: Konjunktiv I (Möglichkeitsform) wird in der → *indirekten Rede* verwendet (*Philipp sagt, er gehe nicht ins Kino, weil er müde sei.*).
Konjunktiv II (Nicht-Wirklichkeits- oder Wunschform) wird ebenfalls in der indirekten Rede verwendet (*Er sagt, sie führen in den Zoo.*). Außerdem wird der Konjunktiv II als Ausdruck des Irrealen (*Wenn ich 100 Jahre alt wäre, würde ich nicht mehr Auto fahren.*) benutzt.

Konsonant (Mitlaut): *b, d, f, g ...*

Lokaladverbiale: → *Adverbiale.*

Modaladverbiale: → *Adverbiale.*

Nebensatz: Satz, der nicht allein stehen kann, sondern immer von einem → *Hauptsatz* abhängig ist. Er beginnt meistens mit einer Konjunktion und endet mit einer gebeugten Verbform.
Ich gehe in die Schule, obwohl ich krank bin.

Nomen (Substantiv, Hauptwort): Wortart, mit der Lebewesen (Menschen, Tiere, Pflanzen) und Gegenstände sowie Gedachtes und Gefühle bezeichnet werden: *Mädchen, Haus, Ferien, Spaß, Angst.*

Nominalstil: Von Nominalstil spricht man, wenn in einem Text besonders häufig Nomen und Nominalisierungen verwendet werden:
Die Möglichkeit zur Einladung der Schüler besteht.
Diesen Stil findet man häufig in Gesetzestexten, Verordnungen, Berichten sowie auch in Gliederungen, da er eine kürzere und präzisere Darstellung erlaubt. Allerdings wirkt der Nominalstil oft holprig und schwer verständlich. → *Verbalstil.*

Nominativ: → *Kasus.*

Objekt: Dieses Satzglied ergänzt das Prädikat.
- **Genitivobjekt** (Ergänzung im 2. Fall), Frage: Wessen?
  Sie belehrte ihn eines Besseren.
- **Dativobjekt** (Ergänzung im 3. Fall), Frage: Wem?
  Die Kinder schenken dem kranken Freund ein Buch.
- **Akkusativobjekt** (Ergänzung im 4. Fall), Frage: Wen oder was?
  Die Kinder bringen dem kranken Freund ein Buch.

Partizip: Das **Partizip Präsens** wird gebildet, indem die Endung *-end* an den Wortstamm eines Verbs angefügt wird: *lachend, singend, tanzend.* Ähnlich wie das Adjektiv wird das Partizip Präsens verwendet, um eine Tätigkeit oder einen Vorgang genauer zu beschreiben:
Das sinkende Schiff war von Weitem zu sehen.
Das **Partizip Perfekt** wird auch für die Bildung der Zeitform Perfekt verwendet: *er hat gesagt.* Es bezeichnet den Abschluss einer Tätigkeit, eines Vorgangs oder eines Zustands: *Von dem gesunkenen Schiff war nichts mehr zu sehen.*

Partizipgruppe: Gehören zu einem Partizip noch weitere Wörter, so spricht man von einer Partizipgruppe:
Aus vollem Hals lachend(,) kam er auf Lisa zu.
Eine vorangestellte Partizipgruppe kann vom Hauptsatz durch ein Komma abgetrennt werden. Bei einer nachgestellten Partizipgruppe muss ein Komma stehen:
Sie blieb stehen, vor Entsetzen erstarrt.

Passiv: Steht in einem Satz das Verb im Passiv, so wird das Geschehen aus der Sicht des Betroffenen gesehen. Man betont, was geschieht.
Der Dieb wurde vom Detektiv überlistet.

Perfekt: → *Zeitform.*

Personalform: Form des Verbs, die angibt, wie viele Personen zu einer bestimmten Zeit etwas tun:
du schreibst, sie haben gerufen.

Personalpronomen: → *Pronomen.*

Plural (Mehrzahl): *die Lampen.*

Plusquamperfekt: → *Zeitform.*

Possessivpronomen: → *Pronomen.*

Prädikat (Satzaussage): Satzglied, das mit Verben gebildet wird. Es beschreibt, was jemand tut oder was geschieht; Frage: Was tut (tun) ...? Was geschieht?
Die Kinder bringen dem kranken Freund ein Buch.

Präposition (Verhältniswort): *auf, bei, durch, in, mit ...*

Präsens: → *Zeitform.*

Präteritum: → *Zeitform.*

Pronomen (Fürwort): Das Pronomen kann Stellvertreter oder Begleiter eines Nomens sein.
Das **Demonstrativpronomen** (hinweisendes Fürwort) deutet auf Personen oder Sachen hin:
der, die, das, derjenige, diejenige, dieser, dieses, derselbe, dieselbe ...
Das **Personalpronomen** (persönliches Fürwort) steht stellvertretend für Personen oder Sachen:
ich, du, er, sie, es, wir, ihr, sie.
Das **Possessivpronomen** (besitzanzeigendes Fürwort) gibt an, wem etwas gehört:
mein, dein, sein, unser, euer, ihr.
Das Relativpronomen bezieht sich auf ein vorangegangenes Nomen, das näher beschrieben wird:
der, die, das, welcher, welche, welches ...
Ich trage eine Kette, die Lisa gehört.

Relativpronomen: → *Pronomen.*

Relativsatz: auch → *Attributsatz* genannt.

Satzart: Bei den Satzarten sind zu unterscheiden:
Aufforderungs- oder Befehlssatz, bei dem eine Person aufgefordert wird, etwas Bestimmtes zu tun:
Komm einmal her! Sei ruhig!
Ausrufesatz, bei dem Wünsche oder Gefühle ausgerufen werden:
Hätten wir doch schulfrei! Das war super!
Aussagesatz, in dem eine einfache Aussage getroffen wird: *Ich spiele heute Basketball.*
Fragesatz, der eine Frage enthält: *Wie spät ist es?*

Satzgefüge: Verbindung von → *Hauptsatz* und → *Nebensatz*: *Ich gehe wieder zur Schule, obwohl es mir noch nicht besser geht.*

Satzglied: Ein Satz besteht aus Satzgliedern. Es kann aus einem oder aus mehreren Wörtern bestehen, die sich nur zusammen umstellen lassen. → *Adverbiale;* → *Objekt;* → *Prädikat;* → *Subjekt*

Satzreihe: Aneinandergereihte → *Hauptsätze* bilden eine Satzreihe: *Ich fahre Schlitten, du fährst Ski und Ulli bleibt zu Hause.*

Silbe: Wörter bestehen aus einer oder mehreren Silben (Sprechtakteinheiten): *Kro-ko-dil, hüp-fen.*

Singular (Einzahl): *der Bauer, die Katze, das Pferd.*

Subjekt (Satzgegenstand): Satzglied im Nominativ, Frage: Wer oder was?
Die Kinder bringen dem kranken Freund ein Buch.

Temporaladverbiale: → *Adverbiale.*

Umlaut: *ä, ö, ü.*

Umstellprobe: Wörter, die bei mehrfachem Umstellen eines Satzes zusammenbleiben, bilden ein Satzglied.

Verb (Zeitwort): Wortart, die bezeichnet, was eine Person tut: *spielen, lernen, schlafen.*

Verbalstil: Sätze, in denen Verben bevorzugt werden. *Es können auch Schüler eingeladen werden.* (Anstatt: *Es besteht die Möglichkeit der Einladung von Schülern.* → *Nominalstil*) In der Regel ist ein Text im Verbalstil leichter verständlich und wirkt lebendiger. Im Aufsatz sollte daher diese Stilform vorherrschen.

Vokal (Selbstlaut): *a, e, i, o, u.*

Wortart: Wörter lassen sich bestimmten Wortarten zuordnen, z. B. Nomen, Verb, Adjektiv, Artikel, Pronomen.

Wortfamilie: Wörter mit einem gemeinsamen → *Wortstamm* bilden eine Wortfamilie: *fahren, Fähre, fuhr.*

Wortfeld: Wörter der gleichen Wortart, die eine ähnliche Bedeutung haben, bilden ein Wortfeld; z. B. das Wortfeld *gehen: rennen, laufen, humpeln, stolzieren, schreiten, schleichen, hüpfen, wandern ...*

Wörtliche Rede: In einem Text wird das Gesprochene in Anführungszeichen gesetzt und vom → *Begleitsatz* durch Doppelpunkt bzw. Komma abgetrennt:
„Kommst du morgen?", fragte sie.
Sie fragte: „Kommst du morgen?"

Wortstamm: Der Wortstamm ist der wichtigste Baustein eines Wortes. Alle Wörter einer → *Wortfamilie* haben einen gemeinsamen Wortstamm: *Wohnung, wohnen, bewohnbar.*

Zeitform: Mit dem Verb kann man verschiedene Zeitformen bilden.
Präsens (Gegenwart): Diese Zeitform beschreibt eine gegenwärtige oder allgemein gültige Tätigkeit: *Ich laufe. Wasser gefriert.*
Präteritum (1. Vergangenheit):
Es beschreibt eine Tätigkeit, die vergangen ist. Diese Zeitform wird häufig beim schriftlichen Erzählen verwendet: *Gestern ging ich in den Zoo.*
Perfekt (2. Vergangenheit): Es beschreibt eine abgeschlossene Tätigkeit. Diese Zeitform wird häufig beim mündlichen Erzählen verwendet:
Er hat gedacht. Sie ist gelaufen.
Plusquamperfekt (3. Vergangenheit):
Diese Zeitform beschreibt Tätigkeiten, die sich noch vor einem bestimmten Zeitpunkt in der Vergangenheit ereignet haben: *Nachdem ich mich umgezogen hatte, fuhr ich in die Stadt.*
Futur I (1. Zukunft):
Diese Zeitform wird verwendet, wenn man über etwas spricht oder schreibt, was in der Zukunft stattfinden soll:
Morgen werde ich ins Kino gehen.
Futur II (2. Zukunft):
Es wird nur noch selten benützt. Diese Zeitform drückt aus, dass ein Geschehen in der Zukunft abläuft und dort als abgeschlossen angesehen wird.
Morgen um diese Zeit werden wir gewonnen haben.
Um diese Zeit werde ich morgen bereits nach Hause gegangen sein.

Stichwortverzeichnis

Die unterstrichenen Stichwörter verweisen auf Inhalte, die im Lehrplan unter dem Vermerk ***Wiederholen, Üben, Anwenden, Vertiefen*** ausgewiesen sind.

Texte

6 Art. 3, Art. 5, Art. 14, Art. 22 aus der Allgemeinen Erklärung der Menschenrechte
Text A aus: http://home.bn-ulm.de/~ulfricke menschrv.htm
Text B aus: http://www2.amnesty.de/internet/deall.nsf/windexde/PR2006001 (Text verändert)
Text C: Originalbeitrag
Text D aus: http://www.abendblatt.de/daten/2006/05/16/563330.html, 16.05.2006 (Text verändert)

7 *Geschichte und Bedeutung der Erklärung der Menschenrechte*; aus: http://www.humanrights.ch/cms/front_content.php?idcatart=38&lang=1&client=1 (Text verändert und ergänzt)
Artikel 1 (2) aus den Grundrechten des Grundgesetzes der Bundesrepublik Deutschland

8 *Zur Lage der Menschenrechte*; aus: http://www.learn-line.nrw.de/angebote/umweltgesundheit/medio/datenfa/www-ansicht/text/txt_99/txt_99_mensch.html (Text verändert)

9 *Rede von Lothar Frick*, 21.01.2005; aus: http://www.lpb.bwue.de/schwerpunkt/menschenrechte_politischebildung.php3 (Auszüge)

37 *Curie, Marie (Marya) und Pierre*; aus: Microsoft ® Encarta ® 2006 [CD]. Microsoft Corporation, 2005 (Textauszug)
Strahlung; aus: Microsoft ® Encarta ® 2006 [CD]. Microsoft Corporation, 2005 (Textauszug)

38 *Marie Curie und die Entdeckung des Poloniums*; nach: Gudrun Wolfschmidt, Marie Curie und die Entdeckung des Poloniums; in: Praxis Geschichte 3/1993, S. 52–54

46 Klappentext aus: Charlotte Kerner, Blueprint Blaupause, Weinheim Beltz & Gelberg in der Verlagsgruppe Beltz, Weinheim/Basel 2004
Prolog aus: Charlotte Kerner, Blueprint Blaupause, Weinheim Beltz & Gelberg in der Verlagsgruppe Beltz, Weinheim/Basel 2004, S. 7

48 Textauszüge aus: Charlotte Kerner, Blueprint Blaupause, Weinheim Beltz & Gelberg in der Verlagsgruppe Beltz, Weinheim/Basel 2004, S. 15, 20 f.

49 Textauszüge aus: Charlotte Kerner, Blueprint Blaupause, Weinheim Beltz & Gelberg in der Verlagsgruppe Beltz, Weinheim/Basel 2004, S. 44, 73, 92 f., 94

50 Textauszüge aus: Charlotte Kerner, Blueprint Blaupause, Weinheim Beltz & Gelberg in der Verlagsgruppe Beltz, Weinheim/Basel 2004, S. 179

51 Textauszüge aus: Charlotte Kerner, Blueprint Blaupause, Weinheim Beltz & Gelberg in der Verlagsgruppe Beltz, Weinheim/Basel 2004, S. 11 f., 19, 25 f., 72

53 Marie Luise Kaschnitz, *Das letzte Buch*; aus: Marie Luise Kaschnitz, Steht noch dahin, Insel Verlag, Frankfurt/M. 1995

54 Kurt Kusenberg, *Schnell gelebt*; aus: Kurt Kusenberg, Gesammelte Erzählungen, Rowohlt Verlag, Reinbek 1969

56 Franz Hohler, *Ein erschreckender Anblick*; aus: Franz Hohler, Ein eigenartiger Tag. Lesebuch, Luchterhand Verlag, Darmstadt 1983

58 Bertolt Brecht, Tagebuchauszüge vom 23.04.1939, 17.04. 1940, 13.–21.07.1941, 21.01.1942; aus: Gesammelte Werke, Arbeitsjournal 1, 1938 bis 1942. © Suhrkamp Verlag, Frankfurt/M. 1973, S. 39, 73, 204/205, 253
Bertolt Brecht, Tagebuchauszüge vom 12.04.1948 und 23.10.1948; aus: Gesammelte Werke, Arbeitsjournal 2, 1942 bis 1955. © Suhrkamp Verlag, Frankfurt/M. 1973, S. 512, 525

59 Bertolt Brecht, *Von der Freundlichkeit der Welt;* aus: Gesammelte Werke 8, Gedichte 1, © Suhrkamp Verlag, Frankfurt/M. 967, S. 205

59 Bertolt Brecht, *Gegenlied zu „Von der Freundlichkeit der Welt";* aus: Gesammelte Werke 10, Gedichte 3, © Suhrkamp Verlag, Frankfurt/M. 1967, S. 1032

60 Bertolt Brecht, *Der Anstreicher sagt;* aus: Gesammelte Werke 9, Gedichte 2, © Suhrkamp Verlag, Frankfurt/M. 1967, S. 734

61 Bertolt Brecht, *Lied einer deutschen Mutter;* aus: Gesammelte Werke 10, Gedichte 3, © Suhrkamp Verlag, Frankfurt/M. 1967, S. 854

62 Bertolt Brecht, *Mutter Courage und ihre Kinder*; aus Gesammelte Werke 4, Stücke 4, © Suhrkamp Verlag, Frankfurt/M. 1967, S. 1349–1354 (Text gekürzt)

63 Bertolt Brecht, *Mutter Courage und ihre Kinder*; aus: Gesammelte Werke 4, Stücke 4, © Suhrkamp Verlag, Frankfurt/M. 1967, S. 1360

65 Bertolt Brecht, *Mutter Courage und ihre Kinder*; aus: Gesammelte Werke 4, Stücke 4, © Suhrkamp Verlag, Frankfurt/M. 1967, S. 1436–1438

67 Bertolt Brecht, *Der hilflose Knabe;* aus: Gesammelte Werke 12, Prosa 2, © Suhrkamp Verlag, Frankfurt/M. 1967, S. 381

67 Bertolt Brecht, *Schwierigkeit, Gewalt zu erkennen*; aus: Gesammelte Werke 12, Prosa 2, © Suhrkamp Verlag, Frankfurt/M. 1967, S. 451

69 *Weingartner Reisesegen;* aus: Karl A. Wipf (Hrsg.) Althochdeutsche poetische Texte, © Verlag Philipp Reclam jun., Stuttgart 1992, S. 96–97

70 Joseph von Eichendorff, *Frische Fahrt;* aus: Karl Otto Conrady (Hrsg.), Das große Gedichtbuch von 1500 bis zur Gegenwart, © Verlag Artemis und Winkler, 4. Auflage, München/Zürich 1995, S. 257

71 Hermann Hesse, *Im Nebel;* aus: Karl Otto Conrady (Hrsg.), Das große Gedichtbuch von 1500 bis zur Gegenwart, © Verlag Artemis und Winkler, 4. Auflage, München/Zürich 1995, S. 527

72 Gottfried Benn, *Reisen;* aus: Gottfried Benn, Sämtliche Gedichte, © Klett-Cotta, Stuttgart 1998, S. 307

73 Rose Ausländer, *Gemeinsam;* aus: Helmut Braun (Hrsg.) Gedichte 1977–1979, © Fischer Verlag, Frankfurt/M. 1984, S. 73

75 Klappentext zu: Margaret Peterson Haddix, Schattenkinder, dtv junior, München 2002
Text li. u. zusammengestellt aus: http://www.amazon.de/gp/product/342370635X/ref=pd_rvi_gw_1/302-3630316-4230467?ie=UTF8 (Texte verändert)

79 Barbara Leinfelder, *Allein unter Männern;* aus X-mag, August 2002, S. 26–27, © Weltbild Verlag (Text aktualisiert)

81 *Raus aus den Frauenbranchen*; aus: Böckler Impuls 6/2005, 20.04.2005

82 *Die Geschichte des Speiseeis*; zusammengestellt aus: http://www.markeneis.de/pressedienst/pressedienstliste/pressemitteilungen/2003_05_05_01.html und http://lexikon.freenet.de/Speiseeis (Texte verändert)

83 Material B aus: http://lexikon.freenet.de/Speiseeis (Text verändert und ergänzt)

83 Material C nach: http://www.markeneis.de/daten_zahlen/speiseeismarkt/speiseeismarkt.html (Text verändert)

84 Text A: Ökotest, Januar 2004 (Text verändert)

86 *Vogelgrippe bald in Deutschland?*; aus: http://www.heute.de/ZDFheute/inhalt/22/0,3672,2385334,00.html, 14.10.2005
Märkische Geflügelzüchter mit Einbußen; aus: http://www.rbb-online.de/_/nachrichten/wirtschaft/beitrag_jsp key=news3950788.html, 08.03.2006 (Text gekürzt)
Mit den Wildvögeln kommt die Angst; aus: http://www.spiegel.de/reise/aktuell/0,1518,435281,00.html, 05.09.2006 (Text gekürzt)
Hühner auf der Stange; aus: http://archiv.tagesspiegel.de/archiv/21.10.2005/2128752.asp, 21.10.2005 (Text gekürzt)

87 *Was ist die Vogelgrippe/Influenza A (H5N1)?*; aus: www.bag.admin.ch (Text verändert)

88 *Bär „Bruno" streift durch Kochel am See*; ddp-bay, aus: http://de.news.yahoo.com, 17.06.2006 (Text verändert und ergänzt)
Ergänzungen aus: http://www.spiegel.de/panorama/0,1518,druck-421673,00.html, 15.6.2006 (Text verändert)

91 Katrin Reidegeld, ***Gefahrenzohne***; aus: www.les.globe.de/klassen/fos12_2000-01/kurzgeschichten.htm
98 Johann Wolfgang von Goethe, ***Meeresstille***; aus: Goethes Werke, Hamburger Ausgabe Bd. 1, Christian Wegener Verlag, Hamburg 1948/60
100 James Krüss, ***Das Wasser***; aus: James Krüss, Der wohltemperierte Leierkasten. 12 mal 12 Gedichte für Kinder, Eltern und andere Leute, Verlagsgruppe Bertelsmann GmbH/Bertelsmann Jugendbuchverlag, Gütersloh/München/Wien 1967, 1972, S. 35
Karl Krolow, ***Kurzes Unwetter***; aus: Karl Krolow, Auf Erden, Suhrkamp Verlag, Frankfurt/M. 1989, S. 23
Joseph von Eichendorff, ***Meeresstille***; aus: Gerhard Baumann und Siegfried Grosse (Hrsg.), Joseph Freiherr von Eichendorff, Neue Gesamtausgabe der Werke und Schriften in vier Bänden, Bd. 1, J. G. Cotta'sche Buchhandlung Nachfolger GmbH, Stuttgart 1978, S. 371
Conrad Ferdinand Meyer, ***Der Brunnen***; aus: Hans Zeller und Alfred Zäch (Hrsg.), Conrad Ferdinand Meyer, Sämtliche Werke. Historisch-kritische Ausgabe, Bd. 3, Benteli-Verlag, Bern 1967, S. 247
Gottfried Keller, ***Am fließenden Wasser I***; aus: Thomas Böning u. a. (Hrsg.), Gottfried Keller, Sämtliche Werke in sieben Bänden, Bd. 1, Deutscher Klassik Verlag, Frankfurt/M. 1995, S. 417 f.
110 ***Der Kopf ist frei***; aus: Süddeutsche Zeitung 17.03.2003 (Text gekürzt)
113 Max Bollinger, ***Ein Funken Hoffnung;*** aus: Jutta Madler (Hrg.), Brücken bauen, © Herder, Wien 1987, S. 144
135 Rainer Brambach, ***Känsterle;*** aus: Rainer Brambach, Für sechs Tassen Kaffee und andere Geschichten. © Diogenes Verlag, Zürich 1972, S. 37–39 (Auszug)
138 ***Der Rottweiler ist ...;*** nach: Hans Korn: Der Rottweiler; Buchreihe Freund Hund, Bd. 11, © Otto Meißners Verlag, Bielefeld 1966, S. 15–17
138 ***Ein eingefriedetes Besitztum ...***; zusammengestellt nach: www.tierheim-wesendahl.de/HHV/hhverordn.htm
143 ***Weiblicher und männlicher Sprachstil***; nach: Katrin Oppermann und Erika Weber, Frauensprache – Männersprache. Die verschiedenen Kommunikationsstile von Männern und Frauen, Orell Füssli, Zürich 1997
145 Text 1 und Übersetzung (re.) aus: Das Nibelungenlied (zweisprachig), hrg. und übertragen von Helmut de Boor, Sammlung Dieterich Verlagsgesellschaft mbH; Leipzig 1959, 1992, S. 32 f.
Text 2 (Prolog); aus: Bibliotheka Augustana, Ulrich Harsch (Hrsg.), www.fh-augsburg.de
146 Slogans aus: www.slogan.de. A: Bauer Motoren; B: ebm Ventilatoren; C: Siemens; D: Rowi Fototaschen; E: Salon Helias; F: Schuberth Helme; G: Sanitärhandwerk; H: LTU
148 ***Diebstahl mit Folgen***; aus: Bild am Sonntag, Dezember 2001

Abbildungen

7 picture-alliance/dpa
8 *Zur Lage der Menschenrechte*: DWHH-Grafik: Tränkle + Immel, Quelle: Freedom House
10 picture-alliance/dpa
11 Städtereise: www.cts-reisen.de
Segeltörn: Klühspies, Erlebniswochen 2006
Outdoor: alpetour Sport & Erlebnis 2004/2005
Skiwoche: Die Jugendherbergen, Klassen Mobil 2005
15 www.urlaub-anbieter.com
www.hostel.de//index.php/djh/Index/id/10/lang/
www.meinestadt.de
16 picture-alliance/Zentralbild/Michael Hachke
31 dpa, Deutsche Presse-Agentur, Frankfurt/M., Foto: epa
36 Screenshots aus: Microsoft ® Encarta ® 2006. Microsoft Corporation, 2005
37 Encarta Enzyklopädie; Corbis/Hulton-Deutsch Collection (re. o.); Encarta Enzyklopädie © Microsoft Corporation (re. u.)
38 Marie Curie, Süddeutscher Verlag – Bilderdienst München, Foto: Scherl
41 Süddeutscher Verlag, München, Fotos: Scherl (li. o. und re. u.); Süddeutscher Verlag, München, Foto: SV (Mi. o.); Museé du Laboratoire Curie, Paris (re. o.)
46 Cover zu: Charlotte Kerner, Blueprint Blaupause, Weinheim Beltz & Gelberg in der Verlagsgruppe Beltz, Weinheim/Basel 2004
48 cinetext
50 fotofinder/B. Blume
52 cinetext
53 artur/Jörg Schöner
54 IFA Bilderteam, Frankfurt/M., Foto: Int. Stock
56 René Magritte, Le Pèlerin © Photographie Giraudon, Paris
57 akg-images, Berlin (g.o., m.+u.); dpa, Frankfurt (o.); dpa, Frankfurt/J. Kolbe (g.u.)
60 ullstein-bild/Archiv Gerstenberg, Berlin (o.); Bildarchiv Preußischer Kulturbesitz, Berlin (u.)
61 SV-Bilderdienst, München (li.); ullstein-bild, Berlin (re.)
63 Deutsches Theatermuseum München, Archiv Hildegard Steinmetz (o.); Deutsches Theatermuseum München, Archiv Willy Saeger (m.); Bertolt-Brecht-Archiv, Berlin/H. Hill © VG Bild-Kunst, Bonn 2003 (u.)
66 Bertolt-Brecht-Archiv, Berlin/Deutsches Theatermuseum München, Archiv Willy Saeger
68 laif, Köln/Nehmzow (Strand); M. Darchinger, Berlin (Bahnhof); Universitätsbibliothek, Heidelberg (Ritter); dpa, Frankfurt/F.-P. Tschauner (Postkutsche); picture-alliance/akg-images/E. Lessing (Prag); laif, Köln/Heidorn (Landschaft mit Baum)
74 Beststellerliste nach: http://195.138.58.210/mambo/index.php?option=com_wrapper&Itemid=34
75 Buchrückseite zu: Margaret Peterson Haddix, Schattenkinder © für das Umschlagbild von Jorge Schmidt und Tabea Dietrich unter Verwendung eines Fotos von Jan Roeder: 2000 Deutscher Taschenbuch Verlag, München
76 Cover zu: Margaret Peterson Haddix, Schattenkinder © für das Umschlagbild von Jorge Schmidt und Tabea Dietrich unter Verwendung eines Fotos von Jan Roeder: 2000 Deutscher Taschenbuch Verlag, München
77 alimdi.net/Günter Fischer
79 © Ruth Plössel, Augsburg
81 Grafik nach: Böckler Impuls 6/2005, 20. April 2005
82 E.I.S./CMA
83 Material C Diagramm nach: http://www.markeneis.de/daten_zahlen/speiseeismarkt/speiseeismarkt.html
Material D, Diagramm nach: http://www.markeneis.de/daten_zahlen/sortimentsanteile/sortimentsanteile.html
86 Corbis
88 picture-alliance/dpa
98 Wildlife/W. Fiedler
99 Jahreszeiten Verlag (li.); AP photo/Dave Martin (re.)
100 Arco images/F. Pölking
110 Deutsche Presse Agentur, Frankfurt/M.
156 dpa, Frankfurt/M., Foto: Heinz Tschanz-Hofmann

Fotos von Klaus G. Kohn, Braunschweig: 12, 22, 28, 34, 78, 90, 93, 109

Illustrationen von Jörg Hartmann: 9, 13, 17, 21, 24, 40, 58, 84, 89, 93, 95, 102, 103, 107, 113, 119, 121, 122, 129, 134, 136, 137, 138, 139, 144, 152, 155, 158

Illustration von Günter Wongel, Berlin: 45